"十二五"职业教育国家规划教材
经全国职业教育教材审定委员会审定

旅游经济学

主编◎黄国良

中国旅游出版社

修订说明

2011年9月中国旅游出版社出版了《旅游经济学基础》，该书以其理论与实践的有机融合而具有鲜明的特色。经过几个学期的使用，为广大高职院校认可，获得学生和行业人士的好评。

随着旅游行业的快速发展，本书内容有必要做与时俱进的调整，以及时反映旅游经济的新发展、新现象、新技术、新方法、新理念；同时，体现新的教育方式方法，增加新的教学手段以适应教育教学改革的需要。通过修订工作，进一步完善了教材内容，丰富了教材特色，通过知识讲述、推荐阅读、案例分析等方式，可让学生更直观地感受旅游经济发展的实际情况，更加切合教育教学的实际需要。

这次调整，主要从四个方面进行：第一，进一步优化教材内容。在上一版的基础上，结合各院校的反馈意见，根据旅游业发展的实际，增加了生态旅游产品、旅游新业态、旅游产业布局、全域旅游等新的内容；修改、调整、删去了上一版表述容易出现歧义、观点陈旧以及错误的内容。增加、更新了相关数据、相关链接、推荐阅读、思考题等内容。第二，教材编写理念的调整。修订后的教材更注重学科基本素质培养，以能力培养为核心，紧密追踪旅游产业运行出现的各种新现象和新问题，注重学生创新意识和实践能力的培养；写作构思上坚持理论够用、突出实践应用的原则，使学生具备分析和思考旅游经济问题的能力，并具有较强的行业宏观意识。第三，增加了电子课件。第四，调整了书名，修订后的教材名称为《旅游经济学》。

“旅游经济学”是旅游管理专业的必修课。旅游行业迫切需要新型的专业管理人才来满足自身发展的需要。作为高等教育重要组成部分的高职教育，重在培养行业应用型人才，重在使学生能更好地服务于旅游业，同时使学生在职业规划和发展空间上，具有更强的竞争力、适应力和上升力。

前 言

21世纪以来，基于国家对高等职业教育的重视，面向旅游高等职业教育出版的“旅游经济学”教材似雨后春笋般地涌现。这些教材在如何体现高等职业教育的特色、如何适合高职高专学生的认知规律问题上做了许多有益的尝试，无论在教材体例、教材内容还是在编写风格上都有了较大的改进。本教材在总结前人经验的基础上，体现了以下几个特点：（1）问题阐述力求简明扼要，条理清晰，使学生容易理解和记忆。（2）体例编写力求生动活泼，激发学生的学习兴趣。（3）采用了国内大多数教材的学科体系，各章内容不求完整，但求一致。（4）在遵循传统体系的前提下，对旅游经济学的核心概念——旅游产品做了更严格的定义，避免了一些教材对这一概念的“泛化”解释，并将这一定义贯彻始终。同时，本教材还补充了大量的新的研究成果和旅游经济研究的热点问题。如旅游产品的层次、旅游产品开发的SWOT分析、“零负团费”现象产生的原因与危害、我国旅游行业的价格规制、旅游消费效应、旅游收入再分配的作用、我国旅游业态的变化及其发展模式的演变等。

本教材共分10章，由桂林旅游高等专科学校（现为桂林旅游学院）黄国良教授担任主编，负责全书编写大纲的撰写、各章的修改、统稿，并编写了第二章和其他章节的部分内容。梁盛、李晓川担任副主编，协助主编处理编写过程中的有关工作，梁盛还承担了第一章、第四章的编写任务；李晓川承担了第七章、第九章的编写任务。参加编写的人员还有杨莎莎、崔慧玲、毛冰。杨莎莎承担了第六章、第十章的编写任务；崔慧玲承担了第五章和第三章部分内容的编写任务；毛冰承担了第八章和第三章部分内容的编写任务。本教材在编写过程中，参考了国内同行的相关教材和文章（详见主要参考文献），对此深表谢意！

由于编者水平有限，书中的疏漏和错误在所难免，恳请广大同行、读者不吝赐教，以帮助我们不断完善本书。

编者

2011年8月8日

目录
CONTENTS

第一章 导论

旅游经济学是伴随着旅游经济的产生与发展而逐步形成的一门新兴学科，是对旅游经济实践的理论概括与总结，主要研究旅游经济运行中的各种经济关系。为了便于从总体上掌握旅游经济学的理论体系和构架，从而有效地理解和掌握旅游经济中更为复杂和深层次的内容，本章将就旅游与旅游经济的产生与发展、旅游经济学的研究对象和内容、旅游经济学的学科特点、研究方法等内容进行重点阐述。

学习目标

知识目标

1. 掌握旅游的含义、属性和特征。
2. 理解旅游经济活动的含义与特征。
3. 理解旅游经济活动产生的条件。
4. 了解旅游经济学的研究对象和研究内容。
5. 理解旅游经济学的学科特点。

技能目标

1. 能够区分旅游经济学研究对象不同层次的联系与区别。
2. 能够运用旅游经济学的研究方法对旅游经济现象进行简单分析。

案 例

什么是旅游？

概　述

“旅游”从字义上很好理解。“旅”是旅行、外出，即为了实现某一目的而在空间上从甲地到乙地的行进过程；“游”是外出游览、观光、娱乐，即为达到这些目的所做的旅行。二者合起来即旅游。所以，旅行偏重于“行”，旅游不但有“行”，而且有观光、娱乐的含义。

2006年8月9日，新亚洲改变世界旅游开幕式主会场

资料来源：http://www.Pkutourism.com.

概念定义

旨在提供一个理论框架，用以确定旅游的基本特点以及将它与其他类似的或是相关的，但是又不相同的活动区别开来。国际上普遍接受的艾斯特定义（1942 年，瑞士学者汉沃克尔和克拉普夫）将其表述为：旅游是非定居者的旅行和暂时居留而引起的一种现象及关系的总和。这些人不会永久居留，并且主要不从事赚钱的活动。

技术定义

用它来为统计和立法提供旅游信息。各种旅游技术定义所提供的含义或限定在国内和国际范畴上都得到了广泛的应用。技术定义的采用有助于实现可比性国际旅游数据收集工作的标准化。世界旅游组织和联合国统计委员会推荐的技术性的统计定义为：旅游指为了休闲、商务或其他目的离开他（她）们惯常环境，到某些地方并停留在那里，但连续不超过一年的活动。旅游目的包括六大类：休闲、娱乐、度假，探亲访友，商务、专业访问，健康医疗，宗教朝拜，其他。

其他相关定义

交往定义：1927 年，德国的蒙根・罗德将旅游定义为：旅游从狭义的理解是那些暂时离开自己的住地，为了满足生活和文化的需要，或各种各样的愿望，而作为经济和文化商品的消费者逗留在异地的人的交往。注意：这个定义强调的是，旅游是一种社会交往活动。

目的定义：20 世纪 50 年代，奥地利维也纳经济大学旅游研究所对旅游的定义为：旅游可以理解为是暂时在异地的人的空余时间的活动，主要是出于休养；其次是出于受教育、扩大知识和交际的原因的旅行；最后是参加这样或那样的组织活动，以及改变有关的关系和作用。

时间定义：1979年，美国通用大西洋有限公司的马丁·普雷博士在中国讲学时，将旅游定义为：旅游是为了消遣而进行旅行，在某一个国家逗留的时间至少超过24小时。注意：这个定义强调的是，各个国家在进行国际旅游者统计时的统计标准之一：逗留时间。

相互关系定义：1980年，美国密执安大学的伯特·麦金托什和夏西肯特·格波特对旅游的定义为：在吸引和接待旅游及其访问者的过程中，由于游客、旅游企业、东道政府及东道地区的居民的相互作用而产生的一切现象和关系的总和。注意：这个定义强调的是，旅游引发的各种现象和关系，即旅游的综合性。

生活方式定义：1985年，我国经济学家于光远对旅游的定义为：旅游是现代社会中居民的一种短期性的特殊生活方式，这种生活方式的特点：异地性、业余性和享受性。

现代旅游业定义

（1）定义旅游的三要素。尽管上文中所提及的技术定义应当适用于国际旅游和国内旅游这两个领域，但是在涉及国内旅游时，这些定义并没有为所有的国家所采用。不过，大多数国家都采用了国际通用的定义中三个方面的要素：出游目的、旅行距离、逗留时间。

（2）对出游目的的定义。以该尺度为基础的定义旨在涵盖现代旅游的主要内容。

——一般消遣性旅游：非强制性的或自主决定的旅游活动。他们只把消遣旅游者视为旅游者并且有意把商务旅游单列出去。

——商务和会议旅游：往往是和一定量的消遣旅游结合在一起的。参加会议公务旅游也被视为旅游。

——宗教旅游：以宗教活动为目的的出行活动。

——体育旅游：与重大体育活动联系在一起的旅游。

——互助旅游：一种新兴的旅游方式，通过互相帮助、交换等形式，互助的一方向另一方提供住宿，互助旅游不但节省了旅费，而且因为当地人的介入，旅游者可以更深入地体验当地的人文和自然景观。

（3）对旅行距离的定义。

异地旅游（Non-Local Travel）：许多国家、区域和机构采用居住地和目的地之间的往返距离作为重要的统计尺度。

旅行距离：确定的标准差别很大，0~160千米不等。低于所规定的最短行程的旅游在官方旅游估算中不包括在内，标准具有人为和任意性。

（4）对逗留时间的定义。过夜游客：为了符合限定“旅游者”的文字标准，大多数有关旅游者和游客的定义中，都包含有在目的地必须至少逗留一夜的规定。“过夜”的规定就把许多消遣型的“一日游”排除在外了，而事实上，“一日游”往往是旅游景点、餐馆和其他旅游设施收入的重要来源。

（5）其他方面。旅游者的居住地：在进行市场定位和制定相关市场战略时，了解旅游者的居住地要比确定其他的人口统计方面的因素如民族和国籍等更为重要。交通方式：主要是为了更好地进行规划，一些目的地通过收集游客交通方式（航空、火车、轮船、长途汽车、轿车或其他工具）的信息来获得有关游客旅行模式的信息。

国际组织定义

（1）1937年，第一次定义国际旅游者。在两次世界大战的间歇期间，世界国际旅游收入增长迅速，因此在统计上迫切需要有一个更准确的定义。在1936年举行的一个国际论坛上，国家联盟统计专家委员会首次提出，“外国旅游者是指离开其惯常居住地到其他国家旅行至少24小时以上的人”。1945年，联合国（取代了原来的国家联盟）认可了这一定义，但是增加了“最长停留时间不超过6个月”的限定。

（2）世界旅游组织的定义。1963年，联合国国际旅游大会在罗马召开。这次大会是当时的国际官方旅游组织联盟（英文名字的缩写为IUOTO，即现在的世界旅游组织，英文缩写为WTO）发起的。大会提出应采用“游客”（Visitor）这个新词汇。游客是指离开其惯常居住地所在国到其他国家去，且主要目的不是在所访问的国家内获取收入的旅行者。游客包括两类不同的旅行者：

——旅游者（Tourist）：在所访问的国家逗留时间超过24小时，且以休闲、商务、家事、使命或会议为目的的临时性游客；

——短期旅游者（Excursionists）：在所访问的目的地停留时间在24小时以内，且不过夜的临时性游客（包括游船旅游者）。

从1963年开始，绝大多数国家接受了这次联合国大会所提出的游客、旅游者和短期旅游者的定义以及以后所做的多次修改。

在1967年的日内瓦会议上，联合国统计委员会提议，应该建立一个单独的游客类别。旅游者至少要逗留24小时，然而，有些游客虽外出游览但于当日返回了居住地，这些人被称为“短期旅行者”（Excursionists）。这类游客包括了不以就业为目的的一日游者、游船乘客和过境游客。短期旅行者很容易与其他游客区分开来，因为他们不在目的地过夜。

——资料来源：百度百科.

案例分析

什么是旅游？人类的哪些活动属于旅游活动？

第一节 旅游经济活动概述

一、旅游的含义、属性和特征

（一）旅游的含义

一般认为，旅游就是以游览为目的的旅行。但是从现代的观点来看，旅游的目的已不仅仅局限在游览方面，目前学术界对旅游的具体定义还有着不同的观点，我们认为：旅游是以游览、休闲、养生、体验为目的的旅行，是人们在异地短暂逗留的一种生活方式。

在日常生活中，人们常常把迁徙、旅行和旅游这三个概念混为一谈，其实它们是三个既有联系又有区别的概念，它们都是指人们在空间位置上的移动，但不同的是，迁徙是指人们离开原有定居地后不再回来；旅行则是指离开常住地在外地短时间的停留，其外出目的可以是多种多样的；旅游只是旅行的一种形式，其外出目的是满足精神文化需求。就旅行和旅游这两个概念来说，旅行更强调“行”，即旅游者从常住地到旅游目的地的空间流动的过程；而旅游更强调“游”，即旅游者在旅游目的地的游览消遣行为。换句话说，有旅游就必定有旅行，有旅行不一定有旅游。

（二）旅游的属性

旅游的消遣属性。尽管人们会为了种种原因去旅游，旅游目的不尽相同，旅游动机隐蔽而复杂，旅游活动形式和内容也多种多样，但是所有的旅游活动都有一个共同的特点，即都是消遣性的活动，都是使人们从日常工作和生活的紧张中解脱出来的一种手段，而不是生产性的活动，同时，它也不同于为维持生存而必须从事的活动，如吃饭、睡眠、家务劳动等，与出于社交目的而进行的应酬往来也有区别。

旅游的文化属性。旅游本质上是一种文化现象，文化是旅游的灵魂，旅游是文化的重要载体。首先，旅游是一种暂时的逃离，即旅游者离开自己的居住地“逃”

往旅游地。这种暂时的逃离是为了使精神和身体得到一种彻底的放松与休息。其次，旅游是一种相遇，旅游者出去旅游，他们往往希望能遇见自己心仪已久的自然风光、社会文化，也希望能遇见一些原来不曾想象到的，但又能给自己带来惊喜、惊讶、惊奇的意外收获。再次，旅游是一种审思，旅游者在旅游时总是会对旅游目的地和景区进行观察、审读、透视和思考。最后，旅游还是一种文化干涉，旅游者以异乡（国）人的身份前往旅游目的地，他浑身上下散发的不同的文化气息会与当地文化形成反差，旅游者本身的文化与旅游地的文化会相互产生影响。一方面，旅游者带来的观念、生活方式等会对旅游目的地的文化产生冲击；另一方面，由于旅游活动的开展，也会使旅游目的地原来已经濒临失传的一些传统文化得以恢复和传承。

旅游的社会属性。首先，人们普遍具有一种求新、求奇、求美的审美意识，这是旅游得以发生的前提条件，这种审美意识是每一个人都具有的，具有社会性；其次，在不同的社会条件下，人们的旅游需求呈现出不同的特征，不同社会、不同时代的旅游需求都反映了当时当地的旅游价值观的变化。如在 20 世纪 60 年代，人们外出旅游普遍追逐的是“3S”（阳光 Sun、沙滩 Sand、海洋 Sea）；而现在普遍倡导的是绿色旅游、生态旅游和旅游者对环境的一种社会责任。最后，旅游者在旅游目的地逗留和开展旅游活动时势必要同旅游目的地的居民进行接触和交流，各个国家和地区之间也会因为旅游活动的开展而出现人员的相互接触和交流，这些人员的接触与交流无疑也是一种社会现象。这些都说明，旅游具有社会属性。

（三）旅游的特征

根据以上定义和分析，我们知道，旅游具有两个很显著的特征：异地性和短暂性。

异地性。尽管对于如何定义旅游仍然有着种种不同的观点，但是，学术界一致认为旅游一定是人们离开常住地到异地去进行的消遣活动，在常住地进行的各种消遣活动并不能够称为旅游。

短暂性。旅游是人们离开常住地到异地去进行的消遣活动，但是旅游者在异地的停留只是短暂性的，旅游者按计划出游，也要按计划返回，最终还是要返回到他们原来的常住地。如果一个人离开他现在的常住地，而到另外一个地方永久地定居下来，那么，这种行为就不是旅游，而是迁徙。

课堂思考

我们应该如何理解旅游的异地性和短暂性？

二、旅游经济活动的含义与特征

（一）旅游经济活动的含义

旅游作为一种活动、一种现象由来已久，但作为一种大规模性的活动和现象需要有社会的经济基础。这时候，旅游活动也就被赋予了经济的内涵。所谓旅游经济活动是指建立在商品生产和交换关系基础之上的旅游活动。它是在一定的社会经济条件下产生的，并且随着社会经济发展而形成的一种综合性经济活动。

（二）旅游经济活动的特征

大众性。现代旅游经济活动不再是少数达官贵人、文人墨客的专利，而是成了大众行为。特别是随着社会生产力的迅速发展，人们可自由支配收入的不断增加和工作时间的缩短，使普通民众不仅具备了旅游消费的经济能力，也具备了出游的闲暇时间。同时，轮船、火车和飞机的发明和广泛应用，为大众的出游创造了良好的交通条件。这些都大大提高了大众对旅游的需求水平，为了满足大众的旅游需求，各旅游目的地（国）纷纷加快了对旅游资源的开发和旅游接待设施的建设，使之为旅游者提供更为方便的旅游条件和旅游服务，这反过来又进一步促使旅游活动向大众化普及和发展。旅游经济活动是在旅游活动有了一定发展并具备了一定物质条件的前提下才产生的一种社会经济活动。旅游活动的大众化为旅游产业和旅游经济活动产生与发展提供了厚实的现实土壤，因此旅游经济活动必定具有大众化的特点。

交换性。旅游经济活动的实质是旅游需求与旅游供给的矛盾运动所产生的一系列经济行为。旅游者出游必须依靠专门提供住宿、餐饮、交通、景区游览和娱乐等服务的旅游企业向其提供旅游产品才能满足其旅游需要，但是旅游企业为了实现利润最大化的目标，不会无偿地向旅游者提供旅游产品，旅游者需要向旅游企业让渡货币或其他东西来取得旅游产品，因此，旅游经济活动本质是一种交换。

有组织性。旅游经济活动在其发展过程中逐渐形成了一种有组织的规范化旅游运作模式。1845 年，英国的托马斯 · 库克成立了第一家提供包括食、住、行、游服务在内的旅行社，开创了有组织地进行旅游经济活动的先河。现在，无论是国际旅游还是国内旅游，通常都是由旅行社作为主要的组织者，依托各类旅游企业和旅游景区，按照预定的旅游线路、时间和活动内容，提供有组织的综合性旅游服务，满足旅游者多方面的需求。而旅游者只需承担一定费用就可以尽情地享受旅游的愉悦，不用再为旅游活动中的食、住、行等问题操心。正是由于有了旅行社等旅游企业的组织，才推动了旅游经济活动的大众化，才促使现代旅游业逐渐成为一种经济产业，成为国民经济的重要组成部分。

三、旅游经济活动的产生

（一）旅游经济活动是商品经济发展到一定阶段的产物

旅游经济活动是建立在旅游活动产生和发展的基础上的，同时又是以商品经济的发展为前提的。当旅游活动发展到使社会更多的人参与到消遣性旅游之中时，这时的旅游活动就逐渐采用商品交换形式所形成的旅游者同旅游经营者之间的需求和供给关系，以及由这种关系引起的旅游行业同政府和社会经济中其他相关行业之间的经济联系和经济关系，而旅游经济活动也正是在商品经济发展的基础上发展起来的这一切联系与关系的总和。没有社会生产力和商品经济的发展，就不可能有旅游经济活动的产生。

社会化大生产。现代旅游经济的形成主要发端于 18 世纪的产业革命。当时，资本主义生产完成了从工场手工业向机器大工业过渡的阶段，以机器取代人力、以大规模工厂化生产取代个体手工业生产，形成了以机器大工业为基础的社会化大生产，促使社会生产力迅速提高，促进资本主义商品生产和交换的迅速发展，从而为现代旅游经济活动的形成提供了物质技术基础和经济条件。

社会的开放性。在 18 世纪以前，由于封建制度的统治、宗教的禁锢、落后的生产方式的制约，加上当时的交通方式比较落后，整个社会是相当闭塞的。在这种情况下，旅游经济活动是无法形成的。产业革命后，发明了以蒸汽机为动力的火车、轮船等交通运输工具以及电报等通信工具，同时，产业革命也促使越来越多的人口在各地流动，这些增加了人们与外界接触的深度、广度和频率，开阔了民众的视野，民众不再像以前那样对外界的未知事物感到恐惧与抵触。越来越多的人愿意到外地去了解新事物，接纳新的外来事物，整个社会的开放性大大提高，为旅游经济活动的形成提供了良好的社会氛围。

生活观念的提升。在16世纪末欧洲封建社会的晚期，出现了影响深远的文艺复兴运动，使人本主义思想得到提升和普及，人们的思想从中世纪的宗教禁锢中解脱出来，提高生活质量和对人的尊重成为人们内心的追求，而旅游能满足人们这些精神需求。

文艺复兴运动首先发起于意大利，随后广泛波及欧洲各地。以但丁、达·芬奇、马基雅弗利等为代表的文化巨匠，高扬人本主义的思想大旗，主张以人为中心，宣扬人的解放，强调人格尊严，提倡个性自由，反对以神为中心，否定对宗教的绝对服从，否定教皇和教会的思想统治，认为人是生活的创造者和主人，强调个人才能的发挥和自我奋斗。人本主义者立足于现实世界，抨击禁欲主义，蔑视天堂，讴歌人间之美，向往现实的享乐。人本主义者还提倡理性，追求知识和技术，主张探索自然，重视实验科学，欣赏文学艺术和资产阶级新文化的表现形式，提出文艺要表现人的思想感情、科学要为人的发展服务、教育要发展人的个性，人类所创造的精神财富和物质财富都应该为人本身服务。文艺复兴运动在人类思想史上的贡献，主要是建立并弘扬了新兴资产阶级人本主义的思想体系，对中世纪愚昧、专制、压抑人性的封建宗教给予了全面的否定，这些观点对于解放人的思想，争取人格独立、个性自由，树立新的价值观、思维方式和生活方式，都起到了积极的促进作用。

文艺复兴导致的思想解放运动使人们旅游的动机得到强化，这在主观上为旅游的发展创造了条件。

（二）18世纪中叶产业革命为旅游经济活动的产生奠定了基础

产业革命为旅游经济活动提供了有支付能力的现实需求。产业革命以后，随着社会经济的发展，社会生活发生了深刻的变化。机器得到大规模使用，逐渐取代了人力，提高了劳动效率。工人的劳动时间缩短了，收入水平也得到了提高，后来又有了一定的带薪假日，这就为旅游经济活动提供了有支付能力的现实需求，旅游规模得以迅速扩大。

产业革命为旅游经济活动排除了空间障碍。产业革命所带来的社会经济发展的巨大变革之一是改变了传统的运输方式，即以蒸汽机为动力的交通运输方式代替了原来以人力和畜力为主的运输方式。1825年世界上首次出现了蒸汽火车，首列客运班次的运行则始于1830年利物浦至曼彻斯特的线路上。1831年美国在南卡罗来纳州修建了铁路，并在首次运行中挂了两节游览车厢。在横渡海洋的运输中，1838年“伟大的西方”号客轮第一次横渡大西洋，将第一批68名旅客从纽约运送到英格兰，缩短了欧美之间的时间距离。19世纪末，内燃机的发明问世促成了飞机的发明。世界上最早的一架客机于1914年在美国开始飞行，1919年，伦敦至巴黎的定期客运航班首次开航，到20世纪30年代末，欧美各主要城市间都已有了定期客运航班。这些新的交通运输方式加快了旅行的速度，缩短了旅行时间；同时，这些新的运输工具在运载旅客的数量和乘坐的舒适程度上大大超过了马车，而且旅行费用也大大降低了，为旅游经济活动的进一步发展排除了空间障碍。

产业革命为旅游经济活动增加了旅游吸引力并提供了生活便利。产业革命以后，旅馆业和餐饮业也发生了明显的变化。过去传统的小旅店、小吃店已为设备齐全和提供正规服务的旅馆和餐馆所代替。1760年，“旅馆”一词首先在伦敦出现。1774年，波士顿建成了拥有300个房间并附设室内卫生间、私人餐厅、宴会厅、舞厅等设施的纽约城旅馆。在餐饮业方面，1765年，巴黎出现了第一家可正式供应法式菜点的餐馆。此外，不少咖啡屋和酒吧也相继出现。这些提供正规服务的旅馆业和餐饮业的出现大大提高了游客的舒适、安全、享乐的程度，无疑给旅游经济活动的产生创造了更加有利的条件。

产业革命为旅游经济活动提供了广泛的出游动机和欲望。产业革命后，机器大生产代替了工场手工业，原先那种随农时变化而忙闲有致的多样性农业劳动开始为枯燥、重复的单一性机器大工业劳动所取代，工人被迫成为机器的附庸，工作节奏大大加快，工作压力增加；机器大生产也促进了城市化的发展，越来越多的人涌入城市，城市变得越来越嘈杂拥挤，人与人之间的竞争越来越激烈，人际关系相对紧张；同时，矿物燃料如煤的普遍使用使得城市的环境变差、空气污染加重。在以上这些因素的共同影响下，民众普遍产生逃避各种压力、回归自由、回归大自然、放松身心的追求，从而产生了强烈的旅游动机和欲望。

第二节　旅游经济学的研究对象和内容

一、旅游经济学的研究对象

（一）旅游经济问题研究的特殊性

任何一门学科都具有不同的研究对象，要确立一门学科，首先要确定各门学科的研究范围或领域，其次要确定它们的研究角度。旅游经济学研究的问题具有一定的特殊性，体现在：

旅游商品生产和交换的对象是无形商品，具有自身的特点。旅游者外出旅游是为了获得一种精神满足，他们消费的是一种无形的精神产品，而旅游经营企业为满足旅游者观光、休闲、保健、体验需要而提供的以游悦服务为核心的相关服务的组合也是一种无形的产品。它具有组合性、无形性、差别性、生产和消费的同步性、不可储存性和所有权不可转移性等特点，这就要求旅游经济问题的研究不能照搬传统的经济学理论，而应在传统的经济学理论基础上形成自己的研究特色。

旅游经济活动受社会、文化、环境等多种因素制约。无论是旅游需求还是旅游供给都受到社会、文化、环境等多种因素的影响和制约，如旅游者的旅游需求受到其所在地和旅游目的地的社会风气、文化背景、宗教信仰、政府政策、居住环境等多种因素的影响；而旅游供给受旅游目的地的社会经济和科技发展水平、旅游资源条件、环境容量、政府政策等多方面因素的影响。这就使得旅游经济活动更加的复杂多变，更加的难以捉摸，也意味着在对旅游经济活动进行研究时，不仅要研究经济因素，还要综合考虑到其他因素的影响。

旅游业是一个特殊的行业。旅游业提供的产品与其他服务行业提供的单项服务不同，旅游产品是一种组合品，即由住宿部门、交通部门、餐饮部门、游览部门和娱乐场所，以及其他服务部门或企业所提供的各单项要素组合而成。因此，旅游业是由多种不同的行业和部门组合而成，这些行业和部门在旅游业中构成了一个相互关联、相互依存并相互协调的统一体。在这个统一体中，各行业或部门乃至各企业都各自进行着垂直的独立经营活动，但它们之间又横向联合成一个水平的统一体，共同为满足旅游需求提供旅游产品。

在旅游业中，内部各行业或部门间呈现非常紧密的互补关系，各行业的存在和发展都以其他部门或行业的存在和发展为前提。任何一个行业或部门的滞后发展，都会造成其他行业或部门的闲置与浪费；任何一个行业或部门的超前发展又会造成其他行业或部门的相对滞后。因此，旅游业的经济活动必然存在一个潜在的协调关系，如果旅游业内部出现不协调现象，必将导致旅游业的发展出现问题。

旅游业不仅存在着内部结构的互补关联性，而且与社会上多个行业或部门间也存在着依存关系。在旅游业的发展中，如果没有诸如建筑、制造、轻工、商贸、食品、银行、园林、保险、海关等部门和行业的支持，旅游业就无法经营。因此旅游业的发展必须以社会经济中各众多部门和行业的发展为前提，而旅游业的发展也促进了这些相关行业的进一步发展。因此旅游业的发展也必须和其他行业的发展相协调，才能保证旅游业的持续健康发展。

（二）旅游经济学的研究对象及内在关系

旅游经济学的研究对象。旅游经济学是一门通过对旅游经济现象进行分析，揭示旅游经济运行中的矛盾和规律的学科。旅游经济活动的运行中会发生各种各样的矛盾，其中贯穿于其运行全过程的矛盾就是旅游需求与旅游供给的矛盾，因此旅游经济学的研究对象亦可表述为旅游产品的需求与供给的矛盾。

旅游经济学研究对象的内在关系。旅游经济学研究的对象体现为三个层次：表层是旅游经济现象，如旅游经济活动中产生的各种事物，发生的各种事件，如景点门票涨价、日韩市场萎缩、体验旅游火爆等。中层是旅游经济运行中的矛盾，如旅游经济活动中的生产、交换、分配、消费中的矛盾，旅游供给与旅游需求之间的矛盾。旅游经济矛盾本质上反映的是旅游参与者（旅游者、旅游企业、企业员工、社区居民、政府）之间的矛盾。深层是旅游运行规律，指旅游经济运行和发展的一种客观必然性，如价值规律、供求定律、旅游产品生命周期规律、距离衰减规律、可持续发展规律等。旅游经济学就是要透过表层纷繁复杂的旅游经济现象，分析旅游经济运行中的各种矛盾，揭示深层的旅游运行规律，并最终用这些旅游运行规律来指导旅游经济活动。

二、旅游经济学的研究内容

（一）对旅游经济关系和行为的研究

旅游生产、交换、分配、消费环节的相互关系。旅游经济活动是由旅游而引起的生产、交换、分配、消费活动，因此，旅游经济学首先必须研究这些环节的特点以及它们的相互关系，揭示这些活动的内在规律。

旅游经济活动中利益相关者的关系和行为。在旅游经济活动中的主要参与主体是旅游者和旅游企业，此外，还有其他的利益相关者，如政府、社区居民、科研机构、供货商与分销商、公共服务机构等。一方面，旅游经济活动会影响这些利益相关者的利益；另一方面，这些利益相关者的相应举动也会改变旅游经济活动。因此，必须研究这些利益相关者相互之间的关系和行为。

旅游目的地与旅游客源地的相互关系和行为。旅游经济活动是以旅游需求和旅游供给的矛盾为研究对象的。而旅游需求和旅游供给均受到旅游目的地与旅游客源地的政治、经济、社会、文化、环境等多方面因素的影响。因此，必须分析旅游目的地和旅游客源地的概念、类型、经济作用，以及旅游目的地和旅游客源地之间的互动等。

（二）对旅游生产要素配置和效益的研究

旅游微观生产要素配置和效益。追求旅游经济效益是旅游企业从事旅游经营活动的主要目标。因此，要研究旅游企业如何配置生产要素、旅游企业的成本的含义与构成、利润的含义与构成、评价旅游企业效益的指标和分析方法。

旅游宏观生产要素配置和效益。旅游目的地国家（地区）发展旅游业的基本目标是获得旅游经济效益，除此之外，还要考虑社会、文化、环境等方面的效益。因此，要研究旅游目的地国家（地区）如何配置生产要素，如何优化产业结构和合理进行产业布局，研究旅游宏观成本的含义与构成、旅游宏观收益的含义与构成、评价旅游宏观效益的指标与分析方法等。

（三）对旅游经济运行模式和机制的研究

旅游经济宏观运行模式和机制。一个国家（地区）的旅游经济受多种宏观因素的影响，必须研究旅游经济的宏观运行模式，分析旅游经济增长和发展的内在机制，研究旅游经济增长方式和影响旅游经济波动及发展的因素，研究旅游经济的持续发展、世界旅游经济的发展趋势，探寻旅游经济增长和发展的有效模式和途径。

旅游经济微观运行模式和机制。旅游企业是旅游经济运行的主体，其运行的模式和机制直接关系到企业的活力和动力。因此，要探索适合旅游企业运行的所有权制度、经营模式、经营机制，研究企业经营机制与市场机制的匹配度，分析旅游市场的供需矛盾和市场达到供需均衡的运行机理，使企业成为自主经营、自负盈亏的市场经济主体。

（四）对旅游经济运行规制的研究

要保证一个国家（地区）的旅游经济持续健康快速发展，光靠市场的自主调节是不够的，必须对旅游经济活动进行宏观的调控，要进行有效的宏观调控，就必须研究政府在旅游经济活动中的作用，研究如何加强旅游业的管理，制定旅游经济的发展战略，制定规范市场竞争行为、保证旅游市场正常健康运行的法律制度和产业政策。

课堂思考

旅游经济学研究内容非常广泛，你认为贯穿这些研究内容的主线是什么？旅游经济学研究的目的又是什么？

第三节 旅游经济学的学科特点和研究方法

一、旅游经济学的学科特点

（一）经济学与旅游经济学

旅游经济学是经济学的一个分支。经济学是研究经济发展过程中的经济现象、经济关系以及经济规律的学科，它把社会经济关系作为一个整体，在生产、分配、交换和消费诸环节的内在联系及其矛盾运动中阐述了经济发展的重要特征和经济规律。它是建立部门经济学的基础，也是旅游经济学的基础。

旅游经济学是一门通过对旅游经济现象进行分析，揭示旅游经济运行中的矛盾和规律的学科，由于它研究的领域是整个社会经济活动中的一个部门，因此，旅游经济活动的运行必然要遵循社会经济发展的一般规律，如价值规律、竞争规律和供求规律等。由此可见，旅游经济学的研究必须用经济学的基本原理做指导，必须利用经济学中一些有关调节旅游供求、资源分配、市场、价格、竞争、分配和消费等方面有益的内容。但是，社会经济发展的一般规律在旅游经济中是以特殊的形式表现出来的。旅游经济学对一般规律的研究，着眼点在于这种特殊的表现形式。另外，旅游经济作为国民经济中的一种特殊类型，具有矛盾的特殊性。这就决定了旅游经济内部具有其固有的特殊规律，如旅游业的产业结构、产业布局、旅游消费和旅游市场等方面都有自己的特殊规律。

（二）旅游经济学的学科特点

*旅游经济学是一门应用经济学科。*旅游经济学以经济学的一般理论为指导，专门研究旅游经济活动中特有的现象和矛盾，揭示旅游经济发展的规律性，指导旅游经济健康发展，具有很强的应用性，属于应用经济学范畴。

*旅游经济学是一门部门经济学科。*部门经济学是针对某一部门或领域的经济活动进行研究，从而揭示该产业部门经济运行的内在规律及其外在形式的学科。旅游经济学本质上属于部门经济学的范畴，它研究的经济现象、经济关系、经济规律是发生在旅游部门、旅游领域的经济现象、经济关系、经济规律，从而用于指导旅游经济活动，以促进旅游经济持续健康地发展。

*旅游经济学是一门新兴边缘学科。*由于旅游经济活动具有综合性的特点，这使旅游经济学实际上成了一门新兴的边缘交叉学科。因为研究旅游经济不仅要以经济学、旅游学的理论为指导，由经济学和旅游学两大学科融合而成，它还必须借助各种学科的理论及研究成果来丰富旅游经济学的研究内容。例如，运用心理学、地理学、社会学、统计学、市场学等学科理论和方法，来综合考察旅游活动在经济领域中的各种反映，才能加深对旅游经济内在规律及其运行机制的认识。另外，旅游经济学与文学、史学、艺术等学科的相关程度也很高，这些学科的知识对旅游的开发和经营有着重要的作用。因此，在一定意义上说，旅游经济学实际上是一门多学科

的边缘组合。

旅游经济学是一门旅游专业的基础学科。旅游经济学是旅游专业的一门基础课，但它又不同于旅游学和旅游管理学。旅游学是以世界为整体，研究旅游活动的产生、发展及其运行规律的学科，目的是揭示旅游活动的内在性质、特点及发展趋势。而旅游经济学则是揭示旅游活动在经济领域中所发生的矛盾运动和经济关系的发展规律。旅游管理学又是在旅游经济学指导下，研究旅游活动的合理组织及科学管理，以提高旅游经济运行效率和效益为目的的。因此，旅游管理学实际上是旅游经济学的延伸，是在旅游学揭示了旅游经济运行规律的前提下进行的经济管理活动。

因此，旅游经济学是旅游专业的基础学科，任何学习旅游专业的学生，都应该掌握旅游经济学的基本原理和方法，为更好地学习其他科目打下良好的基础。

二、旅游经济学的研究方法

（一）旅游经济学的跨学科研究

前面提到，旅游业提供的产品是一种组合品，旅游业是由多种不同的行业和部门组合而成，研究旅游经济活动的旅游经济学是一门新兴的边缘学科，它吸收整合了经济学、旅游学、心理学、社会学、统计学等不同学科的研究成果。因此，在对旅游经济现象、内部关系、运行规律进行研究时，就必须同时跨越不同学科，利用这些学科的研究方法和研究手段，结合旅游经济本身的特点，综合灵活运用。

（二）旅游经济学研究的具体方法

理论联系实际。理论联系实际是科学研究的重要方法。理论带有普遍性，对实际具有指导意义；实际又是丰富多彩的，一方面需要理论的指导，另一方面在不同的时间、地点和条件下，又会呈现出许多新的情况、新的问题，需要进行科学的概括和总结，从而修正或丰富原有的理论。因此，在旅游经济的研究中，运用理论与实际相结合的方法包含着两层含义：其一是运用经济学的有关原理，去分析旅游经济活动中的经济现象和经济关系，解释旅游经济中的有关经济问题，说明经济学的有关原理在旅游经济中的运用，以及旅游经济的具体表现形式和特点。其二是在经济学有关原理的指导下，根据旅游经济活动运行的实际，对有别于其他经济运行中的经济现象、经济关系及其变化进行科学的总结，并将其上升为理论，然后再回到实际中进行检验，用以指导实际工作。事实证明，运用理论联系实际的方法来研究旅游经济十分必要，这是因为旅游经济学是一门新兴的学科，在许多方面还不成熟，还有待于在实践中不断总结，不断丰富和完善。并且，由于我国旅游业发展较晚，也迫切需要理论与实际相结合的旅游经济理论做指导。

实证分析与规范分析相结合。实证分析与规范分析是经济学的基本分析方法。实证分析法是只解释经济本身的内在运行规律而不对经济活动进行价值评价的一种描述性的分析方法。简单地说，实证分析回答“是什么”“为什么”的问题；规范分析法基于一定的价值观念和道德标准对经济运行结果的好坏进行分析，并研究如何才能符合这些标准。规范分析回答“应该吗”“好不好”的问题。

实证分析和规范分析其实是无法分割的。一方面，规范分析不能独立于实证分析，人们倡导、赞同或者反对某一经济政策、经济活动时，其论据都来自对该政策、活动的实证分析；另一方面，人们在探讨经济活动的客观规律时，不可避免地受到其个人的价值观念的影响，毕竟旅游经济学研究的是人类的旅游经济活动，研究者作为社会成员之一，很难不偏不倚，超然于各种关系和利益之上。

旅游经济学一方面要对旅游经济现象、经济关系和内在运行规律进行分析揭示；另一方面也要提出对策建议，促进旅游经济的持续健康发展。因此，在对旅游经济进行研究时，必须将实证分析和规范分析相结合，在实证分析的基础上做出规范分析，通过规范分析将实证分析进行应用。

比较研究。比较研究是经济学常用的方法，因为一般来讲，人们认识事物是从区分事物开始的。要区分事物，就得比较，有比较才会有鉴别。旅游经济活动具有综合性和复杂性，不同国家、不同地区、不同企业的旅游经济活动既有相类似的地方，也有不同的地方，因此，我们在对旅游经济进行研究时，必须运用比较研究的方法，对国家与国家、地区与地区、企业与企业之间旅游经济活动进行比较，把别人先进的经验和成果与自己的实际相结合。比如，由于我国的旅游经济理论研究起步比较晚，我们急需学习、吸收、借鉴国外先进的理论研究成果，但由于我国的国情、体制、市场发展阶段等情况都与国外不尽相同，因此，我们对国外的旅游经济理论必须有所鉴别与选择，不能完全照搬。

定性分析与定量分析相结合。定性分析与定量分析方法也是经济学常用的方法。任何事物都是质和量的统一，一定的质包含着一定的量，而量变发展到一定程度必然会引起质变。我们不仅要揭示事物的本质，也要研究事物量的界限。一方面，对旅游经济学中的许多范畴应具有质的规定性，才能区别各种不同的旅游经济现象；另一方面，旅游经济的许多范畴同时又具有量的规定性。因此，在旅游经济学的研究和学习中，必须把定性分析与定量分析有机结合起来；定性分析有助于在复杂多变的旅游经济运行中理清头绪，而定量分析有助于把握旅游经济运行的变化过程。通过定量分析揭示各种旅游现象之间的变动关系及发展趋势，为定性分析提供科学的依据；通过定性分析，准确界定事物的本质和属性，为定量分析提供指导，从而达到事物的质和量的统一，促进旅游经济的持续发展。

课堂思考

有人认为，目前旅游经济学还远远没有发展完善，因此算不上是一门独立的学科，你认为呢？

复习与思考

一、名词解释

旅游　旅游经济活动　旅游经济学　实证分析和规范分析

二、填空题

1. 旅游具有两个很明显的特征：________和________。

2. 现代旅游经济活动具有三个方面的特征：________、交换性、________。

3. 旅游经济学研究的对象体现为三个层次：表层是：________________；中层是：________________；深层是：________________。

三、选择题

1. 旅游活动的三大属性是____。

A. 消费属性、文化属性、社会属性　　B. 消费属性、精神属性、社会属性

C. 消遣属性、文化属性、社会属性　　D. 消遣属性、精神属性、社会属性

2. 旅游经济学的研究对象是____。

A. 旅游宏观经济运行中的矛盾和规律　　B. 旅游产品生产中的矛盾和规律

C. 旅游微观经济运行中的矛盾和规律　　D. 旅游经济运行中的矛盾和规律

四、判断题

1. 旅游经济学是一门纯理论学科。(　)
2. 自从有了人类的旅行，旅游经济活动也就随之产生。(　)
3. 产业革命为现代旅游经济的形成提供了物质技术基础和经济条件。(　)
4. 规范分析方法要回答“是什么”“为什么”的问题。(　)

五、简答题

1. 旅游经济活动是在什么情况下形成的？
2. 旅游经济学的研究内容有哪些？
3. 旅游经济学的研究方法有哪些？

六、案例分析

旅游是市场经济发展的产物

托马斯·库克首次为异地旅游活动提供团体服务是在1841年，其实此次活动并非真正意义上的旅游，而是给从莱斯特（Legendsfer）到洛勃罗赫（Loughborough）参加禁酒大会的与会者提供包车运输服务的组织工作。这个时候，距离英国产业革命的开始已经过去了70多年，英国已经摆脱了小生产自给经济体系，发展成了以机器大生产为中心的市场经济结构体制，社会发生了巨变，社会财富不断增加，个人收入也相继提高，建成了工业生产体系和市场体系，出现了一大批小生产自给经济体系中不存在的中产阶层和工薪劳动者，他们成为新兴市场经济社会的中坚力量。在经济发展的同时，人们的观念和意识也在改变，首先发生变化的是价值观的改变，个人主义意识逐渐成为人们处世关系的行为准则，追逐个人利益、追求精神生活上的满足，成为社会共同的道德标准，商品化程度的不断提高，在社会生活中也深深地感到其存在的影响。随着收入的增加、闲暇时间的充裕，人们开始提出休闲性游乐活动的需要，这种需要具有普遍的社会意义，不是历史上的个别人对游乐性旅行

瓦特改进的蒸汽机

资料来源：http://www.dgstm.cov.cn.

的需要所能比拟的。技术和经济的大发展，影响到了交通领域，由于蒸汽机在工业上应用经验的积累，以及钢铁冶炼技术的进步，英国在1825年年初建成了自斯托克顿（Stockton）到达林顿（Darlington）的铁路，全长只有28英里，10年后的1835年全英国铁路的通车里程已经增加到471英里，而到1845年更增为3277英里。就铁路交通的优越性来说，行驶速度快是最明显的事实，这时候火车的行驶速度为每小时25英里，相较公共马车每小时6英里多一点的速度快了4倍多，对旅行来说，是一个十分有意义的飞跃。总的来说，托马斯·库克的活动时代正处在英国产业革命已经完成，建立了繁荣发达的市场经济体系，在物质和精神两方面发展出了与过去历史上任何时期性质完全不同的社会结构和体制的时候，在这样一个技术、经济和意识处于历史上巅峰时期的社会，旅游现象的出现就成为必然的事实。

市场经济体制社会是一个以社会的需要和社会的供给为特征的社会生产系统，在运作中，具有强烈的效率、成本和市场意识，目光专注于市场上的消费者和他们的消费趋向。企业必须及时改变自己的经营思想和运作方式，以适应消费者的需要，获取最大利润。这些市场经济运作的特质，可以在托马斯·库克的主要工作中体现出来。托马斯·库克具有敏锐的观察力和有效的管理能力，在英国刚开始建设铁路交通时，他已经意识到一个崭新的伟大事业将要出现，于是很快投身进去，从这里开始，托马斯·库克一步一步地把他体现了市场经济运作精神的经营思想和技巧渗透到旅游市场上，开创了包租交通工具和饭店客房的方法以降低成本，进而发展出了“包价旅游”（Package Tour），这是一种既可以降低成本招揽游客，又方便游客增加收益的经营方式，充分体现了市场经济体系的运作特征。此外，托马斯·库克把金融业务范围内的支付方式引入旅游业务运作中，创造了“保证书”（Voucher）和“流通券”（Circula Note）的支付方式；这种市场经济金融行业中的结算技术不仅大大方便了游客，提高了游客在游程中的安全保障，也降低了托马斯·库克业务运作的成本，提高了资本流通的效率。随着技术的进步，托马斯·库克开拓了海洋旅游，尤其是1872年推出了环球旅游，虽然这次旅游活动具有某些商业性宣传用意，但也表示了是一次突破地域限制的全球性环球活动，是显示市场经济体制下技术进步、经济实力和不同文化之间互相沟通、协调合作得以实现的范例。在这里，市场经济机制体现在个人求利的动机、人与人之间紧密依存的关系、社会的普遍富裕、个人主义价值观和意识形态的形成、社会公共服务设施的普遍建立等事实。这些事实在小生产自给经济社会中是不可能存在的。所以可以做出这样的论断，托马斯·库克在从1841年禁酒大会到1892年7月18日在英国莱斯特市去世的51年中，以他的工作见证了旅游如何从旅行中分化出来成为一种独立的社会现象。于是当我们在旅游起源的背景上考察托马斯·库克工作的社会意义时，不得不承认这样一个事实，即托马斯·库克旅行社（托马斯·库克公司）的成立，标志着旅游现象的出现。

——资料来源：申葆嘉. 论旅游是市场经济发展的产物［J］. 旅游学刊，2008(8).

根据以上案例回答如下问题：

1. 你认可“旅游是市场经济发展的产物”这一观点吗？为什么？

2. 托马斯·库克在哪些方面把市场经济运作的经营思想和技巧渗透到了旅游市场上？

推荐阅读

1. 申葆嘉. 论旅游是市场经济发展的产物［J］. 旅游学刊，2008（8）.
2. 马勇，周霄. 旅游的产生发展、本质属性与社会价值［J］. 湖北大学成人教育学院学报，2003（4）.
3. 曹国新，宋修建. 旅游的发生、发展及其本质——一种基于发生学的考察［J］. 华东师范大学学报：哲学社会科学版，2004（3）.
4. 曹诗图，郑宇飞，孙天胜. 旅游概念新思辨［J］. 桂林旅游高等专科学校学报，2006（4）.
5. 谢彦君. 基础旅游学［M］. 北京：中国旅游出版社，1999.
6. 汪宇明. 关于旅游科学体系建构与人才培养机制创新的思考［J］. 桂林旅游高等专科学校学报，2008（1）.

第二章 旅游产品及开发

旅游产品是旅游经济活动运行的经济细胞。正确理解旅游产品的含义、特征和旅游产品的要素，对把握旅游经济活动运行规律意义重大。本章分析了旅游产品的含义、特征、分类和组成要素；阐述了旅游产品的使用价值与价值，并在此基础上，探索了旅游产品在价值构成、价值形成和补偿的一些特点；介绍了旅游产品组合和开发的策略、原则。

学习目标

知识目标

1. 掌握旅游产品的含义和特征。
2. 了解旅游产品的类型。
3. 理解旅游产品的生产要素和层次。
4. 理解旅游产品的价值。
5. 理解旅游产品组合的策略和原则。
6. 掌握旅游产品开发的策略和原则。
7. 了解 SWOT 战略分析图所提供的战略模式。
8. 了解旅游产品生命周期理论。

技能目标

1. 能运用旅游产品理论，提出提高旅游产品质量、改善旅游企业经营管理的途径和方法。
2. 能运用旅游产品开发理论和旅游产品生命周期理论，分析特定旅游产品开发成功的因素和提出延长旅游产品生命周期的策略。

案例

海南十大产品六条线路构筑旅游核心竞争力

游客享受水上乐趣

资料来源：http://www.sina.com.cn.

拥有一流旅游资源的海南岛，如何为国内外游客开发出一流的旅游产品？在《海南国际旅游岛建设发展规划纲要》（以下简称《规划纲要》）中，海南省明确提出，在国际旅游岛建设中，要培育十大旅游产品，推出六条精品线路，并逐步形成海南旅游的核心竞争力。

一、十大旅游产品涵盖各类旅游产品

凭借着资源优势，海南旅游业20多年来获得了快速发展，然而，多年来一成不变的“五天四晚”环岛游，却让海南旅游业陷入了低价观光游的怪圈。“其实，说白了就是因为旅游产品的开发没能跟上旅游业的快速发展，脱节了。”海南旅游界人士坦言，旅游产品开发的滞后，已经严重影响了海南旅游业的发展。

《规划纲要》专门对旅游产品的开发提出了详细规划。如提出要加快对现有休闲度假旅游产品的升级改造，进一步扩大规模，提升质量，同时大力开发新的旅游产品，不断挖掘和丰富旅游产品的文化内涵，逐步形成以滨海度假旅游为主导、观光旅游和度假旅游融合发展、专项旅游为补充的旅游产品结构。

《规划纲要》进一步提出，要根据市场需求，在推进旅游景区、度假区和特色旅游项目建设的同时，着力培育十大旅游产品，推出六条精品旅游线路，塑造与海南自然环境和旅游资源优势相匹配的旅游品牌形象，逐步形成海南旅游的核心竞争力。

在十大重点旅游产品中，包括目前最受游客欢迎的度假旅游产品，《规划纲要》提出要高起点规划、高水平建设，着力打造一批滨海、温泉、森林等特色鲜明的度假基地；提出要打造最具海南特色的海洋旅游产品，重点发展滨海观光、环海南岛游、海岛探奇、海上运动、潜水、垂钓、休闲渔业、海底观光、远洋旅游等产品；要打造一批运动休闲产品，如规范高尔夫球场建设，创新市场营销，引进国内外重大赛事，开发高尔夫相关产品；要打造疗养休闲产品，发展温泉疗养、中医保健、医疗旅游、康体养生、整形美容等产品，打造一批特色康体养生基地；要培育商务会展旅游产品，建设完善会展和商务设施，培育一批国际会议和展览品牌。同时，要培育民族风情和文化旅游产品，挖掘、提升本土文化节庆活动，打造黎族、苗族文化及历史文化、海洋文化、侨乡文化等系列产品；打造红色旅游产品，弘扬琼崖纵队和红色娘子军的革命传统，打造红色旅游经典景区；培育休闲农业与乡村旅游产品，建设一批旅游小镇和休闲农业示范点，发展农家乐、渔家乐、农业生活体验等旅游产品；发展热带森林等特色旅游公园专项产品，提出要加强自然保护区和森林公园建设，在保护生物多样性的同时适度开展生态旅游，逐步规划建设航天公园、海洋公园、野生动物园、影视动漫基地、火山地质公园、湿地公园等；发展自助旅游产品，规划建设一批房车、自驾车、自行车及徒步探险等示范项目，完善服务体系。

“这些旅游产品是第一次系统地推出，也是未来旅游产品开发的方向，能够很好地引导我省未来的旅游产品开发。”海南省旅游委副主任、规划纲要起草小组负责人邓小刚说。《规划纲要》要推出的十大旅游产品，涵盖了观光游产品、度假休闲游产品以及专项旅游产品，其中尤其以度假休闲游产品为主。这些产品集中体现了海南的旅游资源特色，如海洋、热带雨林、温泉、休闲体育等。这些产品互补性强，解决了海南旅游产品开发单一的问题。

二、六条精品线路串起精品景区景点

“这些旅游产品、度假区、旅游景区就像一粒粒珍珠，我们最后要通过精品线路，把这些散落的珍珠串成一条美丽的珍珠项链。”邓小刚说，“所以《规划纲要》同时提出要打造六条精品旅游线路。”

据介绍，六条精品旅游线路包括：

——环海南岛热带滨海观光体验游。将依托沿海陆地和海上交通网络，将城镇、度假区、景区等连点成线，开发观光游、自驾游、自助游等。

——海南岛东线滨海度假休闲游。将完善度假设施和配套服务，突出滨海度假、运动休闲、康体养生、商务会展、航天科普等优势产品。

——海南岛中线民俗风情文化体验游。以民族村寨、旅游小镇、民族文化博物馆等为载体，突出民族风情、民俗体验，开展民族民俗游。

——海南岛西线特色探奇体验游。以西部特有的自然风光、历史遗迹、溶洞、库湖、矿山等资源为依托，开展观光游、自助游，增强游客的体验性。

——热带原始雨林生态游。打造以热带雨林为特征的国家森林公园和国家级自然保护区，发展热带雨林科学考察、热带动植物研究、生态观光、雨林科普教育旅游。

——海洋探奇休闲游。打造海洋国家公园品牌，开展海岛观光、海上休闲运动、游轮游艇等旅游。

在谈到六条精品线路的设想时，邓小刚说，海南的旅游产品从单一产品而言或许不是最优秀的，但由于产品的多样性和丰富性，将其组合起来就是最优秀的，如海南的雨林和温泉或许不是最好的，但组合起来就是非常稀缺的。而在把这些产品组合起来的同时，可以把周边的旅游也带动起来，能够充分体现强岛富民的目的，如中线民俗风情文化体验游，不但串联起文化博物馆等旅游景区，还能够同时带动旅游小镇、民族村寨的建设，使当地老百姓能够从旅游开发中获益。

——资料来源：南海网－海南日报，2010-08-01.

案例分析

什么是旅游产品？什么是旅游线路？什么是旅游产品的组合与开发？

第一节　旅游产品概述

一、旅游产品的含义、特征和分类

（一）旅游产品的含义

旅游产品指旅游经营企业为满足旅游者观光、休闲、保健、体验需要而提供的以游悦服务为核心的相关服务的组合。游悦服务是具有审美、愉悦和自我实现功效的服务。在整个旅游行程中，游悦服务是核心，其他服务是围绕着游悦服务延伸和展开的。

需要特别指出的是：旅游产品与旅游者购买的产品这两个概念之间既有联系又有区别，不能混为一谈。旅游产品只能是服务形态的产品，而旅游者购买的产品既可以是服务形态的产品，也可以是物质形态的产品；旅游产品是由旅游经营企业提供的，而旅游者购买的产品既可以是由旅游经营企业提供的，也可以是由其他经营企业提供的；旅游产品是与旅游直接相关的产品，而旅游者购买的产品既可以是与旅游直接相关的产品，也可以是与旅游无关的产品。所以旅游者购买的产品除包含对旅游产品的购买外，还包含对非旅游产品的购买，在内涵和外延上要比旅游产品宽泛得多。

（二）旅游产品的特征

1. 组合性

组合性就是指旅游产品是由旅游活动要素涉及的一系列服务组合而成的，如游悦服务、住宿服务、饮食服务、交通服务等。一般的服务产品通常表现为单项的服务，如饭店提供的住宿服务、餐馆提供的饮食服务、美容店提供的美容服务等。而旅游产品涉及旅游者在旅游活动中的多种需求，为这些需求提供的服务也必然呈现组合性这一特点。从一次组团旅游活动来看，旅游者享受旅游经营企业提供的服务种类有多有少，但不存在只享受一种服务的旅游者。从旅游产品的定义来看，旅游产品实际上不能拆分，不存在什么单体旅游产品与整体旅游产品的区分。只要是旅游产品就是组合产品。旅游产品中的任何一项服务，如果脱离了整体，都不能称为旅游产品。制造业产品中有许多产品也是一种组合产品，是由一系列其他产品（零部件）组装而成的，如飞机、汽车、彩电等。但零部件不能等同于产品本身。就像汽车，它是由许多产品（零部件）组合形成的，如发动机、车轮、照明灯、电器系统等，它们组装在一起，共同构成了汽车这一产品。如果拆开来，发动机就是发动机、车轮就是车轮，谁也不会把发动机、车轮直接等同于汽车。

旅游产品既然是一种组合性产品，那么依据旅游者不同的服务需求就会形成不同的组合方式，从而也会形成不同的服务种类。但不论服务种类有多少，其中有一项服务是任何旅游产品都必须具备的，即游悦服务。旅游产品是以游悦服务为核心的其他相关服务的组合。没有游悦服务，其他服务无论怎么组合都不能称为旅游产品。

旅游产品的组合性决定了旅游服务质量的提高依赖的是整个行业，而不是某一个企业。

2. 无形性

任何产品都是人类劳动的产物。但人类劳动的结果可以表现为物化劳动和活劳动两种情况，前者形成有形的物质产品，后者形成无形的服务产品。旅游产品是以活劳动形式表现出来的服务产品，具有无形性。首先，从旅游经营企业的角度来讲，旅游经营企业凭借旅游资源、旅游设施等物质载体，向旅游者提供景点、导游、住宿、饮食、交通等服务。这些服务绝大部分不存在物质产品的交换。旅游者观赏景点，他购买的不是景点本身；旅游者住饭店，饭店提供的是床位而不是床本身；即使像饮食服务，旅游者会消耗掉一些物质产品，但这些物质产品也只是整个餐饮服务的组成要素；即使某些服务涉及物质产品的交换，如购物服务，但购物服务不等同于旅游购物品。旅游购物品（如土特产品、工艺品、珠宝首饰品等）本身不属于旅游产品的范畴。其次，从旅游者的角度讲，旅游者出游的目的是追求一种特殊的文化精神享受。如果是为了物质上的摄取，他也就不是旅游者了，他的活动也谈不上是旅游活动了。

现代产品理论告诉我们，任何一种产品，无论是以物质形态表现出来的有形产品，还是以服务形态表现出来的无形产品，实际上均包含有形和无形两种要素。区别一种产品是有形产品还是无形产品，主要是看这种产品中有形要素和无形要素在满足旅游者旅游需求中处于何种地位以及要素价值所占的比重。旅游产品包含了一定的有形要素，但旅游者旅游需求的满足主要是通过无形要素来实现的，且无形要素的价值在产品价值中处于主体地位，所以说旅游产品本质上是一种无形产品。

旅游产品的无形性决定了旅游服务质量的提高依赖于旅游经营企业的每一个员工，尤其是一线员工。

3. 差别性

差别性一般指的是生产同种产品的不同企业之间，在产品质量、功能等方面存在的差异。而这里所说的差别性是指同一旅游经营企业，在提供同样一种旅游产品时，在不同的时间面向不同的旅游者，其产品质量、功能等存在一定的差异。物质产品和某些服务产品的产品质量、功能一般具有稳定性，有可检测的标准。但作为旅游产品，由于受旅游者等多种因素的影响，同一旅游经营企业在不同的时间提供的同种旅游产品的产品质量、功能也会呈现出一定的差别性。

旅游产品的差别性决定了旅游经营企业在产品质量管理上的难度。差别性的存在不等于旅游经营企业可以不要产品质量标准，而是在坚持质量标准的前提下，如何为旅游者提供更加灵活的服务、正确处理好标准化生产和个性化服务相互之间的关系。

4. 生产和消费的同步性

一般物质产品的生产与消费是分离的，是先有生产后有消费。旅游产品是服务产品，生产和消费必须同步进行。所谓生产和消费的同步进行，就是说生产和消费是同一个过程的两个方面：对于旅游经营企业而言是生产的过程，而对于旅游者而言则是消费的过程；旅游经营企业在生产旅游产品的同时，也就是旅游者在消费旅游产品。这种同步性一方面表现在空间上，旅游产品的生产和消费必须发生在同一个地域内（旅游目的地）；另一方面表现在时间上，旅游产品的生产和消费必须发生在同一个时间段。

生产与消费的同步性决定了旅游者在选择购买旅游产品时带有很大的不确定性和旅游经营企业对产品质量检测的滞后性。旅游者在选择购买旅游产品时，由于产品还未生产出来，因此旅游者不可能对产品质量有直观的感受，只能根据旅游经营者的信誉、品牌进行估计，带有很大的不确定性。而一旦旅游者对产品质量有了感受时，他已经在消费产品了，他的合法权益可能已经受到了侵害。同理，旅游经营企业对某一具体的旅游产品质量也无法做到事前的检测，通常是在旅游者合法权益受到侵害时，给予责任人惩罚性的处理。这也是旅游市场欺骗旅游者、侵害旅游者合法权益事件频发的重要原因之一。

5. 不可储存性

旅游产品的无形性、生产与消费的同步性决定了旅游产品的不可储存性。所谓旅游产品的不可储存性，是指旅游产品生产出来就必须消费掉，不可能保存起来留待以后再消费。这与物质产品不同，物质产品是有形产品，生产和消费是可以分离的，产品生产出来后一时卖不掉，可以存储起来留待以后再卖。旅游产品的不可储存性决定了旅游经营企业要更加注重生产的计划性。如果计划不周，旅游产品的生产和消费就会脱节，要么造成大量浪费，要么无法满足旅游者的消费需求。

6. 所有权不可转移性

所有权是指财产在法律上的归属权，即所有人依法对自己的财产享有占有、使用、收益和处分的权利。在市场经济里，所有权可以通过交换、赠予、继承等方式发生转移。但旅游产品的交换并不发生所有权的转移。旅游者观赏景点，他购买的只是景点的观赏权而不是所有权；旅游者入住饭店，他购买的只是饭店设施的使用权而不是所有权；旅游者在海滩上游乐，他购买的只是海滩的享用权而不是所有权。总之，旅游经营企业让渡的只是特定时间和地点的观赏权、使用权、享用权，旅游者带走的只是一种感受、一种经历。

旅游产品的所有权不可转移性决定了旅游经营企业的成本核算更具复杂性。旅游产品交换由于不发生所有权的转移，转移的只是使用权，意味着旅游经营企业在对旅游产品进行成本核算时要更严谨、更科学。成本核算直接决定着企业对旅游产品的定价，成本核算不准确，旅游产品的价格也不可能合理。

（三）旅游产品的分类

1. 按旅游目的分类

按旅游目的分类，旅游产品可以分为观光旅游产品、休闲旅游产品、保健旅游产品和体验旅游产品。

观光旅游产品是指供旅游者游览、欣赏自然景观、人文古迹、民俗风情，具有审美价值的旅游产品。如山水观光、名胜古迹观光、民俗风情观光等旅游产品。

休闲旅游产品是指供旅游者度假、娱乐具有闲暇愉悦价值的旅游产品。如邮轮休闲、海岛休闲、海滨休闲、森林休闲、乡村休闲、主题公园、游乐园等旅游产品。

保健旅游产品是指供旅游者运动、养生，具有健身康体价值的旅游产品。如登山、狩猎、骑行、高尔夫运动、温泉疗养、中医养生等旅游产品。

体验旅游产品是指供旅游者探索、学习、幻想、怀旧，具有自我价值发现和提升的旅游产品。旅游本质上是一种体验，但体验旅游产品不是一般意义上的体验，它是在旅游者高度参与和互动过程中形成的一种特殊体验，如探险体验、极限体验、科普体验、历史事件体验、怀旧体验、逃避现实体验等。体验旅游产品通常需要差异化、个性化的设计与定制，有较高的附加值。

2. 按资源依托型分类

按资源依托型分类，旅游产品可以分为自然资源依托型旅游产品、文化资源依托型旅游产品和人造景观依托型旅游产品。

自然资源依托型旅游产品是指将自然资源开发成自然景观而形成的旅游产品。自然资源千奇百怪，以自然资源为依托形成的旅游产品十分丰富，如沙漠、海滩、山丘、河流、森林、草原、冰山、海岛、湿地等自然景观均可以依托形成旅游产品。

文化资源依托型旅游产品是指将文化资源开发成文化景观而形成的旅游产品。文化资源既包含人类文明史遗留下来的宝贵财富，也包含现代文明的成果。因此，以文化资源为依托形成的旅游产品同样十分丰富，如文物、古迹、民族习俗、革命事件、社会现象、艺术创造和表演、科技成果展示、城市建筑等均可以依托形成旅游产品。

人造景观依托型旅游产品是指将自然资源、文化资源在一定的区域内通过艺术处理集中展现或建造新的旅游景观而形成的旅游产品。人造景观依托型旅游产品最典型的表现形式是各种主题公园、游乐园。如深圳的“世界之窗”“锦绣中华”，上海的“梦幻乐园”，珠海的“圆明新园”，美国加州的“迪士尼乐园”“环球片场”等。

3. 按销售对象分类

按旅游产品的销售对象分类，旅游产品可以分为大众旅游产品和专门旅游产品。

大众旅游产品是指面向不特定的旅游者开发、供旅游者进行一般性观光和休闲需要的旅游产品。

专门旅游产品是指面向部分或特定旅游者开发、有明确主题和特殊意义的旅游产品。大多数体验旅游产品和保健旅游产品可以归到专门旅游产品的范畴。

4. 按环境和生态要求分类

按环境和生态要求分类，旅游产品可以分为一般旅游产品、低碳旅游产品、生态旅游产品。

一般旅游产品是指对环境和生态没有严格要求的旅游产品。长期以来，受旅游是“无烟工业”思维的影响，旅游产品的生产和消费均忽视对环境和生态的负面影响，在实践中已对环境和生态产生了极大的破坏作用。

低碳旅游产品是指以减少二氧化碳排放的方式，保护旅游地的自然和文化环境、为当地的人文社区和自然环境做出积极贡献的旅游产品。低碳旅游产品亦称绿色旅游产品，对产品的提供者和产品的消费者都有严格的要求。通过节能减排技术、循环技术的使用和自觉的环保行为，实现资源利用的高效低耗和对环境损害的最小化。

生态旅游产品是指供人们在城市以外生态系统保持完好的自然环境中去充分认识和享受自然，并使自然生态系统得以良性运转的旅游产品。如森林、海岛、湿地、自然保护区、国家公园、国家风景名胜区等旅游产品。

另外，旅游产品还可以按目的的纯粹性进行分类。如果旅游者出行的目的仅限于旅游，我们称为直接旅游产品；如果还有其他目的，我们称为间接旅游产品。如商务旅游产品、会议（会展）旅游产品、赛事旅游产品、研习旅游产品、探亲旅游产品、科考旅游产品、购物旅游产品等。

旅游产品的分类如图 2-1 所示。

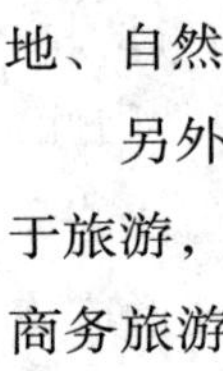

课堂思考

以上分析了旅游产品分类，你认为还有其他分类办法吗？

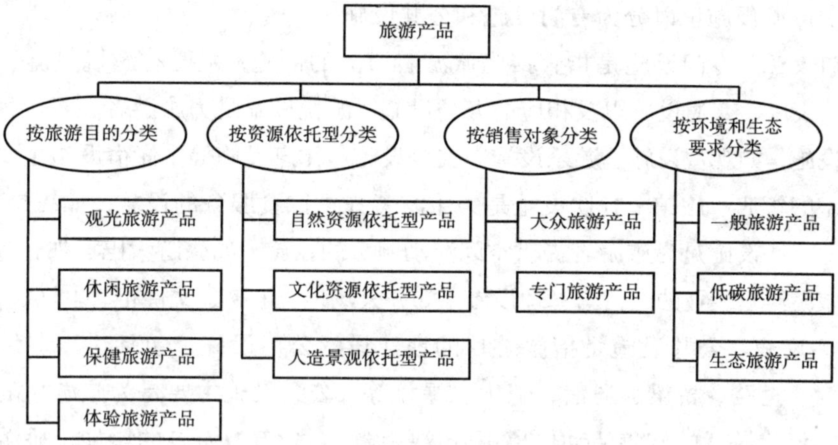

图 2-1　旅游产品分类

二、旅游产品的要素构成和层次

旅游产品是无形产品。但生产旅游产品需要借助一定的物质生产条件，消耗一定的人力、物力。经济学把这些统称为生产要素，旅游产品是在一系列有形要素和无形要素共同作用下组合形成的。

（一）旅游产品的生产要素

1. 旅游资源

旅游资源指在一定区域客观存在，能吸引旅游者产生旅游愿望的自然存在、人文成果和社会现象。任何旅游产品必须依托于一定的旅游资源，所以旅游资源是旅游产品的基础要素。旅游资源依据其形成的途径可以分为自然旅游资源、文化旅游资源和人造景观旅游资源三种类型。

2. 旅游设施和中间消耗品

任何旅游产品的生产必须凭借一定的旅游设施，消耗一定的用品、原料、燃料，所以旅游设施和中间消耗品是旅游产品的辅助要素。

（1）旅游设施可以分为专门设施和公共设施

专门设施。专门设施是指直接为旅游者服务的设施，主要有游悦设施、住宿设施、餐饮设施、交通设施以及相应的办公设施。游悦设施是为旅游者在景区景点活动提供的设施，如观赏设施、游乐设施、安全设施、休息设施等；住宿设施主要是各种不同类型的饭店、旅馆；餐饮设施是为旅游者提供饮食服务的设施，如餐馆、酒吧、茶馆等；交通设施是为旅游者提供空间流动服务的设施，如旅游大巴、邮轮等；办公设施是旅游经营企业的经营与管理设施，如办公场地、电脑、文件柜、电话、传真等。

公共设施。公共设施是指旅游目的地建设的公用设施，包括供水、供电、排水、排污、道路、桥梁、通信、卫生、绿化等。公共设施主要是为旅游目的地居民提供的，但旅游者的旅游活动也离不开这些设施。随着旅游者的增加，旅游目的地政府也必然要加大公共设施的投入。因此，公共设施也构成旅游产品的一种要素。

（2）中间消耗品可以分为旅游耗材和外购物品两大类

旅游耗材。旅游耗材是指旅游经营企业因管理和服务的需要所消耗的用品、原料、燃料等，分为用品类耗材、原料类耗材、燃料类耗材。用品类耗材如饭店使用的一次性牙膏、拖鞋、洗浴液等，导游使用的讲解话筒等，办公使用的复印纸、笔、墨盒等；原料类耗材如烹调调料、食品半成品等；燃料类耗材如供热液化气、车辆用油等。

外购物品。外购物品是指旅游经营企业从其他企业购买后转售给旅游者的物品，如旅行包、太阳帽等。

3. 旅游服务

旅游服务指旅游经营企业向旅游者提供劳务、实现旅游目的的过程。旅游服务贯穿于旅游的全过程，旅游者的各种需要都离不开旅游服务，所以，旅游服务是旅游产品的主体要素。旅游服务根据其在实现旅游者旅游目的中的作用又可分成核心服务、延伸服务、附加服务等要素。

核心服务。旅游服务的核心是游悦服务。游悦服务是满足旅游者审美、愉悦和自我实现需要的服务，包括旅游经营企业提供的游程设计、景点观赏、导游讲解以及休闲、保健、体验活动的安排等服务。

延伸服务。除游悦服务外，还有一些旅游服务是在游悦服务基础上的延伸。延伸服务又可以分为基本延伸服务与非基本延伸服务。大多数旅游产品离不开住宿、餐饮、交通服务，我们把这些服务称为基本延伸服务；另外一些服务如购物服务、通信服务等并非是必需的，我们把这些服务称为非基本延伸服务。

附加服务。在现代营销理论的影响下，产品的附加服务也被企业日益看重，如产品推介、消费贷款、附加保险、售后服务等。作为旅游产品的附加服务主要有旅游咨询、代办签证、旅游保险、汇兑、旅游纠纷处理等。

4. 旅游经营管理

旅游产品生产中的旅游资源、旅游设施和耗材、旅游服务这些要素，通过配置和组合才能形成现实的旅游产品。旅游经营管理就是将各种要素进行有效配置、组合，提高了要素的使用效率。因此旅游经营管理本身也成为旅游产品生产的重要要素。

（二）旅游产品的形象要素

旅游产品的形象要素指能激发或抑制旅游者购买旅游产品欲望的感知要素。旅游产品的形象要素包含的内容相当广泛，主要有旅游目的地形象、产品品牌和信誉、旅游通达性、产品载体等要素。

旅游目的地形象。旅游目的地形象是旅游目的地给人们带来的一种总体印象和心理认知。一个目的地给予人们的形象往往基于过去的、历史的事件，同时也受到媒体和公众的影响。旅游目的地形象对旅游者选择旅游产品有着直接的关系。一个旅游目的地在人们心目中的美誉度、知名度通常对旅游者购买旅游产品起着决定性作用。

产品品牌和信誉。品牌通常反映了旅游产品的质地、档次和市场影响力。随着人们生活水平的提高和生活观念的变化，越来越多的旅游者在选择旅游产品时开始关注产品的品牌。好的品牌能激发旅游者的购买欲望，对于旅游经营企业而言，意味着能有一个更好的卖价。信誉实际上反映了旅游经营企业的经营理念、态度和做法。旅游经营企业的诚实经营、竭诚为消费者服务、关注社会和生态环境等，能引起旅游者的感情认同，因此信誉是旅游者选择旅游产品时需要考虑的要素之一。

旅游通达性。旅游通达性指人们进入旅游目的地的难易程度和时效性。集中反映在交通的通畅程度、通信的便捷程度、手续的繁简程度三个方面。旅游作为异地的生活方式，旅游者希望旅途舒适、安全、快捷、高效、便利，因而通达性强的旅游产品也成为旅游产品重要的形象要素。

产品载体。产品载体是指产品的表现形式。物质产品的载体取决于该产品的物理、化学性能以及产品的外观，如款式、颜色、特质、包装等。旅游产品的载体通常表现为一条旅游线路，涉及时间、空间、旅游类型、组团方式等多种表现形式。旅游者对旅游产品的选择，就是对时间、空间安排的合理性、旅游类型和方式进行比较、评价的过程。因此，对旅游者而言，产品载体也是旅游产品的形象要素。

（三）旅游产品的层次

旅游产品层次如图 2-2 所示。

核心层：游悦服务。

延伸层：住宿服务、餐饮服务、交通服务、非基本延伸服务等。

附加层：旅游咨询、旅游保险、代办签证、其他附加等。

形象层：目的地形象、产品品牌和信誉、旅游通达性、产品载体等。

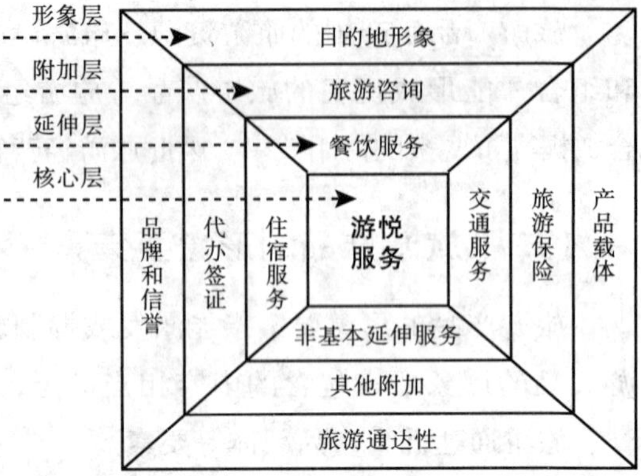

图2-2 旅游产品层次

第二节 旅游产品的使用价值与价值

一、旅游产品的使用价值

（一）旅游产品使用价值的含义

使用价值，即物的有用性，也称效用。旅游产品的使用价值是指旅游产品满足人的欲望和需要的能力。马克思在他所著的《剩余价值理论》一书中明确提出：使用价值是以两种不同形态存在，即实物形态和运动形态。旅游产品是一种服务产品，因此它的使用价值是以运动形态存在的。

（二）旅游产品使用价值的特点

多功效性。旅游产品的使用价值具有多种功效。由于旅游产品是一种组合产品，因此其使用价值具有多种功效。旅游者在旅游过程中的空间转移、景点观赏、娱乐休闲、舒适住宿、美食品尝、修身养性等均从一个侧面体现了旅游产品的使用价值。旅游产品能满足人的多种欲望和需要。

多层次性。旅游产品的使用价值具有多级层次。旅游产品的使用价值几乎能满足人们各个层次的需要。美国心理学家马斯洛（Abraham H. Maslow）在1943年出版的《人类动机理论》一书中把人的欲望和需要分成五个层次，即生存的需要、安全的需要、社交的需要、尊重感的需要、自我实现的需要。并且他认为当人的某一层次的需要得到最低限度的满足后，才会追求高一层次的需要，如此逐层上升，成为推动其继续努力的内在动力。除了以上五种需要外，马斯洛后来还详细说明了认知和理解的欲望、审美需求在人身上的客观存在。旅游产品既有满足人们生理需要的低层次效用，也有满足人们自我实现等需要的高层次效用。但从本质上看，旅游产品的使用价值满足的是人的高层次需要。

强烈的主观感受性。任何产品的使用价值都或多或少地带有消费者的主观感受，但旅游产品的使用价值却带有很强的人的主观感受。由于旅游产品是无形的，很难用客观的标准来衡量旅游产品的使用价值。在大多数情况下，旅游者只能通过印象、感受来评价和衡量，再加上旅游者受不同的文化背景、民族习惯等因素的影响，个体之间在评价和衡量同一旅游产品的使用价值时存在很大的差异性。

二、旅游产品的价值

（一）旅游产品价值的含义

价值是凝结在商品中的一般的、无差别的人类劳动。旅游产品作为一种用于交换的无形产品，同样凝结着人类的劳动（活劳动），这种劳动同样也表现为一定的价值量。

（二）旅游产品的价值构成

任何一种商品的价值都包含转移的价值和新创造的价值两部分。转移的价值包括生产产品所凭借和消耗的各种生产条件的价值，如营业场所、营业设施设备、原材料、燃料、办公用品等。这些生产条件本身也是有价值的，在消耗这些生产条件时，它们的价值将转移到产品中去，构成产品价值的一个组成部分。我们通常用 C 表示转移的价值。新创造的价值一般分为两部分，一部分作为工资付给劳动者用于维持劳动力的再生产，我们用 V 表示；另一部分作为利润和税费用于企业的扩大再生产、投资者的回报和社会的发展，我们用 M 表示。因此，商品价值是由 $C+V+M$ 构成的。

旅游产品作为一种特殊的商品，其价值也是由 $C+V+M$ 构成的（见图 2–3）。

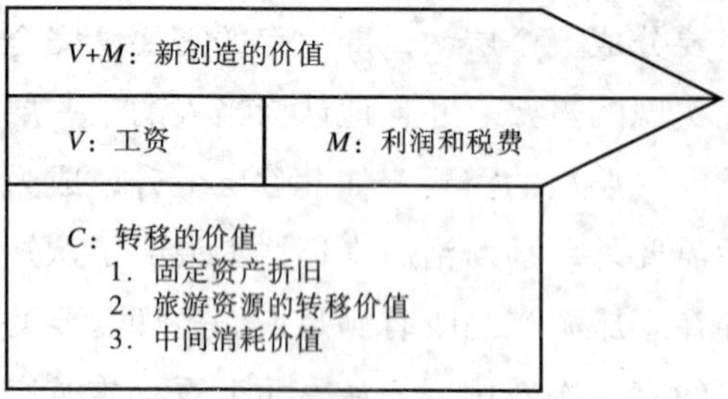

图2–3 旅游产品价值构成

C 表示旅游服务所凭借和消耗的生产条件价值，分为固定资产折旧（固定资产是指在经营活动中使用时间较长、价值逐步磨损的设施设备，如营业场所、营业设备等；折旧就是将固定资产的损耗价值按一定比例分摊到产品中去）、旅游资源的转移价值（自然旅游资源、文化旅游资源和人造景观旅游资源转移到旅游产品中去的价值）、中间消耗价值（包括旅游耗材价值和外购物品和服务价值。旅游耗材价值是指旅游经营企业因管理和服务的需要所消耗的用品、原料、燃料等价值；外购物品和服务价值是指旅游经营企业从其他企业购买后转售给旅游者的物品和服务价值）。V 表示旅游经营企业支付给员工用于维持劳动力再生产的工资。M 表示旅游经营企业为社会和自己创造的利润和税费。

（三）旅游产品在价值构成上的特点

旅游资源的转移价值构成旅游产品价值的重要组成部分。旅游资源构成旅游产品的基础，换句话说，不依托旅游资源的旅游产品实际上是不存在的。无论是自然的还是人文的旅游资源，都或多或少地凝结着人类的劳动。这些劳动需要得到补偿，它们成为旅游产品价值的重要组成部分。

外购物品和服务价值是旅游产品价值转移中经常发生的价值。旅游经营企业服务用品中有一部分属于外购物品和服务。外购物品与原材料不同，原材料需要加工后才发生价值的转移，外购物品一般不需要加工就能发生价值的转移。在旅游产品的价值构成中，通常包含外购物品和服务价值。如旅行社为旅游者提供的矿泉水、饮料、旅行包、太阳伞、租车服务等，它们的价值通常成为旅游产品价值的一个组成部分。

旅游产品的价值是许多企业共同创造的。旅游产品的组合性决定了旅游产品的价值创造过程不是某一个企业单独完成的，而是由旅行社（旅游公司）牵头、相关企业共同参与的过程。

课堂思考

为什么说旅游产品的价值创造过程是旅游相关企业共同参与的过程？

（四）旅游产品中旅游资源的价值形成与补偿

旅游经营企业以其旅游产品与旅游者的货币进行交换，使旅游产品的价值得以实现和补偿。在旅游产品价值形成和补偿中，旅游资源的类型不同，其价值形成和补偿也会呈现出比较大的差异性，也是我们理解旅游产品价值形成和补偿的关键。

自然旅游资源的价值形成和补偿。以自然旅游资源为依托的旅游产品，其价值构成中必然要包含自然旅游资源的价值。一切自然存在物要成为可规模利用的旅游资源，就要对其进行开发和保护。开发和保护是人类劳动的具体体现，需要做出相应的投入。尤其在保护方面，由于人类自身的原因，造成地球生态系统日益恶化，从而使保护的难度愈益加大，人们需要在这方面进行越来越多的投入。因此，在旅游产品的交换中，需要对已经用在自然旅游资源方面的开发和保护的投入做出补偿；此外，由于生态系统的复杂性和脆弱性，人们对自然旅游资源的过度利用，很可能造成毁灭性的后果。为防止这种后果的发生，需要对未来人们在这方面的投入提前予以补偿。

文化旅游资源的价值形成和补偿。其一，历史文化遗产旅游资源的价值。以历史文化遗产为依托的旅游产品，其价值构成中必然要包含历史文化遗产的价值。历史文化遗产是人类劳动的直接成果，是有价值的。历史文化遗产作为旅游资源使用时，同样需要给予不断的保护。为了永续利用历史文化旅游资源，未来在保护方面的投入将会日益加大。因此，历史文化遗产的价值是过去劳动、现代劳动和未来劳动的综合反映。在旅游产品的交换中，不仅需要对历史文化遗产的过去劳动与现代劳动做出补偿，也需要对未来劳动提前予以补偿。其二，社会现象旅游资源的价值形成与补偿。以社会现象为依托的旅游产品，其价值构成中是否必然要包含社会现象的“价值”？这要区别不同情况。社会现象如节庆、祭祀、民俗风情等，这些本来并非是劳动产品，因而无所谓价值。它们的存在也不是为了交换，因而也不需要付费。在这种情况下，以社会现象为依托的旅游产品，其价值构成中不包含社会现象的“价值”。但社会现象一旦作为常规性旅游资源，人们在其中的活动有可能转换为专门性的劳动（如需要专门的管理和服务人员），活动的成果就有可能转换成一种交换品。另外，作为常规性旅游资源的社会现象，人们会为此投入开发和保护的费用。因此社会现象一旦作为常规性旅游资源而存在时，它是有价值的，人们在其中所发生的劳动耗费在一定程度上也需要得到补偿。

人造景观旅游资源价值的决定。以人造景观为依托的旅游产品，其价值构成中必然要包含人造景观的价值。人造景观是对自然旅游资源和文化旅游资源的复制和再创造，是现代人类劳动的产物。其转移到旅游产品中的价值就是生产人造景观投入的劳动量（包括物化劳动与活劳动），其价值的大小是由社会必要劳动时间决定的。

旅游资源的价值补偿，由于受多种因素的影响，会呈现出不同的补偿效果。如果资源品质较好，对旅游者有比较强的吸引力，其价值不仅仅能得到全部补偿，甚至还可以获得超额补偿；反之则反。另外，一些依托垄断性、稀缺性旅游资源的产品，在市场上售价往往会高出其实际的劳动耗费。

第三节　旅游产品的组合与开发

一、旅游产品的组合

（一）旅游产品组合的含义

旅游产品组合指围绕着旅游者的不同需求，将不同的服务要素或不同的旅游产品集合成一个整体的过程。服务要素的组合是同一旅游产品涉及的各类旅游服务的组合，如将游悦服务、交通服务、住宿服务、饮食服务组合成一个整体；而旅游产品的组合不仅仅是指服务要素的组合，它还包括两种以上旅游产品的捆绑组合。通常，旅游产品的组合是由旅行社完成的。

由于受旅游者收入、年龄、职业、文化背景等因素的影响，旅游产品的组合也会呈现出不同的形式、内容和档次，以满足不同旅游者的需求。

（二）旅游产品组合的载体

旅游产品组合的载体通常表现为一条旅游线路。所谓旅游线路是指以游悦服务为核心的涉及多种服务要素或多种旅游产品的时间与空间的安排。对于旅游者而言，就是他的一次旅游经历。旅游线路作为旅游产品组合的载体，有着丰富的表现形式，但基本的表现形式是旅游线路的时空形式。

时间形式。旅游线路的时间形式有一日游、二日游、三日游和多日游。设计一条旅游线路，需要考虑总时间的长短。影响总时间长短的因素有目的地与客源地之间距离的远近、交通工具的选择、旅游者的旅游目的等。但线路的时间形式最重要的是要考虑时间的有效性，即在一定的时间约束下，如何发挥时间的最大效益。没有科学、准确、合理的时间安排，就不会有高质量的旅游线路。

空间形式。旅游线路的空间形式涉及目的地与客源地之间的距离、景点的种类与分布、景点到景点之间的距离、交通的路径。一条好的旅游线路，应该是在有限的时间约束下，让旅游者能够充分领略旅游目的地的特色景点，充分享受旅游的乐趣，而不是单调乏味或疲于奔命。

（三）旅游产品组合的方式

包价旅游。包价旅游即旅游经营企业选定旅游线路，将旅游中涉及的各种相关要素或产品，以整价进行出售的组合方式。包价旅游分为团体包价旅游和散客包价旅游。两者的区别在于组团人数上的差别。一般 10 人以上为团体，10 人以下为散客。

半包价旅游。半包价旅游即旅游经营企业选定旅游线路，部分地将旅游中涉及的相关要素或产品出售给旅游者，其余由旅游者实时现付的组合方式。一般多为在包价组合中除去正餐费用、特殊景点门票和特殊项目费用。半包价旅游的目的主要是增加旅游活动的自主性、灵活性，同时降低直观报价以增加旅游产品的竞争力。半包价旅游分为团体半包价旅游和散客半包价旅游。

小包价旅游。小包价旅游是旅游经营企业只负责少量的要素包价，其余大部分均由旅游者实时现付的组合方式。一般旅游经营企业只负责住宿、接送服务的包价，其余均由旅游者自由选择。这种组合方式比较适合于散客旅游。

零包价旅游。零包价旅游是旅游经营企业只提供旅游者的来回机票，给予优惠并统一代办签证，其他均由旅游者自行解决的组合方式。

随着人们消费水平的提高、需求的多样化、交通与信息的便捷，国内散客旅游，尤其是自驾车旅游、自助游日益呈上升的趋势。这就要求旅游经营企业的经营理念和方式加以转变，由过去大包大揽的旅游产品组合方式转变为根据游客的不同需求量身定制的组合方式。

课堂思考

散客旅游呈不断上升的趋势，你认为旅行社还有存在的必要吗？

（四）旅游产品组合的策略

混合化组合策略。混合化组合策略是将旅游市场的多种需求糅合在一起、面向普通市场的产品组合。混合化组合策略追求的是“全”和“多”，但不“专”和“精”，把尽可能多的景点、尽可能全的旅游项目囊括在一条旅游线路里。在这条旅游线路里既安排了自然景观，也安排了文化景观，甚至还有人造景观；既有观光项目，也有休闲项目，甚至还有保健项目和体验项目。

专门化组合策略。专门化组合策略是根据旅游经营企业自身的经济、技术条件和社会的需要，面向一些专门市场或特定市场进行的产品组合。如一些旅游经营企业推出的“长江三峡游”“海南风情游”“丝绸之路游”等专门旅游产品。一些旅游经营企业针对一些有特殊兴趣和自主性强的旅游者组合一些参与性强和具有探险性、竞技性的旅游产品，如科学考察、地质考察、生物考察、摄影、赛车等。

系列化组合策略。系列化组合策略是按照一定的主题和内在联系将一些专门旅游产品串联在一起的产品组合。如一些旅游经营企业推出的中国文化系列旅游，以满足对中国武术、气功、京剧、书法、绘画、烹饪、民间工艺等方面感兴趣的旅游者群体的需求；红色系列旅游，以满足对红色根据地、红军长征、抗日战争、解放战争等系列事件感兴趣的旅游者群体的需求。

个性化组合策略。个性化组合策略是充分考虑旅游者的个性需求，尽可能体现旅游者个性的旅游产品组合。如一些旅游经营企业推出的“纯玩团”“农家乐”“自驾车”等旅游产品。

（五）旅游产品组合的原则

旅游产品的组合是一项系统工程。其组合能否使旅游者满意、能否有市场需求涉及多方面因素。为了使旅游产品满足旅游者的需求，产品组合应坚持以下原则：

针对性和多样化原则。不同国籍、职业、收入、出身、年龄、文化背景、宗教信仰、风俗习惯的旅游者，对旅游产品的需求是各不相同的，因此，旅游经营企业要针对不同对象组合不同的旅游产品。针对不同旅游者的不同旅游需求，可以设计不同的旅游线路，也可以在同一条线路上安排不同的旅游内容，或组合出不同档次的旅游产品。

时间利用有效性原则。为了提高旅游活动的实效，使旅游者在一定的时间里能观赏到更多的旅游景点，享受到更多的旅游乐趣，时间利用就非常重要。一般来说，时间利用的无效性主要表现为旅途时间太长、用餐和参观时间太短或等候时间太长、重复安排旅游项目等。因此，要使时间得到合理利用，首先，是交通工具和道路的选择，长途旅游应尽可能采用快捷的交通工具和通畅的道路；其次，要注意安排好用餐和参观活动，要避开用餐和参观的高峰时间；最后，要避免雷同和重复，景点的重复、内容的重复、路程的重复对普通旅游者来说都会觉得是浪费时间。

空间转移适度性原则。旅游线路一方面要安排较多的景点让旅游者一饱眼福，游得尽兴；另一方面，留出一定的弹性时间让旅游者间歇调整，不至于疲于奔命。因此适度的空间转移就显得非常重要。首先，要以城市为依托，选择交通发达、景点丰富的旅游城市作为游程的停留地，且平均停留天数以不少于 2 天为宜；其次，同一个城市景点之间的距离要适中，一般不宜超过 2 小时。

二、旅游产品的开发

（一）旅游产品开发的含义

旅游产品开发是指根据市场需求将旅游资源转化为旅游产品的过程。包含规划、设计、生产等环节。旅游产品组合与开发反映了旅游经营企业不同的经营行为：产品组合属于企业技术层面的经营行为，产品开发则属于企业战略层面的经营行为。

旅游资源不等于旅游产品，资源要成为产品，中间有一个转化过程，而这个转化过程就是旅游产品的开发过程。我国有丰富的旅游资源，但未经开发的旅游资源不可能成为大多数旅游者的旅游对象。

（二）旅游产品开发的形式

产品实体开发。产品实体开发是对景区景点的开发，它是旅游产品开发的最基本形态。产品实体开发是旅游产品开发成败的关键，没有优质的能对旅游者产生吸引力的景区景点，就不会有优质的旅游产品。

旅游线路开发。旅游线路开发是对已有旅游线路的重新设计或者对新的旅游线路的开辟。旅游线路开发是在产品实体开发的基础上对产品表现形式的开发。一条新的旅游线路往往会刺激起旅游者的旅游欲望，从而形成新的旅游市场。

旅游目的地开发。旅游目的地开发是在区划范围内对旅游产品及旅游相关因素的开发，它是在更大范围内对产品的开发。旅游目的地开发往往表现为政府行为，它是在政府主导下的对旅游产品的全面、全方位、全过程的开发，涉及旅游地的形象定位、旅游景点开发、接待设施完善、软环境建设等。

课堂思考

从旅游产品开发的三种形式来谈谈如何做好旅游产品的创新？

（三）旅游产品开发的 SWOT 分析

1. SWOT 分析的含义

SWOT 是 Strength（优势）、Weakness（劣势）、Opportunity（机遇）和 Threat（威胁）四个英语词汇第一个字母的合称。

SWOT 分析法是用于企业经营战略和竞争情报的一种分析方法。按照企业竞争战略的完整概念，战略应是一个企业"能够做的"（组织的优势和劣势）和"可能做的"（环境的机遇和威胁）之间的有机组合。以哈佛商学院的 K. J. 安德鲁斯与迈克尔·波特为代表，形成了结构化和系统性为特征的 SWOT 分析法。

早在 SWOT 诞生之前的 20 世纪 60 年代，就已经有人提出过 SWOT 分析中涉及的内部优势、劣势、外部机遇、威胁这些变化因素，但只是孤立地对它们加以分析。SWOT 方法的重要贡献就在于用系统的思想将这些似乎独立的因素相互匹配起来进行综合分析，使得企业战略计划的制订更加科学全面。从整体上看，SWOT 可以分为两部分。第一部分为 SW，主要用来分析内部条件；第二部分为 OT，主要用来分析外部条件。另外，每一个单项如 S 又可以分为外部因素和内部因素，这样就可以对情况有一个较完整的分析了。

2. 旅游产品开发的 SWOT 分析

旅游产品的开发属于旅游目的地政府和旅游经营企业一项战略措施，通过 SWOT 分析，可以使旅游产品的开发建立在一个经过科学论证的基础之上。SWOT 分析一般分为下列步骤：

收集和分析相关资料。按 SWOT 分析要求收集和排列将开发的旅游产品的有关资料，编制 SWOT 分析表，对旅游产品开发的内在条件和外部环境进行分析。对旅游产品开发的内在条件分析一般包括对旅游产品的特色、价格、成品、竞争、管理、品牌、市场占有率等方面的分析；对旅游产品开发的外部环境的分析包括总体环境分析和市场环境分析两部分，重点对总体旅游市场状态、旅游发展趋势、政府政策导向、旅游通达条件、替代旅游产品等方面的分析。

确定变量因素的影响程度。主要是在 SWOT 分析的基础上，找出影响旅游产品开发的主要变量因素，并根据每一个变量因素对旅游产品开发和营销影响大小确定每一个变量因素的权重，然后对每一个变量的实际状况进行量级评分（程度上依次递增，分为 5 个等级，1~5 分），最后用分值与权重相乘，从而计算出各变量因素的实际得分，分析其对旅游产品开发的影响程度和水平。

确定旅游产品开发战略。按照 SWOT 分析方法，以旅游产品开发的内在条件 S、W 为横轴，以旅游产品开发的外在环境 O、T 为纵轴，划分出四象限坐标图，对处于不同象限的旅游产品采用不同的开发战略（见图 2–4）。

	优势	劣势
机遇	SO战略（增长型战略）	WO战略（扭转型战略）
威胁	ST战略（多元化战略）	WT战略（防御型战略）

图 2–4　SWOT矩阵图

制订旅游产品开发战略计划。分别计算 SW 和 OT 的代数差，并根据结果在四象限图上标出拟开发的旅游产品所处位置，然后根据 SWOT 战略分析图所提供的参考战略模式，制订具体的旅游产品开发计划。

相关链接　搜索

崀山旅游 SWOT 分析与开发对策

崀山，位于湖南省新宁县境内，总面积 108 平方千米，辖五大景区 110 多个景点、470 余处地质遗迹，是国家重点风景名胜区和国家地质公园，2006 年还被列入国家自然遗产，是国内最为典型的丹霞地貌风景区。本文借用 SWOT 分析方法对湖南崀山旅游开发的内外环境和条件进行基本的分析，明确崀山在旅游开发中存在的比较优势和不足，面临的机遇和竞争，以提高崀山旅游开发的成功性和效益性。

一、崀山旅游的 SWOT 分析

1. 优势分析

（1）旅游资源丰富，开发价值高。崀山是资源依托型旅游目的地，对于这一类型的旅游目的地而言，旅游资源价值的高低成为拉动旅游的决定性因素。崀山优美的自然风光、丰富的人文景观及独特的民俗风情相融交会，旅游资源的类型和品位多样，素有“北有张家界，南有崀山”之称，是湖南山水的佼佼者。崀山风景名胜区属丹霞喀斯特混合地貌，以丹霞地貌为特色，是继广东的丹霞山、福建的武夷山之后又一新发现的全国最大乃至世界稀有的大面积丹霞地貌景区，是中国丹霞地貌丰度和品位最具代表性和最优美的景区之一。景区内丹霞地貌造型多姿多彩，瑰奇险秀，有形神兼备的将军石、惟妙惟肖的骆驼峰、鬼斧神工的“天下第一巷”、气势磅礴堪称亚洲第一的天生桥、高耸入云而又十分逼真的辣椒峰，还有方圆40多平方千米的常年云雾缭绕、在日光照射下犹如“鲸鱼闹海”的丹霞峰林，是一座罕见的大型“丹霞地貌博物馆”，具有较高的科学价值和美学价值。崀山风景名胜区也有典型的喀斯特地貌景观，如溶洞、地下河、石芽、溶峰等。在所辖的五大景区18个风景小区100多个重要景点里可谓是山、水、林、洞要素齐全。崀山风景区不但集雄、奇、险、秀、幽、旷为一体，而且有10万年前的猕猴头骨化石，史前新石器文化遗址和文物，唐代的古窑和陶瓷，清代农民起义的寨堡，晚清重臣刘坤一、刘长佑、江忠源等的宗祠、墓葬以及七十二佛教圣地之一的玉泉寺等人文景观。此外，在崀山景区还可以感受到浓郁的瑶山风情。

（2）气候条件优越。崀山风景名胜区属亚热带湿润季风气候，四季分明，冬暖夏凉，年平均气温17℃，古有“五岭皆炎热，宜人独崀山”之说。崀山多年平均降雪日18天，积雪日年平均10天，年均无霜期287天，四季可游。崀山植被保护完好，森林覆盖率达56.16%，加之无环境污染源，富有最佳自然生态环境。

（3）区位优势。从大的空间区位看，崀山风景名胜区位于湘西南与广西交界处，主要腹地是我国经济发达、人口最密集、消费能力较高的“9+2”泛珠江三角洲经济带。崀山南与桂林相距142千米，东与南岳相距250千米，北与韶山、武陵源相呼应。这些旅游目的地都具有较高的旅游吸引力，如能因势利导，可以优势互补，共同发展。

2. 劣势分析

（1）经济基础较为薄弱，旅游投入不足。邵阳市是一个农业大市，近5年GDP的增长速度全省排倒数第二、第三位，人均GDP仅400多美元，人均财政收入全省倒数第一。现代旅游业是一项综合性服务行业，涉及食、住、行、游、购、娱等方面，因此除旅游资源本身的开发外，还要建设与旅游活动相关的配套设施。地方经济发展缓慢，导致投入不足，相关配套设施的建设很不完善，也给崀山旅游开发带来较大的压力。

（2）交通制约。崀山位于湖南省西南边缘，处于交通网的末梢，目前仅有娄邵铁路，东、西、南无铁路入境，往来于京广、湘黔、枝柳线上的游客不能越邵阳一步。洛湛铁路的建成通车，将加强与广东的联系，潭邵高速已经建成。随着邵怀高速的在建，邵永高速、邵常高速、邵衡高速的陆续动工开通，以及配套的竹市—城步高等级公路，白仓—塔子寨、新宁—武冈等二级公路的修建，今后景区的可进入性会有所改善。但由于山多地偏，经济落后，交通线的修筑有较大困难，交通状况仍不容乐观。

（3）宣传力度不够，知名度有待提高。由于旅游投入不够，崀山风景区对外宣传显得薄弱，现在仍是“养在深闺人未识”，其影响远不及其他同类或同级别的风景区，在国内外的知名度相当低。与湖南省内其他景区的宣传相比也有较大的差距，没有体现其旅游资源的价值。

3. 机遇分析

《湖南省加速西线开发1995至2010年总体规划》中把搞好新宁崀山的旅游配套建设作

为西线开发的一个重点。2002年，邵阳市就确立了“以崀山为龙头、整合旅游资源、联合打造崀山品牌、创建旅游大市、培育新兴支柱产业”的战略。崀山继成为国家重点风景名胜区和国家地质公园后，2006年又成功地申报了世界自然遗产，这将大大提高崀山的知名度。随着人们可支配收入及闲暇时间的不断增加，国内客源市场呈现出蓬勃发展之势，出游率不断提高，给崀山旅游业的发展带来了巨大的生机。

4. 威胁分析

崀山属于典型的以丹霞地貌为特征的山岳型旅游地。在丹霞地貌的名山中，崀山就其级别而言要逊于以这种景观命名的广东丹霞山世界地质公园和世界文化与自然双遗产的武夷山，而在通达性上又要差于同类级别江西龙虎山和安徽齐云山，故在争夺跨国、跨省的大尺度客源上没有优势。有数据表明，崀山开发几年来接待游客近100万人次，60%为本市区内游客，近20%为长、潭、株游客，10%为周边县市游客，5%左右为省外游客，只有百分之零点几的境外游客。崀山的旅游功能主要是游览观光，一般来讲以观光为主要特点的名山游客重游率比较低，因此不同于以宗教旅游见长的衡山有一个较为稳定的重游率高的香客市场。

二、崀山旅游开发的对策思考

1. 多方筹集资金，加大基础设施投入

交通是制约崀山旅游开发的首要问题，应当利用当前开发西部的有利时机争取国家的拨款资助，加大与景区、与外界的交通线建设，包括与省内永州、衡阳、冷水江、怀化等周边地市及省内经济核心长、株、潭的高等级公路的建设，加强与广西、广东等周边省份的交通通道建设，还要加大对宾馆、饭店、游乐设施的建设。为弥补地方财政的不足应鼓励投资多元化，以优惠的政策吸引外来资金，也要鼓励当地企业、居民参与旅游基础设施建设的投资。

2. 准确定位客源市场，采取正确的营销策略

目前崀山风景区以邵阳市和省内客源为主，近距离市场仍是崀山旅游的主要战场。因此在邵阳市内及下属各县要设立旅游网点，开通专门的旅游班车，对永州、衡阳、冷水江、怀化等周边县市要进一步加大宣传力度，挖掘客源潜力。同时要充分利用好《桂邵旅游合作协议》这一契机，精心打造“长沙—崀山—南山—桂林”黄金旅游线。在长沙和桂林两地可以设立专门的机构，利用报纸、电视、电台、网络及广告牌等宣传媒介提高崀山风景名胜区的知名度，共筑旅游绿色通道，以两市为依托，充分利用其信息和客源优势把崀山推介出去。

3. 大力开发崀山的多种旅游功能，提高旅游竞争力

充分利用崀山丰富的自然景观和人文景观开发多种旅游功能，以提高崀山旅游的竞争力。其一，夫夷江水绕崀山而流，丹崖、奇峰、怪石、碧水配之以桃林橘园、稻土梯田、农舍竹篱等田园美景适合游览观光和度假休闲；其二，“色若渥丹，灿若明霞”，丹崖赤壁的红色象征着庄重、富贵、吉祥，是宗教崇尚的主色调，因而许多丹霞风景名山常是宗教派系禅宗名刹创立的首选风水宝地，宗教旅游功能很发达，如丹霞山、武夷山、齐云山等都是闻名遐迩的佛教圣地，龙虎山是道教名山，而崀山亦是我国佛教圣地之一，因此在观光旅游的基础上要积极开发其佛教旅游资源；其三，崀山风景名胜区的丹霞地貌从青（幼）年期、壮年期至老年期的遗迹均有发育，丹霞地貌类型多，且丹霞地貌的“身陡、麓缓、顶平”的基本特征及典型结构（如“一线天”、天生桥）在此表现相当突出，规模大，群体明显，出现频率高，具有较高的科学价值。此外崀山风景名胜区丹霞—喀斯特混生的奇特性、典型性亦已引起地学界的普遍关注，因此很适合在这里开展各个层次的科学旅游。

4. 全面开发独具特色的旅游商品

优越的气候及地理环境使崀山盛产许多名优土特产，如灵芝、胶股蓝、冬虫夏草、蕨粑粉、万峰云雾茶等；北鹿南养也在崀山黄金牧场获得成功，这里开发的梅花鹿茸酒享有盛誉；新宁县还是我国四大脐橙出口基地之一。但至今这些特产的开发尚未很好地和本地旅游业相结合，在景区没有设置针对旅游者的营销网点，旅游者知之甚少。将旅游业与当地名优特产的开发结合起来，刺激旅游者的购物消费，亦对带动地方经济有着积极的意义。

——资料来源：新宁在线，http://www.xinning.ccoo.cn.

（四）旅游产品开发的策略

形象定位策略。旅游产品开发，无论是产品实体开发还是旅游线路、旅游目的地开发，都必须根据自己的资源特色和客源市场需求，形成自己独特的产品形象。产品形象有助于旅游者对旅游产品的认知和熟悉，从而直接影响旅游者的旅游决策和行为选择。形象定位不能不顾本地旅游资源的实际情况盲目拔高或哗众取宠，一些地方和企业动辄喜欢用“世界”“国际”“第一”等词语来描述旅游目的地和旅游产品的形象，结果很可能适得其反；形象定位也不能满足于提炼几句口号，旅游形象是意念形象与实体形象的统一。高度关注两者之间的统一，是旅游形象定位要着重考虑的问题。

有序开发策略。旅游产品的开发不能一哄而起，遍地开花。旅游产品的有序开发，一是要紧贴市场的需求变化，对旅游产品的市场前景要经过充分的论证，切忌想当然仓促上马；二是要分轻重缓急，量力而行，先开发什么，后开发什么，需要事先统筹考虑；三是要注意交通的可进入性，交通不便的旅游产品，开发后无法形成规模效应，投资的回收期将拉得很长，甚至永远收不回投资。

保护性开发策略。保护性开发策略是可持续发展原则的必然要求。旅游产品依托的许多自然和人文景观具有脆弱性和不可再生性，因此开发时要注意保护。一般性旅游资源要确定旅游承载力，防止各种污染源和人为因素对旅游资源的侵害；特别的旅游资源要采取特别的保护措施，如采用高科技手段、隔离游客等。总之，保护是前提和目的，开发是手段。一切不以保护为目的的开发都是不可取的。

高低结合策略。旅游产品的开发要注意旅游者消费水平的差异，高低结合策略就是旅游产品开发中要注意高档产品与低档产品的相协调。无论是饭店星级还是景区等级都要强调高低结合，以满足不同消费群体的需要。

（五）旅游产品开发的原则

规划性原则。规划性原则是旅游产品开发的一项基本原则。任何旅游产品的开发事前必须做好科学详尽的规划。规划涉及许多内容，但一般都需要做可行性分析，包括旅游产品的SWOT分析、吸引力分析、环境承载力分析、旅游容量分析、可进入性分析、生命周期分析、经济社会效益分析等。规划在旅游目的地开发中显得尤其重要。旅游规划是旅游目的地规划系统中的一个有机组成部分，它必须服从于社会经济发展规划、城市建设规划、土地利用规划。

旅游产品的开发为什么要强调规划性？一是为了使旅游目的地、线路、景点的开发有一个统一的形象，不至于支离破碎、各搞一套；二是为了评估旅游产品开发后对当地经济、社会、环境的影响，不至于盲目投资，造成不可挽回的损失。

市场导向原则。市场需求应始终成为旅游产品开发的出发点。有资源并非意味着有市场需求，所以旅游产品的开发不仅要看本地有什么资源，更重要的是要看有没有市场需求和市场需求有多大。市场导向原则包括两层含义：一是旅游市场定位，即产品主要面向什么样的市场；二是目标市场需求分析，即目标市场有多大的需求规模，有什么样的需求内容和水平。

旅游产品的开发为什么要强调以市场为导向？一是因为任何旅游目的地的资源都是有限的，旅游目的地不可能提供所有的产品，也不可能满足所有旅游者的旅游需求；二是各旅游目的地的资源不是唯一的，其他许多地方可能有相同或相似的资源。要充分估计旅游产品的市场竞争潜力，使自己在竞争中立于不败之地。

因地制宜原则。因地制宜原则是旅游产品开发中又一项重要原则。所谓因地制宜就是根据本地方的资源特色、经济实力、人才优势、区域环境等因素综合选择旅游产品的开发项目，切不可不顾自己的实际情况搞盲目攀比和仿效。

旅游产品开发为什么要强调因地制宜？一是因地制宜才能突出本地方旅游特色，才能更好地吸引旅游者。不是所有的地方都能开发主题公园，也不是所有地方都适合建高星级饭店。二是因地制宜才能做到投资少，见效快；少花钱，多办事。

配套性原则。配套性是旅游产品协调发展的重要保证。配套性原则意味着旅游产品开发的协调性和均衡性。配套性原则包含两层含义：一是要素之间在数量上的配套，景区容量、饭店房间、航班班次等要形成一定的比例关系；二是物质设施水平与服务档次的配套，硬件与软件在水平和档次上要一致。

旅游产品的开发为什么要强调配套性？一是旅游产品是一种组合产品，要素之间如果在数量上不配套或水平和档次上不配套，就会造成供需失衡：一方面旅游者的需求无法得到有效满足，另一方面形成资源浪费；二是数量、水平、档次的不配套也会影响到旅游产品的质量，旅游产品在某一环节出现的问题损害的是产品的整体形象。

可持续发展原则。可持续发展原则就是旅游资源永续利用的原则，它是旅游产品开发的灵魂。可持续发展原则要求在旅游产品开发中充分考虑旅游资源和环境的承受能力，确定合理的旅游容量，使用先进的环保技术和节能技术，强调绿色消费，发展生态旅游，延长旅游产品的生命周期。

旅游产品的开发为什么要强调可持续发展？一是从伦理学角度讲，人类不能只顾眼前利益，还要为子孙后代着想；二是从经济角度讲，只有可持续发展，旅游产品才有恒久的生命力，目的地旅游业才能保持长期繁荣。

第四节　旅游产品的发展阶段与生命周期

一、旅游产品的发展阶段

无论从世界旅游发展的整体历程来看，还是从一个国家或地区旅游发展的历程来看，旅游产品均走过了不成熟到逐渐成熟的演变过程。根据旅游产品在不同时期的表现特征，通常可以将其划分为第一代旅游产品、第二代旅游产品、第三代旅游产品。

（一）第一代旅游产品

产品形式。第一代旅游产品处于一个国家或地区旅游发展的初期，是一种初级产品。主要是一些观光旅游产品，如自然观光游、名胜古迹游。

产品特点。第一代旅游产品比较简单，内涵不丰富。这种旅游产品所需投资比较少，经营比较粗放，但见效快，对一个国家或地区旅游业的起步有重要意义。

（二）第二代旅游产品

产品形式。第二代旅游产品处于第一代与第三代产品的过渡期。主要是一些休闲旅游产品和保健旅游产品，如海岛休闲游、海滨休闲游、森林休闲游、主题公园游、登山游、温泉疗养游；另外，这一阶段间接旅游产品也丰富多样，如商务旅游、会议旅游、赛事旅游、探亲旅游、科考旅游。

产品特点。产品较多样，内涵较丰富。这类产品加深了对资源的利用，提高了技术含量，有较大的附加值。我国目前基本处于这一阶段。

（三）第三代旅游产品

产品形式。第三代旅游产品处于旅游发展的成熟期。这一时期的旅游产品更具文化内涵、更富有体验性、更加生态化，文化旅游、生态旅游、体验旅游成为这一时期旅游产品的主流。

产品特点。产品不仅多样，内涵丰富，而且更强调个性化、生态化。传统的规模生产已很难适应第三代旅游产品的需求。

二、旅游产品的生命周期

（一）旅游产品生命周期理论

产品生命周期理论是由美国哈佛大学教授雷蒙德·弗农（Raymond Vernon）在

1966年首次提出的。所谓产品的生命周期（Product Life Cycle）是指产品的市场寿命，即一种新产品从开始进入市场到被市场淘汰从而再无生产的可能和必要为止的整个过程。产品和人的生命一样，要经历形成、成长、成熟、衰退这样的周期。就产品而言，也就是要经历一个开发、引进、成长、成熟、衰退的阶段。

自从加拿大学者R. W. Butler（1980）将产品生命周期理论运用到旅游地生命周期的研究后，旅游产品生命周期的研究开始被广泛运用于旅游产品的开发和营销。

旅游产品一经开发，便要进入市场以供销售，接受旅游者的选择。尽管旅游产品因其具有不可转移性而明显区别于一般消费品，但毫无疑问它同样要经历一个从产生到衰亡的生命过程。这一过程有的可能时间很短，有的甚至是昙花一现，有的可能时间很长。

（二）旅游产品生命周期的阶段

旅游产品生命周期具有明显的阶段性。一般可以分为四个相互连续的阶段，即介绍期、成长期、成熟期和衰退期（见图2–5）。每一阶段的销售额、增长率、利润率、成本水平与结构、市场竞争结构，甚至旅游者类型和构成都会呈现出不同的特征。这些指标是判断旅游产品周期阶段的依据，也是企业进行市场营销策划的基本依据。

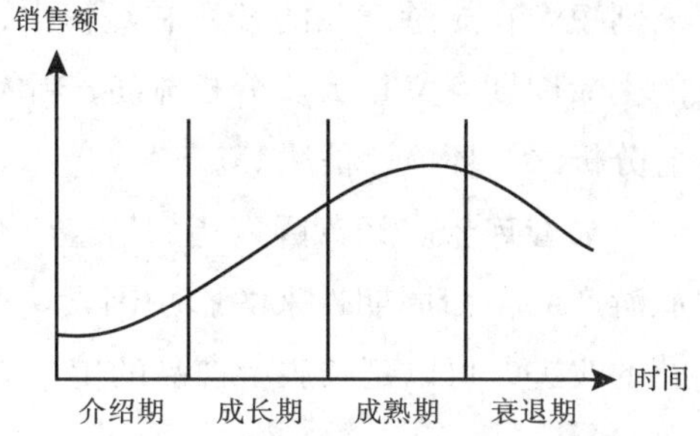

图2–5　旅游产品生命周期

（三）影响旅游产品生命周期的因素

旅游产品的生命周期有长有短，影响旅游产品生命周期长短的因素有许多。作为旅游产品的经营企业及目的地政府，当然希望尽可能延长旅游产品的生命周期，以从中获取更多的经济利益。因此，理解和把握影响旅游产品的基本因素，对旅游经营企业和目的地政府实现延长旅游产品生命周期这一目标，意义非常重大。

市场因素。市场因素是旅游消费者或潜在消费者对旅游产品的认可度及其变化对旅游产品生命周期的影响因素。市场因素是决定旅游产品生命周期长短的最重要因素。市场因素对旅游产品生命周期的影响首先表现在产品的开发论证阶段。由于市场本身的复杂性和难以测量性，对旅游消费者的产品认可度以及潜在旅游消费者的人数与规模通常无法得出一个明确的判断，有时甚至会判断错误。所以，有些旅游产品从一推出就决定了这种产品是短命的。市场因素对旅游产品生命周期的影响还表现在旅游产品的经营过程中。在旅游产品的经营过程中，当市场发生了变化（比如出现了强有力的竞争对手等），原来对市场的估计、预期可能就无法实现，产品很可能进入衰退期。因此，准确评价和估计市场的变化，是旅游产品开发和经营首先要考虑的问题。

效应因素。效应因素指旅游产品的生产、销售和消费通过对经济、社会和环境的影响反过来会影响到旅游产品的生命周期因素。旅游产品的生产、销售和消费效应表现在三个方面：一是对国家或地区经济增长、经济结构调整、劳动力就业等经济指标的影响；二是对社会的价值观、文化冲突和交融、多元化的影响；三是对生态环境的影响。这种影响既有积极的，也有消极的；既有显露的，也有隐蔽的；既有立刻发生的，也有缓慢发生的。如果效应是积极的，旅游产品生命周期就长，反之则短。在旅游产品的开发和经营中，经常科学地评价这些效应，对延长旅游产品的生命周期意义重大。分析旅游产品生产、销售、消费效应经常需要用到成本—效益分析法、环境评估法等。

经营因素。经营因素指旅游经营企业的经营能力、经营水平、内部经营环境对旅游产品生命周期带来的影响因素。经营因素是能动性因素，旅游经营企业通过经营的改进，可以延长旅游产品的生命周期；反之相反。

复习与思考

一、名词解释

旅游产品　　低碳旅游产品　　旅游资源　　旅游通达性
旅游线路　　旅游产品生命周期

二、填空题

1. 旅游产品有层次之分，可以分为________、延伸层、________、形象层。

2. 旅游产品组合是指围绕着旅游者的不同需求将不同的________或不同的________集合成一个整体的过程。

3. 旅游产品组合的方式有包价旅游、________、小包价旅游、________。

4. 旅游产品的组合策略有________、专门化组合策略、________和个性化组合策略。

5. 旅游产品开发的形式分为________、旅游线路开发、________。

6. 旅游产品开发的策略有________、有序开发策略、________、高低结合策略。

三、选择题

1. 旅游产品本质上是______。

A. 无形产品　　B. 无形产品和有形产品

C. 有形产品　　D. 无形产品或有形产品

2. 旅游产品的交换并不发生产品______。

A. 使用权的转让　　B. 所有权和使用权的转让

C. 所有权的转让　　D. 所有权或使用权的转让

3.______是指供旅游者探索、学习、幻想、怀旧，具有自我价值发现和提升的旅游产品。

A. 休闲旅游产品　　B. 体验旅游产品

C. 观光旅游产品　　D. 保健旅游产品

4. 旅游产品离不开住宿、餐饮、交通服务，我们把这些服务称为______。

A. 附加服务　　B. 基本延伸服务

C. 游悦服务　　D. 非基本延伸服务

5. 第一代旅游产品的主要表现形式是______。

A. 特种旅游产品　　B. 专门旅游产品

C. 休闲旅游产品　　D. 观光旅游产品

6. 对以历史文化遗产为依托的旅游产品价值补偿应以它______为价值补偿依据。

A. 过去的劳动　　B. 未来的劳动

C. 现在的劳动　　D. 三者的结合

四、判断题

1. 旅游设施是旅游产品的生产要素。(　　)

2. 旅游产品价值的特点有多功效性、多层次性、强烈的主观感受性。(　　)

3. 依托垄断性、稀缺性旅游资源的产品，在市场上售价往往会低于其实际的劳动耗费。(　　)

4. 旅游产品的组合性决定了旅游产品的价值创造过程不是某一个企业单独完成的，而是由旅行社（旅游公司）牵头、相关企业共同参与的过程。(　　)

5. 旅游产品开发是指根据市场需求将旅游资源转化为旅游产品的过程。(　　)

五、简答题

1. 旅游产品有什么特点？这些特点对生产和销售旅游产品有什么启发意义？

2. 旅游产品组合要贯彻什么原则？为什么？

3. 旅游产品开发要坚持哪些原则？为什么？

六、案例分析

大型山水实景演出《印象·刘三姐》

桂林山水实景演出——《印象·刘三姐》

资料来源：http://bbs.pcauto.com.cn.

世界上最大的山水实景剧场，全球最具魅力的导演，传唱最久远的民族山歌，史无前例的桂林漓江风情巨献——大型桂林山水实景演出《印象·刘三姐》，由桂林广维文华旅游文化产业有限公司投资建设，我国著名导演张艺谋出任总导演，国家一级编剧梅帅元任总策划、制作人，以及两位年轻导演——王潮歌、樊跃的加盟，数易其稿，历时三年半努力制作而成。它集漓江山水风情、广西少数民族文化及中国精英艺术家创作之大成，是全世界第一部全新概念的“山水实景演出”。演出集唯一性、艺术性、震撼性、民族性、视觉性于一身，是一次演出的革命、一次视觉的革命。

方圆两千米的阳朔书童山段漓江水域，十二座背景山峰，广袤无际的天穹，构成迄今世界上最大的山水剧场。投资建造的目前国内最大规模的环境艺术灯光工程及独特的烟雾效果工程，营造出如诗如梦的视觉效果。传统演出是在剧院有限的空间里进行的，这场演出则以自然造化为实景舞台，放眼望去，漓江的水、桂林的山化为中心的舞台，给人宽广的视野和超然的感受。传统的舞台演出是人的创作，而“山水实景演出”是人与上帝共同的创作。山峰的隐现、水镜的倒影、烟雨的点缀、竹林的轻吟、月光的披洒随时都会进入演出，成为美妙的插曲。晴天的漓江，清风倒影，特别迷人。可烟雨漓江，赐给人们的却是另外一种美的享受。细雨如纱，飘飘洒洒，云雾缭绕，似在仙宫，如入梦境的演出正是利用晴、烟、雨、雾、春、夏、秋、冬不同的自然气候，创造出无穷的神奇魅力，使那里的演出每场都是新的。

演出以“印象·刘三姐”为总题，大写意地将刘三姐留给人们印象中的经典山歌、民族风情、漓江渔火等元素创新组合，不着痕迹地融入于山水，还原于自然，成功诠释了人与自然的和谐关系，创造出天人合一的境界，被称为“与上帝合作之杰作”。演出把桂林、阳朔举世闻名的两大旅游、文化资源——桂林山水和刘三姐留给人们的印象进行巧妙的嫁接和有机的融合，让自然风光与人文景观交相辉映。演出立足于桂林，与桂林的音乐资源、自然风光、民俗风情完美地结合，我们在看演出的同时，也在看漓江人的生活。

刘三姐歌圩坐落在漓江与田家河交汇处，与闻名遐迩的阳朔书童山隔水相望。广维文华公司与当地政府从歌圩建设一开始便达成了默契，既强调艺术的表现也高度重视环境保护，使整个工程建设与大自然融为一体。现在，歌圩几乎全部被绿色覆盖，里面种植有茶树、凤尾竹等，加上所植草皮，绿化率达到了90%以上。其中，灯光、音响系统均采用隐蔽式设计，与环境融为一体，水上舞台全部采用竹排搭建，不演出时可以全部拆散、隐蔽，对漓江水体及河床不造成影响。观众席依地势而建，梯田造型，与环境协调，同时也考虑到了行洪的安全。就连所设的两座厕所也引进韩国技术，建成目前全国最先进的生态环保厕所，厕所的污水并不直接排入漓江而是循环使用。另外，100多亩建设用地上，鼓楼、风雨桥以及贵宾观众席等建筑散发着浓郁的民族特色。据建设单位介绍，整个工程不用一颗铁钉，令人叹为观止。

观众席由绿色梯田造型构成，180°全景视觉，可观赏江上两千米范围的景物及演出。观众席设位2200个，其中普通席2000个，贵宾席180个，总统席20个。演员阵容强大，由600多名经过特殊训练的演员构成；演出服装多姿多彩，根据各个不同的场景选用了壮族、瑶族、苗族等不同的少数民族服装；整个演出时间约90分钟。除了气候原因或特殊情况外，演出几乎不中断，每晚演两场。据广维文华公司的负责人介绍，目前已申报了两项吉尼斯纪录：世界上最大的鼓楼群；世界上最大的山水实景剧场。

这部作品于2004年3月20日正式公演。世界旅游组织官员看过演出后如是评价："这是全世界看不到的演出，从地球上任何地方买张机票来看再飞回去都值得。"演出已经成为世界旅游组织目的地最佳休闲度假推荐项目。2004年11月以桂林山水实景演出《印象·刘三姐》为核心项目的中国·漓江山水剧场（原刘三姐歌圩）荣获国家首批文化产业示范基地。

——资料来源：桂林市中国旅行社网，http://www.tripguilin.com.

根据以上案例回答如下问题：

1.《印象·刘三姐》开发的成功之处在哪里？

2.《印象·刘三姐》已进入产品生命周期的成熟期，你认为要使该产品历久不衰需要注意哪些问题？

推荐阅读

1. 谢彦君. 基础旅游学［M］. 北京：中国旅游出版社，1999.
2. 武光，韩渝辉. 再论旅游产品概念及特征［J］. 哈尔滨商业大学学报：社会科学版，2006（5）.
3. 韩春鲜，马耀峰. 旅游业、旅游业产品及旅游产品的概念阐释［J］. 旅游论坛，2008（1）.
4. 吕君，刘丽梅. 旅游产品组合的内涵分析与启示［J］. 前言，2004（10）.
5. 吴文智，庄志民.体验经济时代下旅游产品的设计与创新——以古村落旅游产品体验化开发为例［J］. 旅游学刊，2003（6）.
6. 皮平凡.体验经济时代的旅游产品开发探索［J］. 学术交流，2005（2）.
7. 张剑，孔令娜.近年中国低碳旅游发展模式研究综述［J］.经济研究导刊，2011（24）.
8. 吴楚材等.生态旅游定义辨析［J］.中南林业科技大学学报,2009（5）.

第三章

旅游产品价格及制定

旅游产品价格既是旅游产品价值的货币表现，也是旅游经济运行的一个重要调节器。旅游产品价格制定是否合理，直接影响到旅游企业自身利益的实现。因此，旅游企业必须选择适当的定价策略和方法，为企业赢得竞争优势。本章首先从理论上分析了旅游产品价格的含义、特征及作用；接着分析了旅游产品价格的形成原理及影响因素；然后结合旅游经营的实际，介绍了旅游产品的各种定价方法和策略。

学习目标

知识目标

1. 掌握旅游产品价格的含义、构成和特征。
2. 理解旅游产品价格形成的机制和影响因素。
3. 了解旅游产品的定价目标。
4. 掌握旅游产品的定价方法和定价策略。

技能目标

能运用旅游产品价格理论，分析旅游产品的价格形成过程，并具备基本的定价技能。

案例

香港游：成都2980元，上海1580元，价差近倍

年底是香港购物的黄金时节。按惯例，商家在年底会给出非常大的折扣优惠。为了享受在购物天堂潇洒埋单的乐趣，不少时尚男女早早就开始策划圣诞前后到香港旅游购物。但昨日（2003年12月1日）记者发现，成都旅行社“圣诞四日香港自由人”报价2980元，居然比上海的1580元高了近1倍！

港澳畅游

资料来源：http://www.yijia.com.

昨日，记者就此采访了有关方面。据本地业内人士介绍，正常情况下，香港四日游的价格在2500元左右，同样是香港游，成都与上海地区一直就存在价格差异，通常是成都稍高一点，但此次价格相差如此之大，也令他们觉得意外。在与上海同行沟通后，旅行社人士告知，价差主要是因为旅行行程安排差异造成的。目前上海的报价只包括食宿和景点的第一门票，而且游客要从上海乘机到深圳，然后再坐车往返香港。上海到深圳由于客流较大，航空公司给旅行社的机票折扣比较优惠，从深圳乘车去香港也花费不多。而成都的报价是往返直飞香港，还包括在四星级饭店住宿三晚。同时由于上海游客需要在深圳乘车赴港，其在香港逗留的时间也会因此缩短。因此，相比之下，成都方面的报价还算合理。

据了解，内地游客在港的消费能力较强，平均每人达到了8000元人民币。由于上海经济发达，也不排除香港方面为吸引上海游客而给予针对性优惠的可能。香港格里菲商务旅行公司成都代表处首席代表在接受采访时表示，香港特区圣诞节期间酒店房价普遍上涨，目前成都的旅行社报价的确算是合理。他同时认为，上海地区的“超低报价”应该是短期行为，不大可能延续到圣诞节期间。

——资料来源：四川在线—华西都市报，2003-12-01.

案例分析

1. 同样游香港，成都比上海价格高的原因是什么？
2. 香港特区圣诞节期间，饭店房价普遍上涨的原因是什么？

第一节　旅游产品价格概述

一、旅游产品价格的含义、构成和特征

（一）旅游产品价格的含义

旅游产品价格是旅游产品价值的货币表现。旅游产品价格从旅游经营角度来看，它是旅游经营企业生产和销售旅游产品的各种劳动耗费（价值）的尺度；从旅游消费角度来看，它是旅游者购买旅游产品以满足自身旅游需求的货币支出。

旅游产品跟其他产品一样，是人类劳动的成果，凝结了人类的一般劳动，具有满足旅游者物质需要和精神需要的使用价值，它也一样要通过市场交换体现出自身的价值。而货币是用来计算价值量大小的一种尺度。因此，旅游产品价格必然是一定劳动量（价值量）的反映。

旅游产品价格与旅游产品要素价格，两者既有联系又有区别。旅游产品价格是由各种要素价格组合而成的，如门票价、客房价、餐价、运输价等。而旅游产品要素价格只是旅游产品价格的一个组成部分。正如不能将景区服务、住宿服务、饮食服务、交通服务直接等同于旅游产品一样，门票价、客房价、餐价、运输价等也不能直接等同于旅游产品价格。但为了分析问题的方便，我们在分析旅游产品定价的目标、方法、策略时也经常用景区门票、饭店房价做例子。

（二）旅游产品价格的构成

旅游产品的价值是由 $C+V+M$ 所构成。其中 $C+V$ 在货币上表现为成本，M 在货币上表现为利润。因此旅游产品价格是由成本和利润两部分构成的。

成本。成本是指生产销售旅游产品所发生的各种支出和耗费。成本可以从不同的角度分类，我们在第九章第二节要专门介绍，这里不再赘述。成本是旅游产品价格制定的重要依据。如果价格刚好等于成本，旅游经营企业只能保本经营；

如果低于成本，旅游经营企业要发生亏损；只有高于成本，旅游经营企业才可能赢利。

同种旅游产品，不同的旅游经营企业由于生产条件、管理水平不一样，所发生的实际成本也会不同。经济学把单个企业的成本称为个别成本，把所有企业生产同种旅游产品的平均所需要的成本称为社会平均成本。如果个别成本大于社会平均成本，企业的赢利就会减少，甚至亏本；如果个别成本小于社会平均成本，企业的赢利就会增加，会比其他企业获得更多利润；如果个别成本等于社会平均成本，企业就能获得正常的利润。

利润。利润也称赢利。利润是指生产销售旅游产品所获得的收入扣除各种支出和耗费后的剩余。在价格一定的情况下，成本越低，旅游经营企业的利润水平就越高；反之相反。

（三）旅游产品价格的特征

组合性。旅游产品是一种组合性产品，这决定了旅游产品价格也必然具有组合性的特征。正如旅游产品是由旅游活动要素涉及的游悦服务、住宿服务、饮食服务、交通服务等一系列服务组合而成，旅游价格也涉及一系列要素价格的组合，如游悦服务的价格、住宿服务的价格、饮食服务的价格、交通服务的价格等。旅游产品组合的内容、方式不同，旅游产品的价格组合也会有相应的内容和方式，如全包价、半包价、小包价等。

垄断与竞争并存性。旅游产品的价格既有垄断的特性，又有竞争的特性，具有垄断与竞争的并存性。价格的垄断性是指市场经营主体对价格的一种操控，一般表现为价格高于价值；价格的竞争性是指市场经营主体通过压低价格对市场展开的一种争夺，一般表现为价格低于价值。旅游产品价格的垄断与竞争并存性有两层含义：第一层含义是指旅游产品价格体系中，一部分旅游产品价格更具垄断性，另一部分旅游产品价格更具竞争性。这层意义上的垄断与竞争并存性主要取决于旅游资源的独特价值。有些旅游资源是在特殊的历史条件和自然环境中生产出来的，在社会价值、历史价值等方面具有不可替代性，如中国的长城、故宫、秦始皇兵马俑，埃及的金字塔都是独一无二的，因此以这些资源为依托的旅游产品在价格上就表现为更具垄断性。而大部分旅游资源虽然各具一定特色，但同质化明显，大都是可替代的，因此以这些资源为依托的旅游产品在价格上就表现为更具竞争性。第二层含义是指旅游产品价格时而表现为更强的垄断性，时而表现为更强的竞争性。这层意义上的垄断与竞争并存性主要取决于市场供求的状况。旅游市场若供给不足，旅游产品的价格就表现为更强的垄断性；旅游市场若供给过剩，旅游产品的价格就表现为更强的竞争性。总之，市场竞争越激烈，价格垄断就越难维持，在一定条件下，甚至会出现价格战。旅游市场上出现的所谓“零团费”“负团费”现象，就是旅游市场恶性竞争的必然结果。

季节性。旅游产品价格具有季节性。所谓季节性，是指旅游产品价格随着旅游淡旺季的变化而变化。在旅游旺季，价格通常表现为上涨；在旅游淡季，价格通常表现为下跌。这种变化不仅幅度大，淡旺季价格有时会相差很远，而且频率高，通常在一年内会发生好几次。旅游产品价格的季节性是由旅游需求的特性所决定的。我们在第四章还将作专门分析。

旅游产品价格的季节性变化中，住宿费价格的变化起着关键性作用。根据我国旅游的现状，交通费和住宿费的价格在整个旅游产品价格中所占比重较大，通常在40% 以上。它们的变动会直接影响到整个旅游产品的价格。而交通费相对较稳定，所以，旅游产品价格的季节性变化中，住宿费价格的变化起着关键性作用。

折扣性。旅游产品价格具有明显的折扣性，其主要表现在两个方面：一方面是批量折扣，旅游产品的销售与其他产品不同，它通常是由旅行社将食、住、行、游等多种要素组合起来，批量向提供这些要素的旅游企业订购，因此各旅游企业通常会给予旅行社一定的折扣，而旅行社又将其中的一部分让利给旅游者。另一方面是季节折扣，在旅游淡季，为争夺旅游者，促进旅游产品的销售，旅游经营企业通常会给予旅行社或旅游者一定的折扣或优惠。

二、旅游产品价格的作用及价格的合理性

（一）旅游产品价格的作用

1. 旅游产品价格的市场调节作用

旅游产品价格是旅游市场状况的晴雨表。旅游市场上的供求状况、竞争程度变幻莫测，但最终都会反映在价格上。当旅游产品供不应求时，价格就会上涨；当旅

游产品供过于求时，价格就会下跌。价格的这种涨跌，是供求双方了解市场行情的晴雨表和信号灯。

旅游产品价格是旅游市场状况的调节器。旅游产品价格的波动，必然会引起资金、设施、劳动力资源的重新配置。首先，价格调节着旅游产品的供求。旅游产品的供求变化，引起价格的波动，但反过来，价格的波动又起到调节旅游产品供求的作用。当旅游产品价格上涨，一方面会刺激旅游经营企业扩大供给，另一方面又会抑制旅游需求，于是供不应求的局面得以改善；当旅游产品价格下跌，一方面会抑制旅游经营企业扩大供给，另一方面又会刺激旅游需求，于是供过于求的局面得以改善。在商品经济中，价格就是这样通过自身的涨落来调节生产和消费，使之不断符合社会需要的。其次，价格调节着旅游产品的结构。旅游产品价格的波动会引起旅游产业内部不同旅游产品赢利状况的变化。那些价格水平上升、赢利增加的产品会吸引较多的投资，从而使较多的设施和劳动力投入该种产品的生产；而价格水平下降则会起相反的作用。这客观上调节着旅游产品的供求结构，使不合理的产品结构趋于合理化，达到旅游产品的供求结构平衡。

2. 旅游产品价格的经济激励作用

旅游产品价格促使企业不断提高劳动生产率。如前所述，价格是由成本和赢利两部分构成的，因此在价格一定的情况下，生产和销售旅游产品的成本越低，赢利率就越高，反之相反。可以说，成本的高低将决定企业的命运。这就促使旅游经营企业不断改进技术、改善管理、提高劳动生产率，努力降低成本。

旅游产品价格有利于提高旅游产品质量。在市场竞争中，通常表现出“优质优价”的竞争现实，优质品受人欢迎、销路广、利润多，这就促使旅游经营企业不断改善服务，争创名牌优质产品，进而推动整个旅游市场产品质量日益向高档次发展。

（二）旅游产品价格的合理性

1. 价格合理性的意义

合理制定旅游产品价格，要以价值为基础，综合考虑市场供求和旅游业的综合效益。科学合理的旅游产品价格，既能满足旅游者在支出一定旅游费用的情况下获得最大需求满足，又能使旅游经营企业在补偿各种必要的开支和耗费后获得适当的利润。合理的价格体系还能在调节旅游市场的供给与需求中起到正确的引导作用，促进旅游业持续健康地向前发展。旅游产品价格体系的合理化对旅游业的发展具有巨大的促进作用。

2. 不合理价格的表现与危害

我国旅游产业从 20 世纪 90 年代初期的高利润行业发展到目前的微利润甚至负利润行业，是由旅游市场恶性竞争、旅游产品价格严重不合理造成的。旅游产品价格不合理的种种表现及危害如下：

部分景区景点的门票价格趋涨。我国不少旅游景区景点门票价格趋涨，尤其是以模拟仿造的“城”“都”“窗”“馆”之类的所谓文化景观的门票价格，有的还擅自搞“园中园”收费。但门票价格不断上涨的背后，实际是旅行社和导游、景区景点的利益链所致，偏高的门票价格有相当大的比例成为导游或旅行社的回扣、佣金收入，国家、旅游者、市民的利益并没有得到实在的体现。

高星级饭店的价格过低。我国不少地区出现高星级饭店建设过剩的现象，在激烈的市场竞争面前，纷纷打起了价格战。不少星级饭店为了获取最大限度的市场占有率，完全不顾星级标准和收益情况，盲目地大幅削减房价，有的星级饭店实行“高标价”下的“高回扣”政策，与同行展开恶性竞争；而另一些星级饭店为了保住或夺回自己原有的市场，也不得不纷纷削价参与竞争，如此反复，形成恶性循环，最终导致我国饭店行业自身利益严重受损。

旅行社低价恶性竞争，“零团费”“负团费”[①] 现象时有出现。一些旅行社承包方或个体旅行社经营主体为了争夺客源，采用“零团费”“负团费”这一低级而又直接的竞争方式吸引旅游者，然后通过加点、购物等手段欺诈旅游者。正规旅行社为应对这种做法，不得不也以低价相迎。这种低成本的、恶性竞争严重扰乱公平、公正的市场竞争秩序，只会使优质产品、优质企业无法立足，使服务质量大幅下降，使旅游市场趋于恶化。

旅游娱乐购物环节价格极不规范。虚高定价、高回扣、以次充好、以假乱真、

① “零团费”也称“零接待费”，是指地接旅行社不向组团旅行社收取游客在目的地的接待费用，而是通过游客在目的地的某种消费来弥补团费并获取利润；“负团费”是指地接社以亏本的价格来接待游客或支付组团社一定的费用，即地接社花钱买团．

欺客宰客等价格欺诈、破坏市场秩序的违法违规经营现象较为严重。旅游娱乐购物场所不顾其商品的质量和真正价值，价格与其价值严重背离，极大地损害了旅游者的利益，也严重损害了当地旅游市场的信誉。

3. 不合理价格产生的原因

旅游体制方面的原因。我国旅行社行业一直没有形成批发商与零售商、大社与小社的垂直分工体系，大大小小的旅行社都在重复的市场上向重复的客户推销重复的产品，这就在一定程度上恶化了旅行社的竞争环境，使低价竞争、以佣金弥补损失成为旅行社生存的基本法则。

市场信息方面的原因。由于旅游产品的性质和特点使然，市场信息存在严重的不对称性和时滞性。这一方面为一些不良旅游企业和个人提供了不诚实经营的空间；另一方面也使旅游者在市场上真假难辨，无法对旅游产品的性价比做出准确的判断。在这种心理作用下，旅游者选择“低价”产品自认为是一种最明智的做法。

旅游产品方面的原因。不合理价格竞争主要发生在技术含量较低、产品高度同质化的旅游市场内。产品的高度同质化，也就是产品之间没有什么可比性，唯一可比的就是价格。旅游企业为争夺市场份额，只能靠削价竞争，把降价作为争取客源的唯一手段。而这又迎合了一部分对旅游要求不高的旅游者的心理需要。

行业管理方面的原因。不合理价格竞争的经济基础是大量的、过高比例的佣金、回扣的存在。如果没有这个基础，任何搞恶性价格竞争的旅游经营企业都不可能生存下去。高佣金、高回扣以及由此带来的违法违规经营已经成为旅游市场的顽症。这说明我国旅游市场的监管是缺失的，对非法违规行为既未从源头上堵住，也未给予相应的处罚。此外，我国导游的从业制度、薪酬制度所存在的问题也折射出我们行业管理上的漏洞。2013 年 10 月 1 日起施行的《旅游法》将在强化行业管理、规范旅游产品价格等方面提供法律上的保障。

相关链接 搜索

《旅游法》实施催生涨价潮？

临近“十一”，国庆旅游线路“涨”声四起。

日前，在青岛某房地产做财务的刘女士想预订国庆期间的新马泰旅游，但是被旅行社告知，由于《旅游法》的出台，随团旅游的价格上涨了 30%。刘女士很奇怪，《旅游法》不是保护游客的法律吗？怎么还成为涨价的依据了？

10月1日，《旅游法》正式实施。像刘女士这样对《旅游法》实施产生疑惑的游客并非少数。

这部法律出台的一个主要宗旨是“保障旅游者和旅游经营者的合法权益，规范旅游市场秩序，保护和合理利用旅游资源，促进旅游业持续健康发展”。但在实际执行中会不会走形？笔者就《旅游法》实施是否会导致旅游价格突涨等相关问题进行了调查。

不少游客认为，《旅游法》的实施将营造更加有利的旅游市场环境。他们更希望旅行社不要借机大幅上调团费，行程质量远比价格重要。

据笔者了解，在《旅游法》出台后，几乎国内所有的长线旅游和出境旅游价格均有明显上涨，价格普遍上涨 10% ~ 30%，部分经典线路价格涨幅超过 40%，国庆期间甚至达到 100%。国外如东南亚、澳洲、欧美等线路也有不同程度的上涨，其中美国线路价格涨幅在 1 万元以上。也有一些旅行社对《旅游法》的实施力度持观望态度，导致在国庆节期间的上线产品大幅减少。

青岛铁路国际旅行社相关人士透露，由于新颁布的《旅游法》第三十五条规定：“旅行社不得以不合理的低价组织旅游活动，诱骗旅游者，并通过安排购物或者另行付费旅游项目获取回扣等不正当利益”，所以之前旅行社通过游客在旅游过程中的购物所获得的购物佣金等都被明令禁止。为了保证利润，这一部分的差价就转移到团费中。

上海一家旅行社在接受采访时举了一个例子：在之前的泰国旅游过程中，游客会被安排到当地的购物点进行购物，但是可以获得免费大巴、用餐等，会为游客节约一笔不小的费用，但是《旅游法》实施后这些购物活动是被禁止的，所以交通和吃饭项目就只能由游客自己负担了。

南京旅游业协会旅行社分会秘书长顾先生说，虽然出游费用看似上升了，但其实并不是“涨价”。“价格包含了往返交通费、食宿费、景点门票、导游服务费、导游司机小费、保险费等，以及旅行社的合理利润。全程不进购物店，没有加点自费项目，游玩的舒适度大为提高。”

中国国家旅游局政策法规司负责人日前说，旅游团费上涨，是剔除旅行社行业各种“潜规则”、恢复规范经营模式的正常反映和理性回归。

——资料来源：工人日报，2013-9-15.

课堂思考

1．“零团费”“负团费”现象产生的原因与危害是什么？

2.《旅游法》施行对旅游产品价格有何影响？

第二节 旅游产品价格形成和影响因素

一、旅游产品价格的形成

旅游产品价格是旅游产品价值的货币表现，价值是形成旅游产品价格的基础。但旅游产品的价格在形成过程中，由于市场机制的作用和政府的干预会呈现不同的表现形式。如基础价格、企商价格、规制价格、成交价格等。

（一）价值形成旅游产品的基础价格

价值是价格的基础，旅游产品与其他产品一样，在确立价格高低的时候也要以其价值量的大小为基础，以此为基础确立的价格就是基础价格。

旅游产品是由旅游资源、旅游服务、旅游设施设备等各要素组合而成的内容丰富、结构复杂的组合性产品，各组成部分的价值量决定有其自身的特点。如旅游设施设备是一种有形的物质产品，其价值量的决定毫无疑问是由凝结于其中的社会必要劳动时间所决定；而就旅游服务来说，其价值量的大小不仅受旅游从业人员服务过程中所支出的抽象劳动的多少来决定，而且也受从业人员的服务水平、个人素质等方面的因素影响；旅游资源的价值量决定更为复杂，自然旅游资源、历史文化遗产、社会现象、人造景观在价值量决定上各有各的特点。关于旅游资源的价值量决定我们在第二章第二节已有详细论述，这里不再赘述。总之，在综合考虑旅游产品各要素价值量决定的种种复杂因素后形成的价格才是旅游产品的基础价格。

（二）垄断和竞争形成旅游产品的企商价格

企商价格是旅游经营企业根据其在市场中的地位和竞争程度自定的价格。对商企价格的理解应当把握以下几点：首先，企商价格是由旅游经营企业在经营过程中自主制定的价格。其次，企商价格不一定能真实反映旅游产品生产经营中的成本。

如果旅游经营企业处于一种垄断地位，其制定的价格会远远高出成本，从而获得垄断利润；如果旅游经营企业为了打败对手，可能率先采用价格战，其制定的价格不仅会低于竞争对手同类产品的价格，甚至低于产品成本。最后，企商价格能不能被市场所接受，转化为成交价格，还取决于供求力量的对比。

（三）政府干预形成旅游产品的规制价格

从理论上说，通过价格调节，就可以使资源配置达到最优状态。但是在现实中，由于种种条件的限制，价格调节并不一定能达到理论上的这种完善状态。此时，就需要政府通过一定的行政措施来干预旅游产品价格的形成，从而形成了规制价格。规制价格通常包含政府定价、政府指导价两种形式。

政府定价。政府定价是指由政府价格主管部门或者其他有关部门，按照定价权限和范围制定的价格。政府定价是政府直接制定价格的行为，这种行为是经济体制转轨时期价格形成的重要方式。在市场经济体制下，政府定价仍然在经济生活中发挥着重要的作用，在制定极少数资源稀缺、自然垄断和公用性、公益性等关系国计民生的重要生产资料价格和居民生活消费价格时仍应采用政府定价的形式。政府定价具有强制性，属于行政定价性质。凡由政府制定的商品和服务价格，不经价格主管部门批准，任何单位和个人都无权变动。

政府指导价。政府指导价是由县级以上各级人民政府物价部门、业务主管部门按照国家规定权限，通过规定基准价和浮动幅度、限制价格和扶持价格等，指导企业制定商品价格和收费标准。政府指导价的适用类型主要有五种：一是由国家规定基准价和上下浮动幅度。二是限制价格。由国家规定商品买卖的最高价格，允许企业向下浮动，由此产生的政策性亏损由财政补贴。三是扶持价格。由国家规定商品买卖的最低价格，允许企业或购销双方向上浮动。通常用于防止发生由于一时供大于求造成的价格暴跌，打击生产。四是按差价率管理的价格。由国家规定经营差率（进销差率、批零差率），允许企业在进价的基础上按规定的差率制定和调整具体价格。通常适用于商品流通环节某些商品的价格管理。五是按利润率管理的价格。由国家规定企业生产、经营某产品的最高利润率水平，允许企业在规定的利润水平以内自主制定和调整具体价格。

我国旅游行业的价格规制。在不同的发展时期，我国采取了不同的旅游价格规制，经历了强化规制、放松规制和规制变革三个阶段。第一阶段即改革开放之初到

20世纪90年代中期的以创汇为导向的强化规制，旅游价格规制涵盖了食、住、行、游、购、娱等诸要素，形成高度集中性的旅游价格规制体系。在这个体系中，从价格的制定到执行，行政管理部门扮演着重要角色。第二阶段即20世纪90年代中期到2005年的以市场为导向的放松规制。这一时期，展开了由计划主导下的价格体系向以市场形成价格为主的价格体系转变的一系列改革。通过改革，我国基本形成了以经营者定价为主，国家实行分类指导、协调的管理格局，逐步形成了政府定价、政府指导价和市场调节价三级并存的价格规制体系。在旅游价格诸构成要素中，除游览参观景点门票价格与旅游交通价格仍实行政府定价与政府指导价外，旅游饭店、餐饮、娱乐、购物等项目的价格已经主要交由经营者自主定价。并且国家制定了一系列法律法规，使旅游价格规制有法可依。2002年的《政府价格决策听证暂行办法》明确把主要旅游景点门票列为需要听证的商品和服务。第三阶段即2005年至今的以职能转变为导向的规制变革，政府的角色需要实现从“经济建设型政府”向“公共服务型政府”的政府职能转变，更多的规范和服务职能要通过市场机制去落实和起作用。“培育旅游市场机制、建立旅游市场规则、维护旅游市场秩序”成为本阶段规制的主要目标，政府对旅游价格的干预也逐渐从单纯的行政手段向主要采用经济和法律的手段转变。

（四）供求力量的对比形成旅游产品的成交价格

旅游产品成交价格是在旅游市场竞争中，通过旅游产品供给者之间、需求者之间、供给者与需求者之间的竞争所决定的买卖双方最终达成的交易价格。

价格的基础是价值，价值量的大小决定价格的高低。同时，价格又受到供求关系的影响，旅游产品的供求关系导致了成交价格的最终形成。在不同时期，由于旅游市场竞争状态、类型各不相同，旅游市场的成交价格的决定也不尽相同。在买方市场状态下，供需双方以需求者的竞争力量更为强大。这时供给者之间为了争取需求者而竞争十分激烈，竞争的结果使得市场的成交价格只能在较低的价位上实现。反之，在卖方市场状态下，供给者的竞争力量更强大些。此时，需求者为了尽快购买到并消费所需的旅游产品，便展开了需求者之间的激烈竞争，其结果会使得市场成交价在较高的价位上实现。

以上我们分别分析了旅游产品价格的表现形式和形成过程，我们用图3–1来表示。

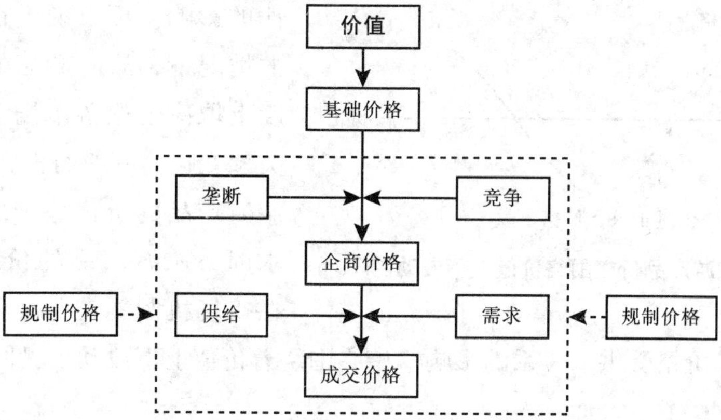

图3-1　旅游产品价格的表现形式和形成过程

二、旅游产品价格的影响因素

（一）影响旅游产品价格的主要因素

价值。旅游产品价格是旅游产品价值的货币表现，因此旅游产品价格的高低首先取决于旅游产品内含的价值量的大小。而旅游产品的价值量又是由生产旅游产品的社会必要劳动时间所决定的。所谓社会必要劳动时间，是指在社会正常生产条件下，在平均劳动熟练程度和强度下，生产商品的社会平均劳动时间。社会必要劳动时间是与整个行业或部门的平均劳动生产率联系在一起的。如果其中单个企业的劳动生产率高于整个行业或部门的平均劳动生产率，它就可以比其他企业获得更多的利润；如果整个行业或部门的平均劳动生产率普遍提高了，意味着生产该产品的社会必要劳动时间减少了。因而，在其他条件不变的情况下，该产品的价格会有下降的趋势。

垄断与竞争。垄断与竞争对价格的影响正好是相反的。市场上，某种旅游产品垄断因素越强，与同行竞争者的差异越大，越不易被替代，定价的自由度也就越大，价格也就越趋向于上涨；反之，竞争因素越强，与同行竞争者的差异越小，产品的替代性越强，竞争就越激烈，价格也就趋向于下跌。

供求关系。旅游产品无论其价值量大小，都必须拿到市场上进行交换，其价值和使用价值才可能实现。而产品在交换的过程中，其价格就不可避免地受到供求规

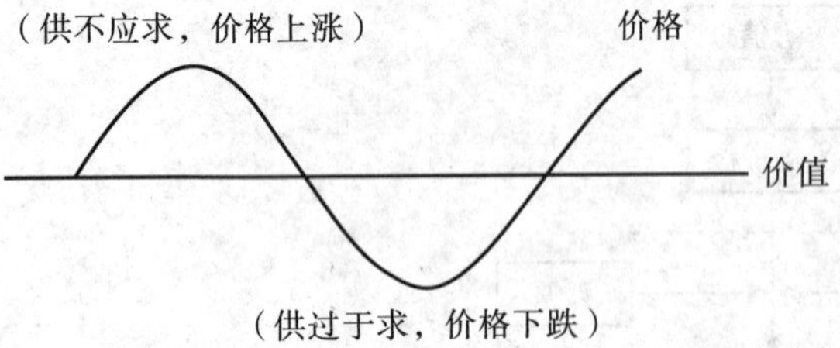

图3–2　旅游产品价格围绕价值上下波动图

律的影响。可以说，在价值量一定的情况下，旅游产品的价格很大程度上取决于旅游市场上供需双方的关系变化。一般而言，供大于求时，旅游产品的价格趋于下跌；供不应求时，旅游产品的价格趋于上涨。在市场机制能充分发挥作用的条件下，旅游产品价格受供求关系的影响，始终围绕着价值上下波动（见图 3–2）。

（二）影响旅游产品价格的其他因素

产品质量。产品质量是产品价值的表现。旅游产品价格必须反映旅游产品质量，做到“按质论价”，即旅游产品质量越高则价格越高，反之则越低。“按质论价”的质是指产品的质量，而产品的质量是指其使用价值满足人们某种需要的程度。因而，“按质论价”实际上指的就是产品价格的确定要以其使用价值的大小即质量的高低为依据。一般情况下，质量较高的产品需要耗费较多的社会劳动或更为复杂的劳动，也就是具有更大的价值。因此，“按质论价”仍然符合劳动价值理论。

国家政策。旅游接待国为实施其经济发展战略，必然要制定一系列的宏观经济政策。这些政策直接或间接对旅游产品价格产生不同程度的影响。政府的干预（如政府定价、政府指导价）对旅游产品的价格带来的是直接影响。但大多数情况下，政府利用各种杠杆来调节市场上的旅游产品价格，如货币政策、财政政策等。

汇率。所谓汇率是指两种不同货币之间的比价，即一国货币用另一国的货币单位所表示的价格。一般来说，汇率有两种标价方式：直接标价法和间接标价法。直接标价法是指以本国货币去表示一定单位的外国货币。间接标价法是指以外国货币去表示一定单位的本国货币。汇率水平的变化会对一个国家的对外贸易产生重要的影响。在旅游产品中，入境旅游作为一种“服务贸易出口”、出境旅游作为一种“服务贸易进口”与汇率的关系更为密切。当人民币贬值或外币升值时，即人民币对外汇率下调时，在入境旅游市场上，用外币表示的旅游产品价格就相对下降；在出境旅游市场上，用本币表示的国外旅游产品价格就相对上涨。反之，若人民币升值或外币贬值时，即人民币对外汇率上调时，则呈现相反的情况。

通货膨胀。通货膨胀是指社会上货币的供应量超过了货币的需求量引起的物价水平的持续普遍的上涨。造成通货膨胀的直接原因是纸币发行量过多，当纸币发行量超过流通中需要的货币量时，纸币所代表的购买力就会下降，物价就会上涨。

旅游产品价格与一个国家或地区的货币购买力有着直接的联系。当单位纸币的购买力下降时，同样大小价值的旅游产品就必须用更多的纸币去购买它，这就意味着价格上涨；当单位纸币的购买力下降时，旅游经营企业生产旅游产品的成本支出也会加大，而这又会通过提高旅游产品的价格把损失转嫁给旅游消费者。在其他条件不变的情况下，一国的通货膨胀率与旅游产品价格成正比关系。通货膨胀率越高，旅游产品价格就越高，反之相反。

第三节　旅游产品的定价

一、旅游产品的定价目标

旅游产品的定价目标是指旅游经营企业对其生产经营的旅游产品价格预先设定期望要达到的目的和结果。定价目标是企业经营发展总体目标的一部分，是企业选择定价方法和制定价格策略的依据。常见的产品定价目标有：

（一）利润目标

利润目标是指旅游经营企业在制定旅游产品价格时优先考虑利润的获取。具体包括以下三种目标：

利润最大化目标。利润最大化是指企业在一定时期内可能获得的最高利润额。以获取利润最大化为定价目标时，应当注意两点：首先，最高利润额并不意味着最高的产品价格，利润最大化更多地取决于合理的价格所推动的需求量和销售规模。即使产品在某一时间处于高价的位置，由于旅游者的抵触、竞争对手的加入和替代产品的出现，也会使旅游产品的高价很快降到正常水平。其次，利润最大化也不意味着局部利润的最大化和短期利润的最大化，因为短期利润和局部利润最大化所采取的高价格不仅不能维持得太久，还可能因急功近利而造成市场的不良反应，失去开拓更大市场的机会。因此，旅游经营企业以追求利润最大化为目标时，无论产品处于怎样绝对有利的地位，也要采取合适的产品价格；在考虑短期的理想利润时，更要着眼于长期的、整体的利润最大化。

满意利润目标。满意利润目标是指旅游经营企业追求的目标是合理的利润水平而非利润的最大化，只要企业所获得的利润能达到行业内中上水平即可。以获取满意利润为目标时，旅游产品的价格一般是适中的。在企业的实际运营中，由于各种因素的影响，理论上的最大利润是难以实现的。因此，旅游经营企业更多的是以满意利润为目标，以达到投资者和消费者的双重满意。

投资利润率目标。企业对于所投入的资金都期望在预定时间内分批收回，并从中获得一定的报酬。因此，在对产品进行定价时，旅游经营企业一般要根据投资额规定的利润计算每一单位旅游产品的利润额，再加上单位产品的成本，作为该产品的出售价格。采用此定价目标时，旅游经营企业要注意预期的利润率不能低于银行的贷款利率或存款利率，否则，企业制定的产品价格就不能带来相应的投资报酬。

（二）竞争目标

竞争目标是指旅游经营企业在制定旅游产品价格时优先争取有利地位。具体包括以下两种目标：

市场占有率目标。市场占有率是指某一旅游经营企业的产品销售量或销售收入占同期、同类产品市场销售总量或总销售收入的比重。

企业市场占有率的高低，是一个企业市场竞争力大小的反映，它标志着该企业在市场竞争中所处的地位。同时，客源即财源，市场占有率的大小还代表着潜在利润的多少。因此，保持并逐步扩大市场占有率是旅游企业在竞争中惯用的定价目标。在采取此种定价目标时，旅游经营企业适宜采用低价格策略，吸引更多的旅游消费者。但企业采用低价格策略应持慎重态度：一是要正确估量自己的实力，否则很可能使自己陷入被动局面，或者两败俱伤。二是要注意降价的次数不应过于频繁，以免旅游消费者产生预计降价的心理，持币待购，使竞争对手反而有机可乘。此外，旅游经营企业供给能力的形成需要较长的时间，而旅游需求的弹性又较大，因此，以扩大市场占有率为目标的定价还要求企业及时提供足够的产品和保证产品的质量不因降价而下滑。否则，旅游者的需求得不到满足，旅游者就会失去对企业的信任，这是不利于企业长远发展的。

稳定市场目标。稳定市场目标是指旅游经营企业在旅游产品的市场竞争和供求关系比较正常的情况下，以稳定的价格获取适当的利润。要保持价格的相对稳定，旅游经营企业就必须和经营同种旅游产品的其他企业达成共识，制定出大家都能认可的价格，并且在一段时期内保持不变。企业采取这种定价目标，目的是避免同行之间不必要的价格战，保证各企业都能从市场获取一定的利润。

稳定市场目标从某种意义上说，是一种权宜之计。企业在竞争中为避免两败俱伤或者自己处于不利地位，或者实力较弱的情况下，比较适合采用此种目标。

（三）质量目标

质量目标是指旅游经营企业在制定旅游产品价格时优先考虑的是产品的质量，根据产品的质量来确定产品的价格。具体包括以下两种目标：

反映产品质量的目标。旅游产品的质量和旅游产品的价格是衡量旅游经营企业经营管理水平的重要尺度，也是旅游者购买旅游产品最关心的问题之一。如果旅游产品本身质量不高，而旅游产品的定价却很高，旅游者就会拒绝该产品；如果旅游产品本身的质量很高，但由于种种原因，旅游经营企业制定的价格却不能反映产品的质量，企业的劳动耗费就得不到补偿，长此以往，企业就会放弃对该产品的经营。因此，低质低价、优质优价、以质量论价格不仅是保证旅游产品的价值和使用价值得以实现的前提，也是企业生存和发展的动力和压力所在。

产品质量领先目标。产品质量领先目标是旅游经营企业为了使自己的产品与竞争对手的产品区别开来、提高产品竞争力而采取的一种定价目标。为了获得和保持旅游产品在同行中的领先地位，旅游经营企业必须投入大量的研发资金和管理、服务成本。可以说，处于领先地位的优质产品，其包含的物化劳动和活劳动都要远远高于一般的旅游产品。为了对这些劳动耗费做出补偿，在对这类产品定价时，其价格必须高于其他同类旅游产品的价格。由于高价格是以高质量为基础的，所以同样可以赢得旅游消费者的认同。

二、旅游产品的定价方法

旅游价格制定方法是旅游经营企业在特定的定价目标指导下，根据企业的生产经营成本、面临的市场需求和竞争状况，对旅游产品价格进行计算的方法。有成本导向、需求导向、竞争导向三种基本的定价方法（见表 3–1）。

表 3–1 旅游产品的定价方法

目标导向	定价方法
成本导向	成本加成定价法
	目标收益定价法
	盈亏平衡定价法
	边际贡献定价法
需求导向	理解价值定价法
	区分需求定价法
竞争导向	随行就市定价法
	率先定价法
	紧跟定价法

（一）成本导向定价法

成本导向定价法是指主要以成本作为定价依据的一种定价方法。由于旅游产品的种类繁多，不同产品在生产成本计算上也有差异。因此，成本导向定价法可以分为成本加成定价法、目标收益定价法、盈亏平衡定价法和边际贡献定价法。

1. 成本加成定价法

成本加成定价法是指在单位物品（原材料）进价上加上一定的毛利计算出单位产品的售价方法。毛利通常包括产品的营销耗费、税费、净利等。其计算公式如下：

单位产品价格 = 单位产品进价 ×（1+ 毛利率） 公式（3–1）

例：某种饮料成本为 2.00 元，成本加成率（毛利率）为 20%，则其价格 = 2 ×（1 + 20%）= 2.40（元）。

成本加成定价法主要适用于商品零售和餐饮企业。在旅游产品的价格计算上也经常会使用到这一计算方法。

2. 目标收益定价法

目标收益定价法是指按预期获得的利润量来确定产品价格的方法。其计算公式为：

$$单位产品价格=\frac{预期总成本+目标利润}{预计销售量} \qquad 公式（3-2）$$

需要指出的是，理论上运用目标收益进行定价可以保证目标利润的实现，但由于此方法是以预计销售量来推算单价的，从而忽视了价格对销售量的直接影响。因此，只有经营垄断性产品或具有很高市场占有率的企业，才有可能依靠其垄断地位按目标收益进行定价。

3. 盈亏平衡定价法

盈亏平衡定价法亦称保本定价法，是指根据产品的成本构成和预计销售量计算出产品保本价格的方法。企业成本可以分为固定成本和变动成本。固定成本是指在一定产量范围内，不随产量的增减而变化的成本；变动成本是指随着产量的增减变化而发生相应变化的成本。关于企业的成本构成，我们在第九章第二节还要有专门的分析，这里不再赘述。盈亏平衡定价法的计算公式为：

$$单位产品价格=单位产品的变动成本+\frac{固定成本总额}{预计销售量} \qquad 公式（3-3）$$

例：某旅游饭店共有客房300间，全部客房年度固定成本总额为300万美元，每间客房每天变动成本为10美元，预计客房年平均出租率为80%，求该饭店客房保本时的价格。

根据所给数据和公式，计算如下：

$$P=10+\frac{3000000}{300\times 80\%\times 365}=44.2（美元）$$

盈亏平衡定价法不能单独使用，需要配合其他方法。当然，弄清楚保本点是产品定价时首先需要考虑的问题。

4. 边际贡献定价法

边际贡献是指每增加一个单位产品的销售量所得到的销售收入扣除单位变动成本后的余额。边际贡献定价法就是指企业根据预期的销售收入减去变动成本后的余额来定价的一种方法。假设这个余额大于固定成本，说明企业有赢利；假设等于固定成本，说明企业刚保本；假设这个余额小于固定成本，则说明企业亏本。

这种定价方法通常用于经济不景气时的产品定价。比如，某饭店每间标准间的成本是120元/天，其中固定成本70元，变动成本50元。如按以上方法，价位至少为120元/天。但由于市场不景气，120元/天的房间卖不出去，饭店只好退而求其次，只能考虑变动成本的补偿，价位可定在50~120元，比如90元，卖则亏30元，不卖则亏70元。

（二）需求导向定价法

需求导向定价法是指依据旅游者对旅游产品价值的理解和需求的强度来制定旅游产品价格的方法。具体又可以分为两种：

1. 理解价值定价法

理解价值指的是旅游者认同的价值，而非实际价值。这种定价方法的特点是根据旅游者的主观感受和评价定价，而不是按产品的实际价值。例如珠宝、字画、古玩等，这些产品的标价要高出实际价值的几倍甚至几十倍，就是因为不同旅游者对其价值的理解不一样。旅游经营企业对高收入旅游者推出的保健旅游、体验旅游也可以采用此种方法。

2. 区分需求定价法

区分需求定价法又称差别定价法，是指对同一或同类旅游产品因人、因地、因时采取不同价格的定价方法。其具体形式有：①同一或同类旅游产品对不同旅游者的差别定价。不同的旅游者收入不同，消费水平也不同，针对他们实施不同的价格，可以增加企业的销售量。②同类旅游产品在不同地点的差别定价。同类旅游产品，如果销售的地理位置不同，经营环境发生改变，旅游产品的价格也可以相应做出调整。例如，贵州黄果树瀑布景区旺季门票价格为90元，淡季门票价格为70元，而浙江绍兴柯岩风景名胜区的门票价格为100元。这两者的吸引力、影响力以及级别等都不可同日而语，但价格为什么没有显著差异？就是因为游客的感知价值因为地点的不同而存在差异。③同一或同类旅游产品在不同时间的差别定价。例如，以避暑胜地著称的庐山的夏日避暑游与冬季雪凇游给游客的价值感知是不一样的，即使对同一市场来说，后者给游客的价值也要远远低于前者，所以庐山在冬季的门票价格应该大幅度低于夏季。

需要特别指出的是，区分需求定价法的采用应慎之又慎。同一旅游产品价格的经常变动，会损害企业信誉，引起不必要的经济纠纷。更不能允许对入境旅游者搞价格歧视。我国加入世界贸易组织后有义务贯彻国民待遇原则，旅游景点门票和其他服务收费不能搞内外有别。

（三）竞争导向定价法

竞争导向定价法是指根据市场竞争情况和企业的竞争实力进行定价的方法。在这种定价法中，竞争对手的价格是定价的依据和参照，而产品的成本、市场需求的大小不会对企业定价产生直接的影响。这种定价方法主要有以下几种形式：

1. 随行就市定价法

随行就市定价法是指根据旅游市场上同一或同类旅游产品的现行价格进行定价的方法。在激烈的旅游市场竞争中，众多的旅游企业可能会生产经营同一或同类旅游产品，如果本企业的旅游产品的价格高于别的企业，它就可能失去市场份额；若价格低于别的企业，则会减少企业的销售利润。因此，大多数中小型旅游经营企业由于没有实力利用价格主动竞争，便会采用随行就市定价法，一方面可以减少市场竞争的压力，另一方面也能获得合理的利润。

2. 率先定价法

率先定价法是指旅游企业结合自身实力，根据市场竞争状况，率先打破市场原有的价格格局，从而制定出具有竞争力的旅游产品价格的方法。这是一种主动竞争的定价方法，一般为实力雄厚或产品独具特色的旅游经营企业所采用。

由于采用率先定价法所制定出来的价格与现行市场同类产品的价格是不一致的，或高于或低于现行市场价格，因此，这种定价方法很容易引起市场震动，这就要求采用率先定价法的企业时刻跟踪竞争产品价格的变化，及时分析原因，相应地调整本企业的价格。若企业所制定的价格能符合市场的实际需要，率先定价的旅游经营企业便会在激烈的市场竞争中获得较大的收益，并居于主动地位。

采用率先定价法的企业在制定价格时，首先，要将市场上竞争产品价格与本企业估算价格进行比较；其次，要将本企业产品质量、成本、企业自身实力等与竞争对手进行比较，寻找出本企业产品的特色、优势等；最后，要分析旅游者是否能接受本企业产品确定的价位，最终确定企业产品的价格水平。

3. 紧跟定价法

紧跟定价法是指以同行业中占有较大市场份额或影响最大的企业的产品价格为标准而尾随其后来制定价格的方法。此种定价法一般是一些后来居上但实力还不如自己的竞争对手的旅游经营企业所采用。其优点是既避免了与实力强、在市场上影响大的企业竞争，又能从中分享部分利润；其不足之处是如果自身的形象和产品质量与其价格不匹配，可能会引起消费者的反感。它适用于产品差异性很小，而价格敏感度极高的旅游产品。

三、旅游产品定价策略

旅游产品定价策略是指旅游企业根据旅游市场的具体情况，从定价目标出发，灵活运用价格手段，使其适应市场的不同情况，实现企业的营销目标。常见的旅游产品定价策略有新产品定价策略、心理定价策略和折扣定价策略。

（一）新产品定价策略

1. 撇脂定价策略

撇脂定价策略是一种高价策略，即在新产品进入市场初期可以制定大大高于产品成本的价格。当旅游经营企业推出一种旅游产品比市场上以往的同类产品有着明显的优势，或者这种产品是独具特色的，并为旅游消费者所乐意接受的新产品，这种新产品短期需求价格弹性小，收入较高的旅游消费者对价格不太敏感，愿意支付较高的价格；而竞争对手在短期内又不可能出现，不可能推出与这个旅游产品相似的产品，这时候，企业在这个新的旅游产品价格可行的范围内尽可能地制定高价。采用这种策略能够使旅游经营企业迅速收回投资，在短期内实现利润最大化。同时由于一开始定高价，给以后降价留有很大空间，通过逐步下调价格来掌握竞争主动权，稳定市场占有率。但是高价也可能引起消费者抵制，影响旅游产品的销路；高价带来的高额利润还会迅速吸引众多竞争者。因此，撇脂定价策略一般不宜长期使用，而只能是一种短期的价格策略。

2. 渗透定价策略

与撇脂定价策略相对应的是渗透定价策略。渗透定价策略是指在推出新产品时，旅游经营企业在产品价格的可行范围内尽可能地制定低价。这种定价策略是利用旅游者的需求心理，低价薄利多销，使自己的产品能尽快渗透市场，获取一定的市场份额，或尽早取得市场支配地位，防止竞争对手进入市场。通过低价策略，企业可以迅速打开市场销路，增加销售量，扩大市场占有率，并能有效地阻止竞争者进入市场。但由于产品定价低，在短期内无法取得足够的利润来弥补产品的投资。另外，产品价格定得很低，易使旅游消费者怀疑产品的质量欠佳，往往使企业的社会形象难以树立。因此这种低位定价策略虽能缩短占领支配市场的时间，但只适用于需求弹性比较大的产品。

3. 满意定价策略

满意定价策略是一种介于撇脂定价策略和渗透定价策略之间的中位定价策略。它一般是按行业平均利润和价格水平来制定价格。这种定价策略兼顾了供给者与需求者双方的利益：一方面会使旅游经营企业有稳定的收入；另一方面又会使旅游者满意，有稳定的消费市场。但这种定价策略也有它的不足之处：由于产品的定价是被动地适应市场，而不是积极主动地参与市场竞争，因此，可能使旅游经营企业难以灵活地应对瞬息万变的市场状况。

三种新产品定价策略的对比分析如表 3–2 所示。

表 3–2　三种新产品定价策略对比分析

定价策略	适用条件	优点	不足
撇脂定价策略	1. 旅游产品具有明确的优势或独具特色 2. 短缺需求弹性较小	1. 迅速收回投资 2. 为今后降价留有很大的空间	1. 不利于市场扩展 2. 容易招致竞争对手进入
渗透定价策略	1. 产品技术含量较低 2. 需求弹性较大	1. 迅速占领市场 2. 有效抑制竞争对手进入	1. 投资回收期较长 2. 容易给人以低档次产品的印象
满意定价策略	适用范围广泛	企业和消费者都满意	产品定价被动地适应市场，难以灵活地应对市场变化

（二）心理定价策略

心理定价策略是在充分考虑旅游者的不同消费心理，特别是对价格的心理反应的基础上，区别不同旅游产品而采取的灵活的定价策略。主要有以下几种：

1. 尾数定价策略

尾数定价策略是指在定价时有意保留产品价格的角、分尾数，制定一个与整数有一定差额的价格。尾数定价策略通常利用旅游者心理与视觉上的差异来增加他们对价格的信任感。例如，企业可以把一件 50 元的产品定价为 49.9 元，这是针对消费者求便宜的心理制定的，虽然 49.9 元与 50 元没有多大差距，但看上去 49.9 元要便宜得多。尾数定价策略适用于价格比较便宜的旅游产品。另外，消费者消费求吉利的心理是近年来企业采用尾数定价策略的另一个原因。例如，中国人喜欢“6”“8”数字结尾等，旅游经营企业可以根据不同民族和地区人们的喜好，灵活确定价格的尾数。

2. 整数定价策略

整数定价策略是旅游企业有意将旅游产品的价格制定成整数。这种定价策略体现了旅游产品的高品质，适用于名牌旅游产品、优质旅游产品。因为对于质量明显较好的产品，旅游者不会在意价格零头上的差异，零头的差异反而使得旅游者对产品的质量有所怀疑，动摇其购买的决心。

3. 声望定价策略

声望定价策略就是利用旅游经营企业或旅游产品在旅游者中的良好声望，将旅游产品制定出比市场同类商品较高的价格。声望定价策略能有效地消除旅游者的购买心理障碍，使其对旅游经营企业形成信任感和安全感，旅游者也从中得到荣誉感。这种定价策略适用于名牌旅游产品和高端旅游消费者。

4. 习惯定价策略

习惯定价策略是指某些旅游产品在长期的市场交换过程中已经形成了为旅游者所适应的价格，对这类产品定价时要充分考虑旅游者的习惯倾向，采用“习惯成自然”的定价策略。这种定价策略无论产品成本是否有所增加或降低，或是为了应付市场竞争，旅游经营企业都应按旅游者的习惯价格定价，不宜轻易改变，以免引起老顾客的反感和购买意向的转移。

相关链接　搜索

怎样定价好

天丰国际旅行社在对市场进行调查后，决定推出新加坡—马来西亚—泰国“难忘良宵——蜜月旅游”线路。在制定价格时，该社的市场部出现了两种截然相反的意见。一种意见认为，应该采用渗透定价策略和尾数定价法，将每对新婚夫妇的旅游包价定为8999元人民币，这样可以吸引更多的旅游者报名参加；另一种意见则主张采用撇脂定价策略和整数定价法，将价格定为每对新婚夫妇10000元人民币，认为这样可以使旅游者认为旅行社安排的旅游服务一定是货真价实，可以放心地报名参加。经过反复讨论，最终决定采用后一种定价策略。该产品推向市场后，报名参加的人数虽然不算多，但是旅行社却收益颇丰。

天丰旅行社采用撇脂定价策略进行定价是正确的。在现实社会里，绝大多数人将结婚看作一生中的重大事件，具有重要的纪念意义。参加这种旅游活动的是一个人数不多但是讲究享受的消费群体，他们往往更看重旅行社的品牌、服务的质量等，而不是价格。另外，对于旅行社来说，尽管参加这种旅游活动的人不是很多，但是他们付出的价格较高，所以旅行社的实际利润并不低。

——资料来源：圣才学习网，2010-08-07.

（三）折扣定价策略

折扣定价策略是指实际价格低于标价的策略。具体有以下几种：

1. 数量折扣策略

数量折扣策略是根据购买的数量或金额的多少，分别给予不同折扣的一种定价策略。数额越大，折扣越多。目的是鼓励和吸引旅游者长期大量向本企业购买旅游产品。数量折扣可以分为累计数量折扣和非累计数量折扣两种形式。

累计数量折扣是指一定时期内购买的数量或金额可以相加，当购买数额达到一定量之后，就可以享受一定比例的价格折扣。目的是鼓励重复购买，使旅游经营企业拥有一批长期稳定的旅游者群体。

非累计数量折扣是指一次性购买旅游产品的数量或金额达到或超过一定标准时就给予一定价格的折扣。目的是鼓励一次性大量购买。

2. 季节折扣策略

季节折扣策略是指旅游经营企业在销售淡季时给予的一种价格折扣优待。旅游产品的季节性很强，季节折扣的目的是刺激旅游者的消费欲望，使旅游企业的设施和服务在淡季能充分利用。季节折扣实质上是季节差价的一种具体应用。

3. 付款折扣策略

付款折扣策略又称现金折扣策略，是对现金支付或一次性付款给予的折扣。旅游经营企业采用这种策略的目的是尽快收回资金，同时防止欠款给企业经营可能带来的风险。

应当指出的是，折扣定价策略不仅表现为旅行社和其他旅游企业对旅游者的优惠和让利，同时由于旅行社在旅游业中的特殊地位，更多情况下表现为其他旅游企业，如饭店、景区景点等对旅行社的优惠和让利。

复习与思考

一、名词解释

旅游价格　　政府指导价　　成交价格　　成本导向定价法

竞争导向定价法　　渗透定价策略

二、填空题

1. 旅游价格由______和______两部分构成。
2. 旅游产品价格具有______、______、______、______特征。
3. 新产品定价策略有______、______、______。
4. 合理制定旅游产品价格，要以______为基础，综合考虑______和旅游业的综合效益。

5. 通过改革，我国逐步形成了政府定价、______和______三级并存的价格规制体系。

三、选择题

1. 如果生产同种旅游产品的旅游企业在单位产品中获得比其他企业更多的利润，这是因为______。

A. 该企业劳动生产率低于整个行业或部门的平均劳动生产率

B. 该企业劳动生产率高于整个行业或部门的平均劳动生产率

C. 生产该产品的社会必要劳动时间减少了

D. 生产该产品的社会必要劳动时间增加了

2. 企业在竞争中为避免两败俱伤或者自己处于不利地位，或者实力较弱的情况下，比较适合采用______。

A. 利润最大化目标　　B. 稳定市场目标

C. 市场占有率目标　　D. 满意利润目标

3. 以下属于竞争导向定价法的是______。

A. 率先定价法　　B. 成本加成定价法

C. 理解价值定价法　　D. 盈亏平衡定价法

4. 以下属于新产品定价策略的是______。

A. 习惯定价策略　　B. 尾数定价策略

C. 撇脂定价策略　　D. 声望定价策略

四、判断题

1. 如果个别成本等于社会平均成本，企业就能获得正常的利润。(　)

2. 某种旅游产品的价格时而表现为垄断性，时而表现为竞争性，这主要取决于市场供求的状况。(　)

3. 边际贡献定价法就是指企业根据预期的销售收入减去固定成本后的余额来定价的一种方法。(　)

4. 当人民币贬值或外币升值时，在出境旅游市场上，用本币表示的国外旅游

产品价格就相对上涨。(　　)

五、简答题

1. 旅游产品价格有哪些作用?
2. 简述旅游产品价格的表现形式和形成过程。
3. 影响旅游产品价格的因素有哪些?

六、案例分析

欧洲迪士尼乐园的价格策略

迪士尼（Disney）乐园是美国好莱坞著名动画片大师和制作家沃尔特·迪士尼设计并创立的，而且以他的名字命名。迪士尼乐园是一座主题乐园，主要由美国大街、冒险乐园、新奥尔良广场、熊的世界、幻想奇境、边境地界和明日世界七大游览区组成，其项目之丰富，科学技术之奇巧，规模之宏伟，设计之独特，无不令人眼花缭乱。美国本土的迪士尼、日本的迪士尼和欧洲的迪士尼（Euro Disney）现已成为全球最具魅力的主题乐园。但是，迪士尼的经营者在取得骄人业绩的背后也有失败的教训，其中之一就是欧洲迪士尼（法国）乐园价格策略的失败。

欧洲迪士尼乐园

资料来源：http://www.dajianjia.net.

欧洲迪士尼的经营者在经营初期认为，其欧洲的竞争对手无法和迪士尼的声望和规模相比拟，所以把门票价格定得比竞争对手高了两倍左右，并且很少进行价格优惠和季节性的调整。他们还假设游客在欧洲迪士尼的二次消费水平会和美国迪士尼相当。但是和大多数美国人开车到迪士尼乐园游玩的情况不同，在欧洲旅游市场上长途客车和旅游经营商担任着重要的角色，欧洲迪士尼没有认识到这一点，因而很少在定价、订票系统上做出让步。

事实上，法郎对其他欧洲货币汇率的变化以及全欧洲范围内的经济衰退，使欧洲迪士尼的门票价格显得异常昂贵。人们发现，去欧洲迪士尼并不比到美国佛罗里达（Florida）游览迪士尼的包价旅游便宜多少，而欧洲迪士尼还无法和佛罗里达迷人的气候相比拟。另外，昂贵的门票使得游客往往不太乐意再花太多的钱在食物、纪念品和其他商品上，人们宁愿步行很长一段距离到停车场野餐，也不愿意在公园里的餐厅就餐，人们害怕餐厅的食物会像门票一样的贵。这样，游客二次消费比他们估计的低了 25%，加之游客数量较少，导致了欧洲迪士尼乐园经营初期的严重困难。

——资料来源：根据冷梅的《漫游世界——美国》、屈云波的《旅游业营销》整理.

根据以上案例回答如下问题：

1. 欧洲迪士尼乐园采用的是何种定价方法和策略？
2. 欧洲迪士尼乐园定价方法和策略为什么会失败？

推荐阅读

1. http：//travel.sohu.com.
2. 游可兴. 新时期我国旅游价格的新思考［J］. 价格与市场，2009（6）.
3. 高原. 对旅游市场价格监管的思考［J］. 中国价格监督检查，2009（3）.
4. 魏莉. 我国旅游市场的过度价格竞争及对策研究［J］. 企业活力，2008（12）.
5. 郭卫娜，甘巧林. 从“零负团费”到“品质游”——旅行社诚信经营探析［J］. 旅游研究，2010（1）.
6. 黄吕波. 关于旅行社低价格竞争之原因的综述［J］. 桂林旅游高等专科学校学报，2006（4）.
7. 陈婷婷.基于特殊生命周期的旅游产品价格组合策略［J］. 合作经济与科技，2011（6）.

第四章 旅游需求与供给

旅游经济学运用价格机制来研究旅游市场的资源配置问题，而在旅游市场中，旅游均衡价格的形成主要受旅游需求与旅游供给这两大基本力量的影响。旅游需求与旅游供给是相互联系、相互矛盾的两个基本经济范畴。本章将从旅游需求与旅游供给的基本概念出发，揭示旅游需求与旅游供给的影响因素及弹性，探讨旅游需求与旅游供给的内在规律和平衡机制，为解决旅游供求矛盾提供理论指导与对策建议。

学习目标

知识目标

1. 掌握旅游需求、旅游供给的概念、实现条件、特点和影响因素。
2. 掌握旅游需求规律和旅游供给规律。
3. 理解旅游供求的矛盾与均衡。
4. 理解旅游需求的价格弹性、收入弹性及交叉弹性。
5. 理解旅游供给的价格弹性、成本弹性。

技能目标

1. 能利用旅游供求理论分析现实旅游经济现象。
2. 能计算旅游需求和旅游供给弹性系数。

案 例

2010年春节黄金周旅游大盘点：海南遇冷两湖大热

海南三亚海滨

资料来源：http://www.Cqotc023.com.

作为春节出行人气排名第三的广州，2010年人们出行的目的地，并没有选择因为“国际旅游岛”概念而大热的海南，也没有选择春节游的“宠儿”华东线，而是选择了因武广高铁而逐渐红火起来的湖南和湖北……

广州出行人气位居全国第三

据广州旅游市场及假日办的初步统计，2010年春节黄金周，广东省参团出游人数高达31万人次，同比增长超过40%。而城市接待游客量为892.74万人次，比2009年同期增长0.28%；其中仅市内28家景区景点，就接待游客156.11万人次。接待人数排前五名的景区景点分别是长隆度假区、白云山风景名胜区、广州动物园、莲花山旅游区和黄大仙祠。

而携程网2010年2月19日出炉的全国问卷调查结果则显示：2010年在“春节出行人气城市”排行榜中，广州位居第三，仅次上海、北京之后；而在“到达人气城市”排行榜中，广州也入选前十。

冷！海南华东“大热倒灶”

自2009年年底“海南国际旅游岛”概念提出后，三亚饭店房价以“火箭速度”飙升——春节期间，最便宜的五星级饭店也要上万元一晚，较2009年同期“疯涨”了2~3倍；而与平时相比，涨幅则高达5~9倍。房价攀升的背后，本应有供不应求的市场在支撑，但据广州几大旅行社透露：其实，从除夕到年初六，三亚很多饭店入住率都不高，相比往年春节还有所下降，并未出现“一房难求”的情况。其中，大幅减少的客源就包括广东省的游客。一向精明实在的广东人对三亚饭店的飙价采取了“冷对”方式，报团海南游的人数比去年春节黄金周下降了16%，这是旅行社始料未及的。

与此同时，往年春节游的“宠儿”华东线，2010年也“大热倒灶”。不少旅行社坦言：实际出团量只是原计划的八成左右，有别于往年团团爆满的情况。“就我们了解，今年许多市民是把华东游的计划，推迟到了5~10月的世博会期间，这导致春节华东线收客不理想。”广之旅副总经理温前说。

热！湖南、湖北“意外受宠”

相比海南、华东团收客“失意”，湖南、湖北在武广高铁的帮衬下，却成为2010年春节广州旅游市场的“黑马”。三小时广州两湖高铁旅游圈，春节期间吸引了近 2 万老广赴湖北武汉、武当山、赤壁、咸宁以及湖南长沙、衡山等地游览。仅年初一单日出游人数就多达 4200 人，占当日国内游出游总人数的两成。一位旅行社负责人说：“以往坐 10 个多小时的火车才到武汉，即使在春节，两湖游也红火不起来，但今年两湖高铁游却成了香饽饽。”

——资料来源：迈点网，http：//info.meadin.com/IndustryReport/2010-2-20/1022082810.shtml.

案例分析

什么是旅游需求？什么是旅游供给？影响旅游需求和旅游供给的因素有哪些？

第一节 旅游供求概述

一、旅游需求的含义、实现条件和特点

（一）旅游需求的含义

经济学中的需求指消费者在一定时期内，在每一个可能的市场价格水平下，愿意并且有能力购买的产品的数量。

旅游需求指旅游者在一定时期内，在每一个可能的市场价格水平下，愿意并且有能力购买的旅游产品量。

在理解需求的概念时，我们应该注意区别需要与需求的不同。需要（Needs）属社会学、人类学、心理学的概念，是基于人们的生理和心理活动产生的欲望和要求，与可能相对而言。需求（Demands）属经济学的概念，是可以量化为一定货币支付能力的欲望和要求，与供给相对而言。比如一个人最近工作压力很大，他想外出旅游放松一下，这就是需要；当他攒够了钱，又有充裕的余暇时间，最终能够出

行，这才形成了需求。

所以，旅游需求有现实旅游需求和潜在旅游需求之分。现实旅游需求是指既有旅游购买欲望，又有支付能力的需求，它反映了旅游市场的现实需求状况，因而是旅游经营者分析旅游市场变化和预测旅游需求趋势的重要依据，也是制订经营计划和策略的出发点。只有支付能力而购买欲望不太明确的需求称为潜在需求。潜在需求则是旅游经营者应开发的重点，即通过有效的市场营销策略，如广告、宣传、人员促销等，使其转化为现实的旅游需求。

（二）旅游需求的实现条件

歌手韩晓在《我想去桂林》的歌中这样唱道："我想去桂林，我想去桂林，可是有时间的时候我却没有钱；我想去桂林，我想去桂林，可是有了钱的时候我却没时间。"这歌词形象地描述了现实旅游需求的实现所必须具备的三个条件，即旅游动机、支付能力和余暇时间。

1. 旅游动机

动机是一个心理学名词，指的是促进和维持人的活动并促使活动指向一定目的的心理倾向。通俗地讲，动机就是激励人们行动的内在动因。动机产生于人的某种需要，人们的需要强烈到一定程度就会产生实现需要的动机。

旅游动机指驱使人们产生某种旅游行动的内在驱动力。旅游动机是形成旅游需求的首要条件，它决定着旅游者的旅游类型和对旅游目的地的选择。

不同的需要产生不同的动机。因此，研究人的动机，必须首先研究人的需要。旅游动机也是如此。在研究人的需要这一领域，具有较大影响的是美国学者亚伯拉罕·马斯洛在 1943 年出版的《人类动机的理论》一书中提出的需要层次理论。马斯洛把需要分成生理、安全、社会、尊重和自我实现五类，并依次由较低层次到较高层次发展。

旅游动机的类型是多种多样的，如美国学者麦金托什和戈尔德纳将旅游动机分为身体方面的动机、文化方面的动机、交际方面的动机、地位与声望等方面的动机等；戴恩将旅游动机分为情感梳理的需要、自我提高的需要、想入非非的需要。由于旅游能满足人们多方面的需要，因此人们的旅游行为往往是多种动机作用的结果。

一般认为，人们外出旅游主要是为了追求身心愉悦，但最新研究发现，对黑色事件的恐惧和向往也是引发旅游的重要动机。比如，基督教徒到耶稣殉难处朝圣；“9·11”恐怖袭击事件后，美国世贸中心废墟成了许多旅游线路必不可少的部分；2005年，飓风袭击新奥尔良的4个月后，当地一家旅行社就推出了卡特里娜灾难之旅；2008年“5·12”四川汶川发生大地震，之后每年均有不少游客专程探访地震遗址。

在影响旅游动机的因素中，一个人的个性心理特征起着重要的作用，不同个性心理特征的人有着不同的旅游动机，进而产生不同的旅游行为。除此之外，还有很多个人因素会影响人们旅游动机的形成，如年龄、性别、个人的文化程度与修养。还有某些外部因素，如社会条件、微社会环境条件（个人所属的社会团体及阶层、周围的人际关系等）、家庭或个人的收入状况等也会对人的旅游动机产生或大或小、或正或负的影响。

相关链接 搜索

国内学者对旅游动机形成的分析

一、机理分析

为了探讨旅游动机的实质，刘啸、甘枝茂、杨延风等曾经对某校在校大学生进行调查，其中一个问题是假若给你一次旅游的机会：一是去美国；二是去月亮。结果一共发出47份问卷，收回47份问卷无一例外地都选择了去月亮。对于这个结果的解释很能说明人们的旅游动机。

大家都知道，美国是一个非常繁华的地方，而月亮是一个非常冷清寂寞的地方。如果按照现有的旅游理论认为人们的出游在很大程度上具有享受性和娱乐性的观点，人们应该选择去美国，因为美国代表了当今世界物质文明发展的水平。舒适的环境和比较丰富的物质享受应该是人们追求的目标。而月亮表面是非常荒凉和寂寞的地方。选择了去月亮，这意味着人们绝不是去享受，而只是一种体验，是对人类生存空间以外的地方的体验，是可以将人类目前生活的空间扩大到极限。

因此，是否可以将人们的这种行为就概括成：人类总是盼望把自己的生活空间扩到最大，因而才出现了旅游。抱着这个问题，在另一次调查中我们发现，假若不考虑金钱的问题，每个人都想出去旅游，这也说明旅游是来自人类最原始的一种冲动。也就是说旅游动机是发自人类内心的一种潜在的冲动，只要有条件人们都会出游。

二、旅游动机分类

基于这种分析，我们可以将人类旅游动机作如下两种分类：一是按照人们为了扩大人类生活空间的方向，可以将其分为两个方向：横向的扩大，即生活面积的物理扩大，这也就是人们常说的“远距离崇拜理论”；纵向的扩大，历史纵深的探讨和攀登高山悬崖、下海探险的探讨。二是从人类活动的维度上可以将人类旅游划分为三个维度：一维时间上的扩大；二维地域范围上的扩大；三维空间上的扩大。目前在二维空间上的扩大比较容易，目前人类的旅游，主要集中在二维空间上。但是在一维、三维空间上的扩大比较困难。一维时间上的倒流和预知尚不具备条件。三维空间的旅游只能局限于登山、潜水、探索地洞或者登电视塔、最高建筑物、跳伞等。要彻底离开地球的太空游，现在还不具备条件，但是一维和三维空间的旅游在不远的将来一定会十分流行。

由于旅游动机的这一特点，使旅游始终与地理学有不解之缘。因为任何历史文化都最终要落到实地，都要以一种地理事物的形式体现出来。同时也是由于旅游动机这种人类纯心理活动的特征使人们对旅游动机的认识将持续存在争议。

三、影响旅游者出游的个性化因子

由于旅游动机的原发性，影响旅游动机中的最大因素就是旅游者本身的个性化特征，也就是旅游者本人的个性化因子是旅游的最大影响因子，例如性别、年龄、家庭、学历、职业、国籍、文化背景、风俗习惯、性格、气质等的影响。这些都与旅游动机直接相关。关于旅游者个性化因子的差异对于旅游的影响方面的研究不多，但是这方面的差异却非常明显。笔者认为旅游者的个性化因子在各种影响因素中处于主导地位，一个人到什么地方去旅游、做何种旅游都由旅游者本人的自身因素决定。张建先生在对上海和重庆游客的出游数据研究中，计算出个人兴趣在各个因素中分别占到 41.8% 和 59.7%。按照 1997 年的统计数字，入境的游客中男女比例 2∶1 还多（男性占 68.6%，而女性只占了 31.4%），这说明国际旅游以男性为主。同样，年龄、健康状况、性别、文化背景、风俗习惯、性格特点等都会对旅游动机有很大的影响。

——资料来源：刘啸，甘枝茂，杨延风．旅游动机——人类本性的回归——旅游动机的新探讨［J］．干旱区资源与环境，2006（1）．

2. 支付能力

在市场经济条件下，人们从事旅游活动都是通过市场交换完成的。旅游需求的形成除了旅游者个人具有进行旅游消费的动机外，它的实现在很大程度上还取决于旅游者的支付能力，特别是对于长距离的旅游活动来说，人们支付能力的大小直接关系着这种旅游需求的实现程度。所以，一个人的收入水平决定着他能否实现旅游及旅游消费水平的高低，是实现旅游活动的重要物质基础。然而，一个人或家庭的收入并非全部都可以用来旅游。真正决定一个人或家庭能否实现旅游活动的是其可支配收入，更确切地说是可自由支配收入水平的高低。可支配收入指人们从事社会经济活动而得到的个人收入扣除所得税后的收入。可自由支配收入是个人或家庭收入中扣除全部纳税和社会消费（如退休金、失业补贴的预支）及日常生活所必需的消费部分后余下的收入部分。

随着社会经济的发展，人们的收入增加，生活水平不断提高，消费层次和消费结构也发生了很大的变化，导致对旅游的需求也日益增加。一般来说，在人们可支配收入一定的条件下，人们用于衣、食、住、行及其他方面的支出比例基本不变。但是，随着人们可支配收入的增加，人们用于衣、食、住、行等方面的支出比例就会相对减少，而用于其他方面的支出比例则相对增加。因此，人们可自由支配收入的提高不仅是产生旅游需求的前提，而且对旅游的出行距离及内容等也具有决定性影响作用。

3. 余暇时间

旅游是人们离开常住地到异地的非生产性的逗留，这是必须花费一定时间的，没有时间就不能形成旅游行为，所以人们余暇时间的增多是产生旅游需求的必要条件。

我们知道，人们的时间从使用目的可以分为四类：工作时间；生理上需要调剂的时间；家务和社会交往时间；余暇时间。余暇时间又称闲暇时间，正因为有余暇时间，才有可能把它用于旅游，成为旅游活动时间。

余暇时间按时间长短又可以分为三种：每日工作之后的余暇时间；周末余暇时间；假日余暇时间。余暇时间长短不同，使用也不同。第一种只能用于诸如看电视、电影、闲谈、运动等时间不长的活动项目上；第二种则可用于近距离旅游；第三种一般是指长于周末的余暇时间，这种时间才可以用于长距离旅游。

一个国家人们享有的余暇时间与该国经济发展有关。如一些发达资本主义国家每周工作时间一般为 30 多个小时，每周两个余暇日，一年还有几周时间的带薪休假日，这就是旅游在西方国家很时兴的原因之一。随着我国经济的发展，我国人民，尤其是国家公务员和各种企事业单位在职人员余暇时间也逐渐增多，尤其是我国在 1995 年实行“黄金周”制度，2008 年对公民节假日时间进行新的调整，这些关于节假日的制度安排对国内旅游和出境旅游产生了重大的影响。

（三）旅游需求的特点

整体性。由于旅游产品是一种组合性产品，决定了旅游需求也是一种整体性的需求。旅游者每次旅游涉及的需求内容是多方面的，而且相互之间有很强的关联性，所以旅游需求是旅游者从整体上考虑的需求。旅游者在决定去某地旅游时，都不是只考虑某一方面的需求，而是将多种相互关联需求整合起来考虑，旅游需求涉及旅游期间的旅行、游览、住宿、饮食、购物、娱乐、交往等各个方面。

指向性。旅游需求的指向性分为地域指向性和季节指向性。旅游需求总是指向一些有吸引力的旅游目的地，指向适合旅游的季节。旅游需求在空间和时间的分布上是不均匀的。旅游需求的地域指向性主要体现在两个方面：一方面从客源地角度看，旅游需求往往来自经济发达的地区；另一方面从目的地角度看，旅游需求在地域上有冷热之分。冷热点的形成除了与旅游吸引物的吸引力强弱有关外，还与旅游者的从众心理和冷点旅游地信息传递不力有关。并且，旅游信息传递的非充分性还会因为旅游者的从众心理而进一步加强，使热点更热、冷点难以升温。观察旅游者的行为规律可以发现，旅游者总是倾向于选择标志性的旅游地和旅游景点。比如外国旅游者到中国旅游一般总是选择在国际旅游市场上有影响力的城市和景点，因为人的旅游时间和费用都是有限的。

旅游需求的季节指向性体现在：由于旅游目的地大多是直接暴露于大自然中的某些自然景观和人文景观，受自然条件的影响较大；而且受客源地的传统习惯和余暇时间所限，使旅游需求呈现出明显的季节性，呈现出旅游的淡季、平季、旺季等。旅游需求无法平均分配到各个时段，往往集中在某段时间，如滑雪胜地夏季的需求量少，而冬季的需求量大。

敏感性。旅游需求很容易受到多方面因素的影响，经济危机、政治冲突、社会动乱、疾病传播、自然灾害等因素都会对旅游需求造成很大的影响，往往造成旅游需求在短时期内迅速下降。但是，一旦这些不利因素消除后，旅游需求又会出现快速的反弹。因此，旅游需求具有敏感性，旅游需求的敏感性主要与旅游者的安全需要直接相关。

聚众性。旅游需求一般表现为亲朋好友共同参与的需求，或在旅行社的组织下形成的团队需求，即使是现在越来越多的旅游者选择以“驴行”的方式出游，驴友们也往往自发组成一定规模的团队，结伴而行。

多样性。由于旅游者在个性、生活条件、职业、社会地位、收入、消费习惯以及旅游动机等方面的差异，每一个旅游者在旅游目的地选择、旅行方式、旅游时间、旅游行为等方面都会有很大的差异，从而导致了旅游需求构成上的多样性。

高弹性。旅游需求对大多数人而言，毕竟不是生活中的必需，而且，目前旅游企业众多，替代品多，旅游产品的选择余地较大。当旅游者的收入水平或某一种旅游产品的价格发生变动时，旅游需求量往往出现大幅度的波动，因此旅游需求具有高弹性。

课堂思考

旅游需求与一般产品需求有什么不同？

二、旅游供给的含义、实现条件和特点

（一）旅游供给的含义

经济学上的供给是指经营者在一定时期内，在每一个可能的市场价格水平下，愿意并且能够提供的某种产品的数量。

旅游供给是指旅游经营者在一定时期内，在每一个可能的市场价格水平下，愿意并且能够提供的旅游产品的数量。旅游供给的内容包括旅游资源、旅游设施和旅游服务。

旅游资源的供给。凡是能够对旅游者产生吸引力的自然存在、人文成果、社会现象都可以构成旅游资源。旅游资源是一个地区能否进行旅游开发的先决条件和旅游者选择目的地的决定性因素，是旅游产品的基础要素，也是旅游供给的首要内容。旅游资源根据其形成原因，大体可以分为自然旅游资源、人文旅游资源和人造景观旅游资源。大部分是自然界恩赐的或者是社会历史长期发展的产物，因此，旅游资源的供给是有限的，很难随着旅游需求的扩大而随意扩大。

旅游设施的供给。旅游设施是指旅游经营者为旅游者提供服务时依托的各项物质设施和设备。旅游设施直接代表着旅游目的地的接待能力，即旅游供给能力。旅游设施的供给一旦形成很难随着旅游需求的缩小而随意缩小，在短时间内也很难随旅游需求的扩大而随意扩大。

旅游服务的供给。旅游服务是旅游产品的主体。由于旅游服务是旅游企业向旅游者提供劳务的过程，即依靠旅游企业员工的脑力和体力支出满足旅游者的旅游需求，因此，旅游服务的供给有比较大的伸缩性。它可以随着旅游需求的扩大而扩大，也可以随着旅游需求的缩小而缩小。

（二）旅游供给的实现条件

旅游供给的实现必须同时满足以下三方面的条件，缺一不可。

市场需求。旅游供给必须以旅游需求为前提。旅游经营者必须以旅游消费者的需求为导向，根据旅游需求的内容提供产品，没有旅游需求的旅游供给是没有意义的，只会造成资源的浪费。

企业利润。旅游供给是旅游经营者愿意提供的旅游产品，旅游经营者只有在可以获取利润的情况下才会愿意向市场提供旅游产品，旅游经营者在满足旅游需求的同时必须考虑自身的生存和发展。旅游经营者在供给中不能实现自身的经济利益，就不会有供给的积极性。

供给能力。旅游供给必须是旅游经营者可以提供的旅游产品。旅游经营者能否提供旅游产品取决于旅游经营者的供给能力。旅游经营者的供给能力主要受资金能力、物质能力、技术能力、管理能力以及旅游通达性的影响。旅游经营者资金不足、物质条件不能保障、管理技术落后、旅游通达性不佳，都无法向旅游者提供更多更好的服务。

（三）旅游供给的特点

协同性。旅游产品是组合性的产品，包括食、宿、行、游、购、娱等多方面服务。旅游供给必须由众多旅游企业共同完成。据统计，每完成一次旅游供给至少需要直接涉及 10 多个企业，间接涉及的企业达 70 多个。旅游企业之间和行业之间的协作对旅游供给的规模和质量都有重要的影响，因此旅游供给是一种协同性的供给。

聚集性。在旅游供给中，由于旅游产品的不可储存性和生产与消费的同步性，旅游供给总是在目的地聚集进行，而不是分散进行的。在旅游目的地，围绕着景区景点会形成一批饭店、餐饮、接待、娱乐、购物、交通等企业，它们聚集在一起，共同为游客提供旅游服务。这种聚集性可以产生聚集效应，企业之间相互分工、相互协作，可以大大提高劳动生产率，从而提高目的地的旅游综合竞争能力。旅游供给的聚集性达到一定程度，就会形成旅游产业集群。美国学者迈克尔·波特提出，旅游业是集群效应最明显、最适合集群化发展的行业之一。

非储存性。旅游产品是一种服务产品，具有生产与消费的同步性，这就导致了旅游供给是无法储存的，能储存的只是供给能力，而不是供给本身。这就意味着旅游产品既不能先于消费而生产，也不能通过旅游产品储存、流通来调节旅游需求与旅游供给的矛盾，只能通过增加、减少旅游者的数量或相应提高旅游供给能力来实现旅游产品的供求平衡目标。

均匀性。旅游供给能力一经形成，在一定时期内就能提供均匀供给。所谓均匀供给是指与旅游供给能力相一致、在不同时间段旅游产品总量和结构上能保持基本相同的供给。无论是旅游景区景点还是饭店宾馆，一旦建成就能在较长一段时间内保持均匀供给，有的甚至可以永续利用。当然在现实中，受旅游需求变化的影响，旅游均匀供给并不能充分实现，从而造成供给闲置或供给不足。这也是旅游供求矛盾长期得不到有效解决的一个重要原因。

分时性。旅游者在旅游过程中，对旅游产品的一次性购买不等于一次性消费，而是一次性购买分时性消费，旅游者在旅游过程中对多种旅游服务的需求是随着旅游的进程逐步完成的。受旅游需求的制约，旅游供给也不是一次完成的。旅游供给的分时性决定了即使对同一个旅游者，旅游经营者提供的供给内容每天都可能有差异。

多样性。旅游产品的使用价值在于满足旅游者各方面的需求，而旅游者的需求总是千差万别的，旅游需求的多样性决定了旅游供给的多样性。旅游供给既要满足多数旅游者的需求，又要满足个别旅游者的需求；即使是接待旅游团队，也需要满足团队中个别旅游者的需要，这就要求旅游经营者必须不断进行旅游产品的创新和提供个性化旅游服务。

低弹性。与旅游需求的高弹性相反，旅游供给不能随着旅游产品价格的变动而迅速地产生反应，这主要是由于旅游资源和旅游设施的接待能力既不能任意扩大，也不能任意缩小，具有均匀性。所以从总体上说，旅游供给具有低弹性特点。

第二节 旅游供求的影响因素

一、影响旅游需求的因素

旅游需求是在经济、政治、文化、社会、法律、自然等多种因素的综合影响下形成的，因此，要全面把握旅游需求，还必须分析影响旅游需求的各种因素。一般来说，影响旅游需求的主要有经济因素、人口因素、季节因素和社会因素。

（一）经济因素

经济条件是产生一切需求的基础，没有丰富的物质基础和良好的经济条件作为保障，旅游需求就不可能产生，同时经济条件的变化对旅游需求也会产生重大的影响。旅游产品的价格、旅游者的收入水平、产品的替代性与互补性、汇率、旅游客源地与旅游目的地之间的经济距离都会直接或间接地影响着旅游需求。

旅游产品的价格。一般来说，旅游产品的价格与旅游需求量呈反方向变动。即某种旅游产品价格下降，对这种旅游产品的需求量会上升；反之则相反。原因有三：其一，旅游产品价格的变动会使旅游者的收入发生相对变化，比如旅游产品价格下降会使同等的收入能购买到更多的旅游产品，反之则相反，这称为“收入效应”。其二，旅游产品价格会使它和替代品之间的相对价格发生变化，比如某种旅游产品价格下降而其他旅游产品的价格保持不变，这样，该旅游产品就会显得相对便宜，于是会使一部分旅游者放弃其他旅游产品的购买转而购买该旅游产品，反之则相反，这称为“替代效应”。其三，旅游产品价格下降会使原来没有支付能力的一部分人成为新的旅游者，反之则相反。

旅游者的收入水平。人们的收入水平对旅游需求有着重大的影响。一方面，人们的收入水平与旅游需求之间呈同方向变动。人们的收入水平越高，可自由支配收入越多，则旅游需求就越大；反之，人们的收入水平越低，可自由支配收入越少，旅游需求就越小。一般来说，一个人或家庭收入水平达到某一个临界水平后，便可以满足外出旅游的经济条件，而且以后每增加一定比例的收入，旅游需求便会以更大的比例增加。另一方面，收入水平还会影响旅游需求的结构。即随着人们收入水平的提高，用于旅游消费支出的比例增加，对某些旅游产品要素的需求就会增加，而对另一些旅游产品要素的需求会减少。例如，家庭富裕的旅游者会在食、宿、购、娱等方面花更多的钱，从而使交通费用所占的比例减少；而在经济条件较差的旅游者消费构成中，交通费用所占的比例肯定比前者大。因为在一次旅游中，花费在交通上的费用相对比较稳定。

产品的替代性与互补性。替代性是指一种产品能代替另一种产品来满足人们相同或相近的需求；互补性是指一种产品在满足人们需求方面与另一种产品是互为补充的。产品一般具有替代性和互补性，旅游产品也不例外。如果两种旅游产品之间是替代关系，则一种旅游产品的需求增加会引起另一种旅游产品需求的减少，反之则相反。比如夏威夷海滩与西班牙海滩互为替代品，当更多的人到夏威夷去度假时，对西班牙海滩的需求就减少了。如果两种旅游产品之间是互补关系，则一种旅游产品的需求增加会引起另一种旅游产品需求的增加，反之则相反。比如香港购物与香港旅游，当越来越多的人到香港去购物时，香港的旅游接待量也随之增加了。

汇率。汇率的变化主要会对出入境旅游需求产生影响。本国货币对外升值，以本国货币兑换外币的购买力就会上升，出境旅游的成本费用就会相对下降，从而刺激本国居民出境旅游，出境旅游需求增加；而外国人到本国来旅游的费用会上升，入境旅游需求会减少。本国货币对外贬值，以本国货币兑换外币的购买力就会下降，出境旅游的成本费用就会相对上升，从而阻碍本国居民出境旅游，出境旅游需求减少；而外国人到本国来旅游的费用会下降，入境旅游需求会增加。

旅游客源地与旅游目的地之间的经济距离。旅游客源地与旅游目的地之间的经济距离是指旅游者在旅游客源地与旅游目的地之间往来所需要花费的时间和费用。经济距离与旅游需求之间呈反方向变动，旅游客源地与旅游目的地之间的经济距离越小，旅游需求越大。经济距离和地理距离是两个不同的概念，比如说，甲地和乙地的地理距离是固定的，从甲地到乙地旅游，如果乘坐火车，需要大概 12 个小时，花费 200 多元，但是将来随着高铁的开通，从甲地到乙地所需要花费的时间和费用将会大大减少，甲地和乙地的经济距离会大大缩短。

（二）人口因素

旅游活动的主体是人，所以人口因素是影响旅游需求的基本因素之一。

人口基数影响着旅游需求的规模。一般来说，一个国家和地区的人口基数越大，旅游需求的规模相应也会越大。

人口结构影响着旅游需求的规模和结构。一个国家和地区人口的年龄、性别、职业构成不一样，会影响旅游需求的结构。从人口的年龄构成看，不同年龄的人对旅游有着不同的需求。一般青年人精力充沛，渴望外出旅游，但往往受经济收入不多的限制；中年人虽然也精力旺盛，具有工资收入及带薪假期，但又受家庭拖累；老年人既有经济收入，又无家庭拖累，具有较多的旅游需求，但又常常受身体健康条件的限制。从人口性别上看，一般男性旅游者人数比女性旅游者要多。但随着社会经济发展，家务劳动逐渐社会化，许多经济发达国家的妇女出游率也在不断上升。从职业构成看，由于人们的工作性质不一样，就决定了人们的收入水平、余暇时间及公务出访机会也不一样，从而产生不同的旅游需求。综上所述，人口构成的差异性必然影响到旅游需求的数量及构成，从而形成不同的旅游需求规模及结构。

人口分布的城乡状况也对旅游需求产生影响。一般来讲，城市居民要求旅游的数量要比农村多得多。这是因为城市居民收入一般比农村居民高，具有产生旅游需求的经济基础；同时，城市人口较稠密、环境质量较差，迫使城市居民外出旅游以寻求环境的调节；此外，城市发达的交通条件、灵敏的信息及其他条件，也使城市居民的出游率远比农村高得多。

（三）季节因素

季节对旅游需求的规模和结构有着较大的影响。比如，总的来说，人们更愿意在气候温和的春、秋两季外出旅游，夏季次之，而冬季旅游需求会少一些。而且在炎热的夏季和寒冷的冬季，旅游需求还会呈现明显的反季节性。夏季，旅游需求往往指向消暑清凉的避暑胜地；冬季，旅游需求又往往指向温暖湿润的海滨旅游胜地。

（四）社会因素

社会因素包括的内容很多，其中政治、法律以及文化因素对旅游需求的影响是主要的。首先，稳定的社会政治环境，能给人们外出旅游带来安全感，会增加旅游需求；不稳定的社会政治环境则使旅游者在外出旅游时要承担一定的风险，这就会降低旅游需求。其次，一个国家政府对旅游活动所采取的态度以及相应的政策和法律规定，也将影响到旅游的需求变化。如果政府对旅游活动采取积极的态度，制定鼓励旅游活动的政策和法律，这个国家的旅游需求就会增加，反之，就会抑制旅游需求。比如我国这些年来旅游需求不断扩大，就得益于我国政府将旅游业作为战略性支柱产业来大力扶持，并出台许多鼓励性的政策措施，如实施“黄金周”，不断简化外国游客入境手续、景区门票的国民待遇原则等。最后，旅游是一项文化活动，不同国家和民族具有不同的文化背景，从而在价值观念、语言文字、宗教信仰、美学和艺术等方面都存在着差异性，都会影响人们外出旅游的兴趣爱好和对旅游目的地的选择，影响他们的旅游需求。文化的差异性对旅游需求的影响具有双重性，国内学者谢彦君教授认为，文化差异构成是可以满足人类好奇心的一种推动力，但又会滋生人们的不安和恐惧，反差太大的文化会造成文化上的隔膜、抵触，使人望而却步。

课堂思考

在影响旅游需求的文化因素中，为什么文化的差异性对旅游需求的影响具有双重性？

二、影响旅游供给的因素

在前面的论述中，我们已经知道，旅游供给的内容包括旅游资源、旅游设施和旅游服务。影响旅游供给的主要因素有经济因素、资源因素、环境因素和政策因素，因此，要全面把握旅游供给，还必须分析影响旅游供给的各种因素。

（一）经济因素

旅游产品的价格。一般来说，旅游供给量与旅游产品的价格呈正方向变动。即旅游产品价格上涨，旅游供给量会增加；反之则相反。原因有三：其一，旅游产品价格上涨，意味着旅游收入的增加，利润的增加，这会刺激旅游经营者扩大供给；反之则相反。其二，某种旅游产品价格上涨，在其他旅游产品的价格保持不变的情

况下，意味着该旅游产品的营利性更好，这会使一部分旅游经营者放弃其他旅游产品的供给转而供给该旅游产品；反之则相反。其三，旅游产品价格上涨，会使一些新的旅游经营者加入旅游供给的行列。

成本。一般来说，生产旅游产品的成本增加，旅游经营者会减少旅游产品的供给；反之则相反。影响旅游产品生产成本高低的主要是旅游生产要素的价格。旅游产品是一个包含食、住、行、游、购、娱等多种要素在内的组合性产品，各种要素价格的高低都会直接影响到旅游产品的生产成本，从而影响旅游产品的供给。

社会经济和科技发展水平。旅游业不仅是一项综合性经济产业，也是一项依赖性很强的产业。因为旅游业的健康发展离不开社会生产力的发展，它需要在社会现有的经济发展基础上为旅游业提供必需的物质条件，才能形成旅游的综合接待能力，才能提供一定数量和质量的旅游产品。如果社会经济发展水平低，不能保证旅游供给所需的各种物质条件，就不能提供有效的旅游接待能力。因此，社会经济发展的状况和水平不仅为旅游供给提供各种物质基础的保证，而且一定程度上决定着旅游产品的供给数量和质量。

科学技术是第一生产力，是推动社会经济发展的强大动力，也是影响旅游供给的重要因素之一。科学技术进步为旅游资源的有效开发提供了科学的手段；为形成具有特色的旅游产品提供了科学的方法；为保护旅游资源，实现旅游资源的永续利用提供了科学的依据；并为旅游者提供了具有现代化水平的、完善的接待服务设施，为旅游经济发展提供了科学的管理工具和手段；从而增加有效的旅游供给，加速旅游资金的周转，降低旅游产品成本，提高旅游经济效益。除此之外，许多高新科技的设施和成果，本身就是富有吸引力的旅游资源。

（二）资源因素

旅游资源是旅游产品的基本要素。一个国家或地区可以提供什么样的旅游产品，首先是由这个国家和地区可开发的旅游资源状况决定的。因此，旅游资源的种类、品位和特色直接决定旅游供给的规模和结构。

（三）环境因素

环境因素包括自然环境和人文环境。从某种意义上说，旅游环境也是旅游资源，或者说是旅游吸引力的重要组成部分。因此，一方面，旅游目的地的空气质量、植物植被、水质、风气习俗等成为旅游供给的不可或缺的要素；另一方面，由于旅游资源是在一定的自然和社会条件下形成的，具有一定的环境容量。所谓环境容量，是指某一环境区域内对人类活动造成影响的最大容纳量。大气、水、土地、动植物等都有承受污染物的最高限值，就环境污染而言，污染物存在的数量超过最大容纳量，这一环境的生态平衡和正常功能就会遭到破坏。

因此，旅游资源的开发利用并不是无限的。对旅游资源的合理利用，必须把旅游者的活动控制在旅游资源和环境能够承载的范围内。从这点来看，旅游资源的环境容量决定了旅游供给的规模和数量。如果旅游接待量过大，造成旅游环境超载，不仅会损坏资源和设施，对自然生态环境造成破坏和污染，还会引起当地居民的不满和对抗，甚至给旅游地带来众多的社会问题，最终影响旅游产品的供给。

（四）政策因素

旅游目的地政府有关旅游经济发展的政策，对旅游供给的影响也是很大的。尤其是政府有关旅游经济发展的战略与规划，对旅游产业制定的税收政策、财政政策、信贷政策等，直接影响到旅游供给的规模和结构。第二次世界大战以来，许多国家政府对发展旅游业都给予了高度的重视，对本国旅游产业采取一系列扶持发展的政策，税收上给予优惠、财政上给予补贴、贷款上给予贴息、土地使用上给予方便，从而促进了旅游业的蓬勃发展。

课堂思考

试比较旅游需求和旅游供给的特点和影响因素，并指出它们的不同点。

相关链接 搜索

九寨沟旅游环境容量分析

这里主要讨论旅游生态容量、旅游资源容量和旅游地地域社会容量。

一、旅游生态容量

包括水质、大气质量；土壤、植被、野生动物；滑坡、崩塌、泥石流等自然灾害对旅游及相关活动的承受能力。

（一）水环境容量

水环境容量是特定水体在一定环境目标条件下某种污染物的容许排放量，它可以定量说明这种水体对污染物的承载能力。河流的容许排放量为河流对污染物的稀释容量和自净容量之和。自净容量是指水体的自净能力，其自净系数一般取实验数据或经验数据，需确定污染源和排污地点方能计算，在这里，暂不考虑此项。下面，我们着重从九寨沟水体的稀释容量进行分析，其计算公式为：

$$W=[(CS-CO)\times Q/1000/(3600\times 24)]$$

式中：CS 为水环境控制目标浓度（水质标准）（毫克／升）；CO 为背景值浓度（毫克／升）；Q 为流量（立方米／秒）。

羊峒为九寨沟的总出水口，流水长年不断且年变化很小。枯水期 BOD 的背景值浓度为 0.78 毫克／升，GB 3838—2002 Ⅰ类水质标准 BOD 为 3.0 毫克／升，沟口多年平均径流量为 9.03（立方米／秒），游人“沟内游、沟外住”。从流动水体来考虑九寨沟的日稀释容量。每日水体的日稀释容量为：

$$W=(3.0-0.78)\times 9.03\times 1000\times 3600\times 24/1000=1732026.24\text{（克）}$$

对人均水体污染程度的考虑：考虑到九寨沟景区居民总人数和生活方式稳定；自 2001 年 5 月 1 日全面实行“沟内游、沟外住”；景区垃圾日产日清；环保免冲厕所产生的污物全部打包运出沟外；景区内唯一的就餐点诺日朗餐厅的废水全部罐装运出沟外；景区内人车分流，游览路径规范，因此，原则上游客似乎并没有污染水体的条件。理论上，游客人数与对景区内水体影响程度呈现正相关。这与游客素质、个人行为、管理水平等诸多方面有关系。通过科研部门长期水环境监测数据分析，考虑到特殊事件、季节因素、雨情、水情等水文变化规律，我们认为，进沟人数与 BOD 值之间关系不敏感，换句话说，人均 BOD 影响趋近于零。

如果通过精密仪器定量监测人均影响变化值来进行容许人数的计算，则九寨沟水环境总容量在现有管理水平下将会是一个天文数字。

（二）生态容量综合分析

由上可见，在九寨沟现有基础设施和管理水平下，其水环境容量是很大的。九寨沟的生态承载量在计算时应遵循《风景名胜区规划规范》中的生态原则，如针叶林地每公顷 2~3 人，阔叶林地每公顷 4~8 人，城镇公园每公顷 30~200 人。

如上考虑，九寨沟的森林面积以 30000 公顷计，针阔叶林比例以 7∶3 算，则九寨沟的生态容量应为 10.2 万人（计算公式：生态容量 = 阔叶林容量 + 针叶林容量 =30000×70%×4+30000×30%×2=102000）。

关于生态容量的测定，一般应以旅游区为基本空间单元。由于旅游活动直接导致的对自然环境的消极影响可以通过严格管理措施而予以控制、限制或者基本可以杜绝，如践踏、采撷、折撷等，在生态容量测定中一般不予考虑，而只考虑对污染物的吸收、净化。因此，一个旅游地区生态容量的测定因子主要考虑自然生态环境净化与吸收旅游污染物的能力，以及一定时间内每个游客所产出的污染物总量。

在绝大多数旅游区，旅游污染物的产出量都超出旅游区生态系统的净化与吸收能力，因而一般都需要对污染物进行人工处理。在用人工方法处理污染物的情况下，旅游区可以接待旅游量的能力会明显扩大许多。具体的容量还受到其他因素的影响，如季节和资源规模、管理方式等，在计算旅游容量时应当进行综合考虑。

基础数据：沟内厕所有636个蹲位，如果人均用厕10分钟，则一天8个小时内可供3万人使用。九寨沟景区拟建日污水处理能力为2000吨的污水处理场，每人平均每天产生污水约0.13吨，则容量为15348人。沟内垃圾日产日清，故暂不在考虑之中。综合考虑，生态环境容量取最小值15000人。

在影响生态容量的如水环境容量、森林容量、污水处理能力、厕所蹲位、垃圾处理等因子中，其单因素考虑的容量有大有小，但决定其容量的应是最小值。

二、旅游资源容量

包括设施环境容量和空间环境容量。

（一）设施环境容量

基础设施：给排水设施对旅游及相关活动的承受能力；供电对旅游及相关活动的承受能力；通信对旅游及相关活动的承受能力；交通对旅游及相关活动的承受能力。

服务设施：住宿设施对旅游及相关活动的承受能力；餐饮设施对旅游及相关活动的承受能力；其他设施对旅游及相关活动的承受能力。

九寨沟2005年宾馆共有18019个床位。

观光车共有座位6342个，瞬时运载能力为6342人，每天平均运转3次，则容量为19026人。

沟内唯一餐厅可同时容纳4000人吃饭，按人均就餐时间为40分钟，则11：00至14：00就餐人数可达18000人。

供水供电、通信等设施对容量不很敏感。故设施环境容量在此取最小值18000人。

（二）空间环境容量

旅游者对旅游资源的欣赏，具有时间、空间占有的需求而形成的某一时段内（如一天）的游客承受量。它是旅游资源对旅游者的空间限制与旅游者自身的感知容量的复合概念。采用传统的线路容量计算法加以估测。

从生态旅游的角度考虑，景区内人与人之间应保持相当的距离。在早期的九寨沟总体规划中（如1996年总规），采用线路法，取人均占有面积为10米。景区内现已实行人车分流，从理论上讲游人只能在60千米长的栈道上行走，景区空间容量=60000÷10=6000人。显然，仅以6000人作为九寨沟的容量是不符合现实的，但随着基础设施和管理水平的进一步完善，给6000人的空间环境容量赋予一定权重（X），进而为总容量做贡献并综合考虑是必要的。

三、旅游地地域社会容量

（一）社会环境容量

九寨沟旅游社会环境容量主要由居民的感知容量与民俗风情、宗教信仰、人文景观等对旅游者的限制数量以及旅游区管理水平限制容量组成。对于旅游业占绝对主体的地域，居民所能承受的游客密度要远大于不同产业结构特征的地域。九寨沟旅游业为其区域主导产业，旅游收入是其主要收入来源，因此旅游社会环境容量计算时居民感知容量可以取无穷大。同时，九寨沟是以自然景观为主的旅游区域，人文景观也具有一定的吸引力，旅游者对当地民俗风情、居民生活方式有一定的冲击，使该区藏民存在一定程度上的“汉化”现象，但随着旅游业的进一步发展，达到一定程度后，反而会促进对当地民俗文化风情的保护。目前，从政府到居民个人都在尽力维护与发扬民族文化与特色，因此在计算人文环境所决定的旅游容量分值时也取无穷大。

（二）管理水平容量

社会环境容量在以管理水平的限制加以衡量时，一般情况按100名游客需要一位正式管理人员，50名游客需要一位临时管理人员。管理局正式人员500人（可参与管理人员按55%算），临时人员300人，则现有管理容量为42500人。但现实表现是2万多人就主观感觉满负荷了，这是受到了空间环境容量和旅游基础设施的限制。管理容量应当与管理人员的数量和质量成正比的。当然，由于受空间基础设施的限制，管理人员数量达到一定程度时管理容量将不再与其正相关。不过，九寨沟的面积是如此大，在相当大的范围内管理人员数量与管理容量是正相关的。

四、容量权重的确定与总容量的计算

确定旅游环境容量的各个方面的权重，要减少随意性、提高权重的客观性和准确性，又要具有灵活性和可操作性，这里参考李艳娜、张国智所著《旅游环境容量的定量分析——以九寨沟为例》论文中的专家咨询法赋予权重，见下表。

九寨沟环境容量权重分配与计算表

指　标	生态环境容量 X1	空间环境容量 X2	设施环境容量 X3	社会环境容量 X4
权　重	0.5	0.15	0.05	0.30
分容量	15348	6000	18000	42500
总容量	22224			

综上所述，九寨沟旅游环境容量约为2.2万人。

——资料来源：章小平，朱忠福. 九寨沟景区旅游环境容量研究［J］. 旅游学刊，2007（9）.

第三节　旅游供求规律及均衡

旅游需求与旅游供给是一对相互联系、相互依存、相互矛盾的基本经济范畴，前文已经分别阐述了旅游需求与旅游供给的基本概念、特征和影响因素，本节将综合讨论旅游需求和旅游供给的关系。

一、旅游需求规律

（一）旅游需求规律的含义

旅游需求规律指在其他因素不变的情况下，某个重要因素的变动而引起旅游需求变化的某种客观必然性，这种变化是必然要发生的，具有普遍性。旅游需求的产生和变化受多种因素的制约和影响，但对旅游需求具有决定性影响的因素主要是旅游产品的价格、人们的可自由支配收入以及余暇时间。因此，旅游需求变化的规律性主要表现为旅游需求与旅游产品价格、人们的可自由支配收入和余暇时间的相关性和变动关系。

（二）旅游需求规律的主要内容

旅游需求规律的主要内容可以表述为：在其他因素不变的情况下，旅游需求量与旅游产品的价格呈反方向变动，旅游需求水平与人们的可自由支配的收入和余暇时间呈同方向变动。

1. 旅游需求量与旅游产品价格呈反方向变动

旅游产品价格是决定和影响旅游需求量的基本因素，在其他因素不变的情况下，旅游需求量总是随着旅游产品的涨落而发生相应的变化。当旅游产品价格上涨时，旅游需求量会下降；当旅游产品价格下跌时，旅游需求量会上升。旅游需求量和旅游产品价格的关系可以用旅游需求曲线来表示（见图 4–1）。

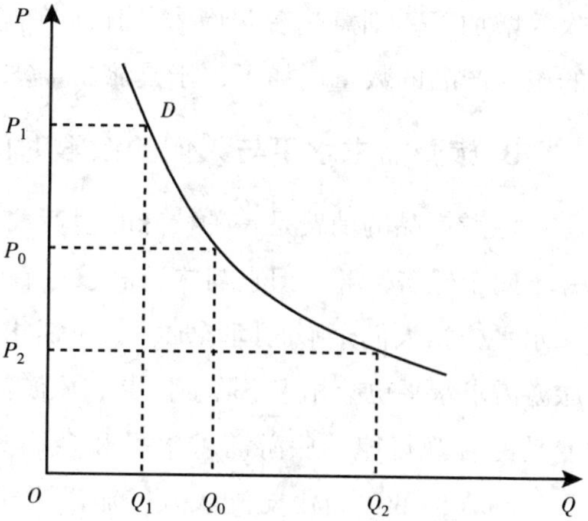

图 4–1　旅游需求量与旅游产品价格的关系

在图 4–1 中，纵坐标表示旅游产品的价格（P），横坐标表示旅游产品的数量（Q），坐标图中在每一旅游产品的价格水平上，都有一个相对应的旅游需求量，这些点连起来，就形成了旅游需求曲线（D）。该曲线表示，旅游需求量与旅游产品价格之间呈现反方向变动的规律性，即当旅游产品价格由 P_0 上升到 P_1 时，旅游需求量由 Q_0 减少到 Q_1；当旅游产品价格由 P_0 下降到 P_2 时，旅游需求量由 Q_0 增加到 Q_2。

2．旅游需求水平与人们可自由支配收入呈同方向变动

人们的可自由支配收入与旅游需求量也有着密切的联系。因为旅游需求是一种有效需求，而有效需求必须是具有支付能力的需求。旅游经济活动的实践证明，在其他因素不变的情况下，人们的可自由支配收入越多，旅游需求水平就越高；反之，人们的可自由支配收入越少，旅游需求水平就越低。因此，旅游需求水平和人们的可自由支配收入有着同方向变动的规律。旅游需求水平和人们的可自由支配收入之间的关系，可以用图 4–2 来表示。

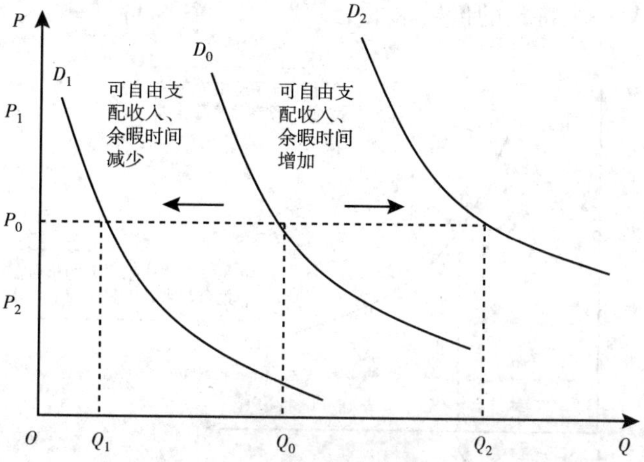

图 4–2　旅游需求水平与可自由支配收入、余暇时间的关系

从图 4–2 中可以看出，在其他因素（旅游产品价格和余暇时间）不变的情况下，如果人们的可自由支配收入减少了，则意味着与原来相比，人们愿意并且能够购买的旅游产品的数量减少了，于是旅游需求曲线向左平移，由 D_0 移动到 D_1；相反，如果人们的可自由支配

收入增加了，则意味着与原来相比，在同等的价格水平上，人们愿意并且能够购买的旅游产品的数量增加了，于是旅游需求曲线向右平移，由 D_0 移动到 D_2。

3. 旅游需求水平与人们的余暇时间呈同方向变动

旅游产品的消费是一种特殊的消费，必须花费一定的时间，因此，尽管余暇时间并不属于经济范畴，但它与旅游需求也有着密切的关系。余暇时间直接影响着旅游需求水平，当人们余暇时间增加，旅游需求水平就会相应提高；当人们余暇时间减少，旅游需求水平也会相应下降。因此，旅游需求水平与余暇时间之间同样存在着同方向变动的客观规律，旅游需求水平和余暇时间之间的关系，同样可以用图 4–2 表示。

与人们的可自由支配收入同旅游需求水平之间的关系相类似，在其他因素（旅游产品价格和可自由支配收入）不变的情况下，如果人们的余暇时间减少了，则意味着与原来相比，人们愿意并且能够购买的旅游产品的数量减少了，于是旅游需求曲线向左平移，由 D_0 移动到 D_1；相反，如果人们的余暇时间增加了，则意味着与原来相比，在同等的价格水平上，人们愿意并且能够购买的旅游产品的数量增加了，于是旅游需求曲线向右平移，由 D_0 移动到 D_2。

（三）旅游需求量与旅游需求水平的变动

在上文的论述中，旅游产品价格影响的是旅游需求量，而人们的可自由支配收入与余暇时间影响的是旅游需求水平。两者既相互联系却又不同。旅游需求量指在某一个特定的价格水平上，人们愿意并且能够购买的旅游产品的数量；旅游需求水平指在每一个价格水平上，人们愿意并且能够购买的旅游产品的数量。反映在图形上，旅游需求量就是旅游需求曲线上某一个特定的点，而旅游需求水平就是整条旅游需求曲线。如图 4–3 所示。

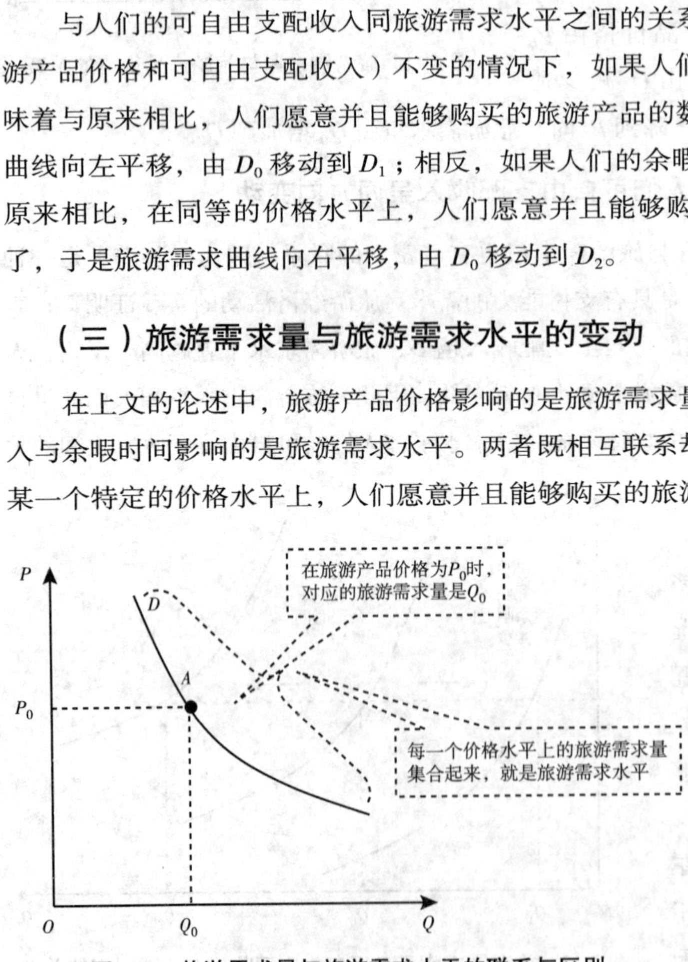

图 4–3　旅游需求量与旅游需求水平的联系与区别

在图 4–3 中，A 点代表的是在其他因素不变时，当旅游产品价格为 P_0 时，旅游需求量为 Q_0。在每一个旅游产品价格水平上，都有一个相对应的旅游需求量，所有的旅游需求量集合起来，就是旅游需求水平。旅游需求曲线 D 的位置就代表了目前的旅游需求水平。

1. 旅游需求量的变动

因为旅游需求量指的是在某一个特定的价格水平上，人们愿意并且能够购买的旅游产品的数量，所以，在其他因素不变的情况下，如果旅游产品价格发生了变化，旅游需求量就会随之发生变动。在图形上，旅游需求量的变动表现为同一条旅游需求曲线上点的移动，如图 4–4 所示。

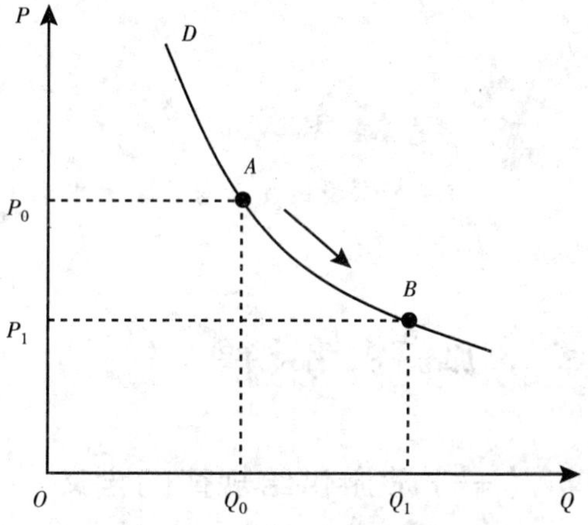

图4–4 旅游需求量的变动

从图 4–4 可以看出，在其他因素不变的情况下，当旅游产品的价格由 P_0 下降到 P_1 时，旅游需求量由 Q_0 增加到 Q_1。也就是 A 点（Q_0，P_0）沿着旅游需求曲线 D 变动到了 B 点（Q_1，P_1）。我们将在其他因素不变的情况下，仅仅由旅游产品价格变动引起的旅游需求量的变化称为旅游需求量变动。

2. 旅游需求水平的变动

旅游需求水平指的是在每一个价格水平上，人们愿意并且能够购买的旅游产品的数量。当旅游产品的价格保持不变，而其他因素（如可自由支配收入、余暇时间、经济距离、自然因素、社会因素等）发生变动时，旅游需求水平就会发生变动，在图形上体现为旅游需求曲线的平移，如图 4–5 所示。

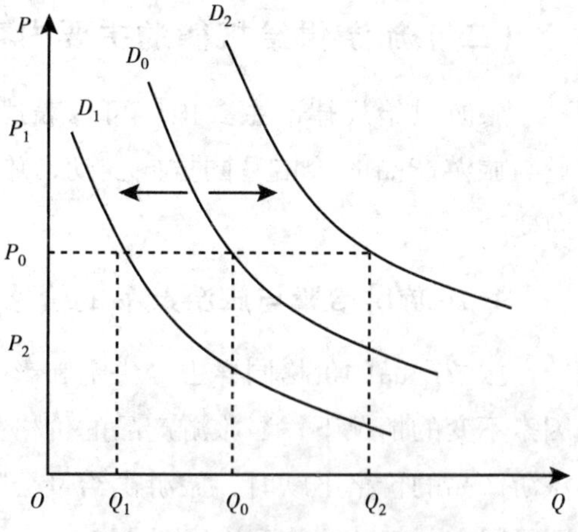

图4–5 旅游需求水平的变动

从图 4–5 可以看出，在旅游产品价格不变的情况下，任何其他非价格因素引起旅游需求水平提高，则在同一个坐标平面中，都体现为旅游需求曲线向右边移动，右边的旅游需求曲线代表较高的旅游需求水平；反之，任何其他非价格因素引起旅游需求水平下降，都体现为旅游需求曲线向左边移动，左边的旅游需求曲线代表较低的旅游需求水平。所以，我们将由旅游产品价格以外任何因素引起的旅游需求变化而导致旅游需求曲线发生位移的情况称为旅游需求水平变动。

课堂思考

旅游需求量的变动与旅游需求水平的变动有何不同?

二、旅游供给规律

（一）旅游供给规律的含义

旅游供给规律指在其他因素不变的情况下，某个重要因素的变动而引起旅游供给变化的某种客观必然性，这种变化是必然要发生的，具有普遍性。旅游供给的产生和变化受多种因素的制约和影响，但对旅游供给具有决定性影响的因素主要是旅游产品的价格和生产成本，因此，旅游供给变化的规律性主要表现为旅游供给与旅游产品价格和生产成本的相关性和变动关系。

（二）旅游供给规律的主要内容

旅游供给规律的主要内容可以表述为：在其他因素不变的情况下，旅游供给量与旅游产品的价格呈同方向变动，旅游供给水平与旅游产品的生产成本呈反方向变动。

1. 旅游供给量与旅游产品的价格呈同方向变动

旅游产品的价格同样也是决定和影响旅游供给的基本因素。一般来说，在其他因素不变的情况下，当旅游产品的价格上涨时，旅游供给量会相应增加；相反，当旅游产品的价格下跌时，旅游供给量会随之减少。即旅游供给量与旅游产品价格之间呈同方向变动的关系（见图 4–6）。

如图 4-6 所示，横坐标代表旅游产品的数量（Q），纵坐标代表旅游产品的价格（P），当价格为 P_0 时，所对应的旅游供给量是 Q_0；当价格由 P_0 上升到 P_1 时，旅游供给量也相应增加到 Q_1；当价格由 P_0 下降到 P_2 时，旅游供给量也相应减少到 Q_2。可以想象，在每一个价格水平上都会有一个相对应的旅游供给量，这些供给量聚集起来，就形成了旅游供给曲线（S）。旅游供给曲线是一条从左向右上方倾斜的曲线，反映了旅游供给量与旅游产品价格之间呈同方向变动的客观规律性。

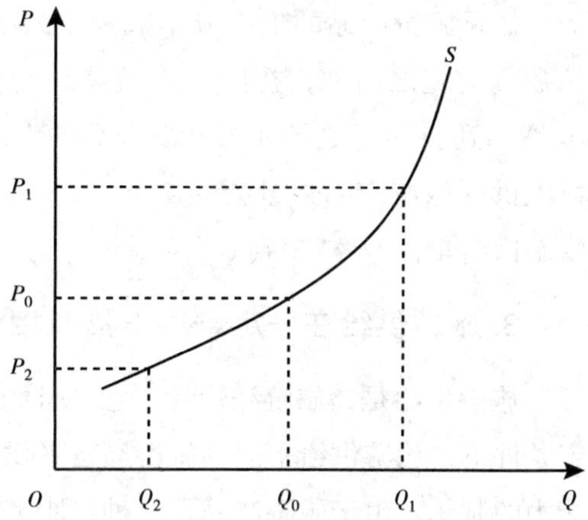

图 4-6　旅游供给量与旅游产品价格的关系

旅游供给量与旅游产品价格呈同方向变化的规律性，是由于旅游经营者追求利润最大化目标所决定的。因为，在旅游产品生产技术和各种生产要素价格既定的情况下，如果旅游产品价格上升，就意味着利润增加，于是旅游经营者就会投入更多的生产要素来生产和经营旅游产品，从而使旅游产品的供给量增加；反之，在旅游产品生产技术和各种生产要素价格既定的情况下，如果旅游产品价格下降，就意味着利润减少，于是旅游经营者就会减少生产要素的投入，或者把生产要素转投其他产品的生产，从而使旅游产品的供给量减少。

2. 旅游供给水平与旅游产品生产成本呈反方向变动

旅游供给水平与旅游产品的生产成本也有很大的关系，在其他因素不变的情况下，如果旅游产品的生产成本增加，则意味着旅游经营者的利润减少，于是旅游经营者就会减少旅游产品的供给，即旅游供给水平与旅游产品生产成本呈反方向变化的规律（见图 4-7）。

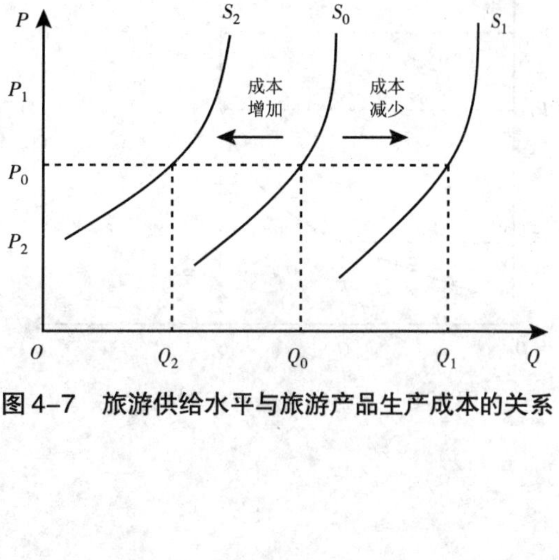

图 4-7　旅游供给水平与旅游产品生产成本的关系

从图 4-7 可以看出，在其他因素（如旅游产品价格）保持不变的情况下，如果旅游产品的生产成本减少，旅游经营者愿意并且能够向市场提供的旅游产品数量会随之增加，在图形上就体现为供给曲线 S_0 向右平移到 S_1，旅游供给量由 Q_0 增加到 Q_1；反之，如果旅游产品的生产成本增加，旅游经营者愿意并且能够向市场提供的旅游产品数量会随之下降，在图形上就体现为供给曲线 S_0 向左平移到 S_2，旅游供给量由 Q_0 减少到 Q_2。

3. 旅游供给在一定条件下具有相对稳定性

旅游供给是指旅游经营者愿意并且能够提供的旅游产品的数量。也就是说，在一定条件下，旅游供给不但受旅游经营者供给意愿的影响，而且还受旅游经营者的供给能力的制约。由于旅游产品是一种以服务为主的综合性产品，因此旅游供给能力是以接待旅游者数量多少来反映，而不像物质产品是以产品数量多少来反映。根据旅游产品的特征，旅游供给能力具体可分为两种，即旅游综合接待能力和旅游承载力。

旅游综合接待能力指旅游目的地通过旅游资源开发、旅游设施和员工队伍的建设而形成的接待旅游者的条件和能量。其体现了旅游目的地旅游业发展的基础和实力。旅游承载力指旅游目的地在一定时间内，在不影响生态环境和旅游者体验基础上，能够保持一定水准而接待旅游者的最大能力。其体现了旅游目的地发展旅游业最大可能性。

根据旅游供给能力的概念，结合旅游供给的特点及有关影响因素的作用，旅游供给量与旅游产品价格的同方向变化并非是无限制的。事实上，由于旅游供给能力在一定条件下是既定的，从而决定了旅游供给的变动也是有限的。特别是旅游供给受旅游承载力的限制，决定了旅游供给在一定时间、一定空间条件下，其供给量必然受到旅游供给能力的制约。一旦达到旅游供给能力，即使旅游产品价格再高，旅游供给量也是既定不变的。

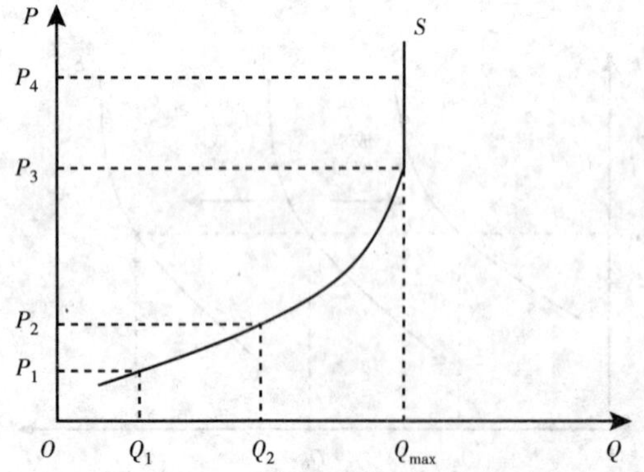

图 4–8 旅游供给具有相对稳定性

如图 4–8 所示，在旅游供给量没有达到最大的接待能力 Q_{max} 时，随着旅游产品价格的上升，旅游供给量不断增加。但是，当旅游供给量已经达到当地最大的接待能力 Q_{max} 时，无论旅游产品的价格上升到多高，旅游供给量都不会再增加。

（三）旅游供给量与旅游供给水平的变动

与旅游需求量和旅游需求水平一样，旅游供给量和旅游供给水平是两个相互联系却又不同的概念，旅游供给量指在某一个特定的价格水平上，旅游经营者愿意并且能够提供的旅游产品的数量；旅游供给水平指在每一个价格水平上，旅游经营者愿意并且能够提供的旅游产品的数量。反映在图形上，旅游供给量就是旅游供给曲线上某一个特定的点，而旅游供给水平就是整条旅游供给曲线（见图 4–9）。

在图 4–9 中，*A* 点代表的是在其他因素不变时，当旅游产品价格为 P_0 时，旅游供给量为 Q_0。在每一个旅游产品价格水平上，都有一个相对应的旅游供给量，所有的旅游供给量集合起来，就是旅游供给水平，旅游供给曲线 *S* 的位置就代表了目前的旅游供给水平。

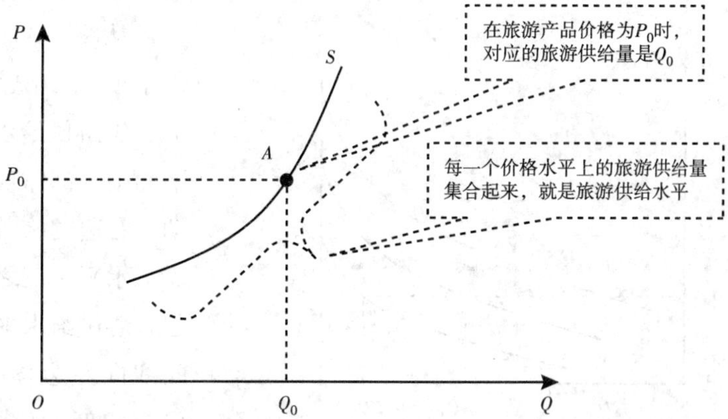

图4–9　旅游供给量与旅游供给水平的联系与区别

1. 旅游供给量的变动

因为旅游供给量指的是在某一个特定的价格水平上，旅游经营者愿意并且能够提供的旅游产品的数量，所以，在其他因素不变的情况下，如果旅游产品价格发生了变化，旅游供给量就会随之发生变动。反映在图形上，旅游供给量的变动体现为在同一条旅游供给曲线上点的移动（见图 4–10）。

从图 4–10 可以看出，在其他因素不变的情况下，当旅游产品的价格由 P_0 上升到 P_1 时，旅游供给量由 Q_0 增加到 Q_1。也就是 *A* 点（Q_0，P_0）沿着旅游供给曲线 *S* 变动到了 *B* 点（Q_1，P_1）。我们将在其他因素不变的情况下，仅仅由旅游产品价格变动引起的旅游供给的变化称为旅游供给量变动。

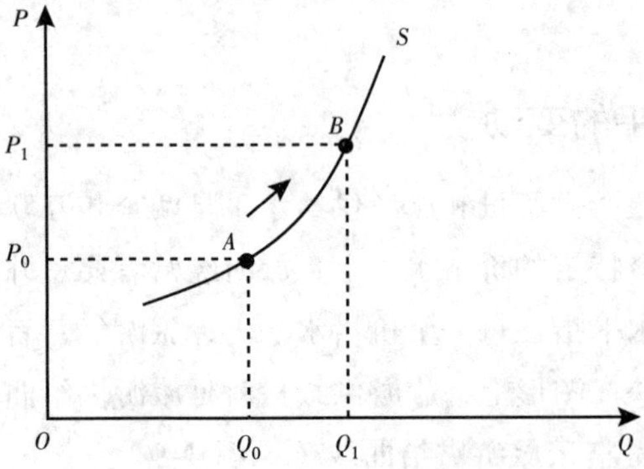

图 4–10　旅游供给量的变动

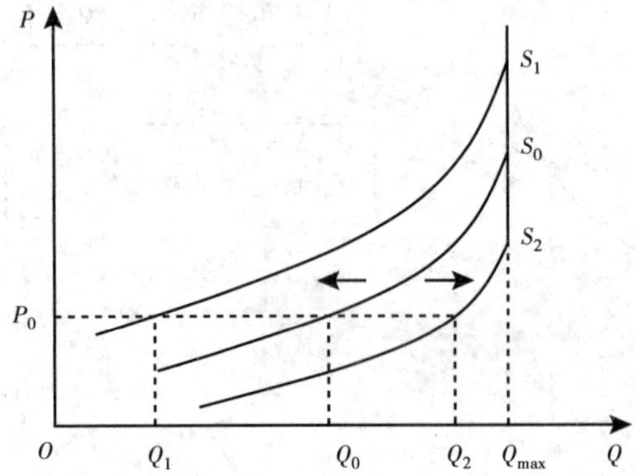

图 4–11　旅游供给水平的变动

2. 旅游供给水平的变动

旅游供给水平指的是在每一个价格水平上，旅游经营者愿意并且能够提供的旅游产品的数量。当旅游产品的价格保持不变，而其他因素（如旅游产品生产成本、经济和科技发展水平、政府政策等）发生变动时，旅游供给水平就会发生变动。反映在图形上体现为旅游供给曲线的平移（见图 4–11）。

从图 4–11 可以看出，在旅游产品价格不变的情况下，任何其他非价格因素引起旅游供给水平提高，则在同一个坐标平面中，都体现为旅游供给曲线向右边移动，右边的旅游供给曲线代表较高的旅游需求水平；反之，任何其他非价格因素引起旅游供给水平下降，都体现为旅游供给曲线向左边移动，左边的旅游供给曲线代表较低的旅游供给水平。所以，我们将由旅游产品价格以外任何因素引起的旅游供给变化而导致旅游供给曲线发生位移的情况称为旅游供给水平变动。

与旅游需求水平变动有所不同的是，在相关条件满足的情况下，旅游需求水平可以达到无限高；但由于受到旅游目的地旅游综合接待能力和旅游承载力的限制，旅游供给水平不可能无限提高，总会有一个最大的旅游供给量（Q_{max}）。

三、旅游供求均衡与供求均衡变动规律

（一）旅游供求均衡

1. 旅游供求均衡的含义

在经济学上，均衡（Equilibrium）是指经济体系中对变动发生作用的各种力量

处于平衡，因而相互抵消后的变动倾向等于零的那种状态。

旅游供求均衡指在旅游市场上，旅游供给量刚好等于旅游需求量，旅游经营者愿意且能够出售的旅游产品的数量正好与旅游者愿意且能够购买的旅游产品数量平衡。旅游经营者卖出了他们想卖出的旅游产品，旅游者买到了他们想买的旅游产品，旅游市场上的双方都对这个状态很满意，没有动力去改变这个状态。

当旅游供求达到均衡时，这个时候的旅游产品价格称为均衡价格，这个时候的旅游产品数量称为均衡数量（见图4–12）。

图 4–12 中，旅游需求曲线（D）和旅游供给曲线（S）相交于 E 点，E 点就是均衡点，在这一点上，旅游供给量和旅游需求量刚好相等，这个时候的数量称为均衡数量（Q_0），这个时候的价格称为均衡价格（P_0）。

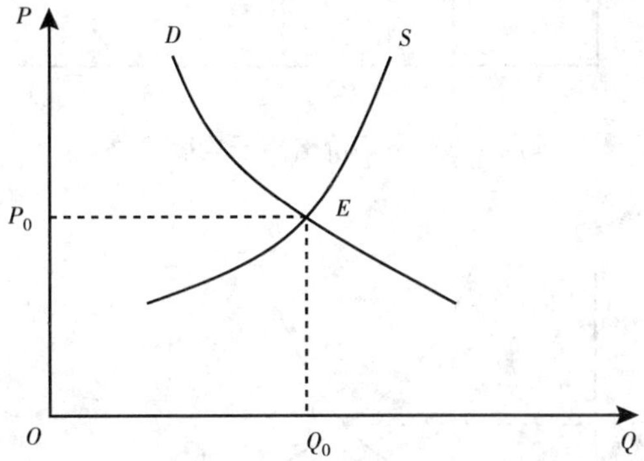

图 4–12 旅游供求均衡

2. 旅游供求均衡的市场机制

市场机制指市场内部的供求、价格、竞争各要素在价值规律和供求规律的共同作用下相互促进、相互牵引的有机联系。

在旅游市场上，作为卖方，旅游经营者总是希望以更高价格卖出更多的产品，而作为买方，旅游者总是希望以更低的价格买到更多的产品，双方都要求对方同自己相适应以便实现更高的利益。旅游市场就是在旅游经营者和旅游消费者不断进行的利益博弈中从不均衡趋向均衡。

如果一开始市场价格高于均衡价格，旅游经营者会增加旅游产品的供给量，但旅游消费者接受不了，他们对旅游产品的需求量会减少。旅游市场上出现供过于求，这就会迫使旅游经营者降价。随着价格下降，旅游供给量减少，而旅游需求量增加，供过于求的情况慢慢得到缓解，当旅游产品的价格回归到均衡价格，旅游需求量和旅游供给量相等，旅游市场就重新达到了均衡（见图 4–13）。

反过来，如果一开始市场价格低于均衡价格，旅游消费者会增加对旅游产品的需求量，但旅游经营者接受不了，他们会减少旅游产品的供给量，旅游市场上出现供不

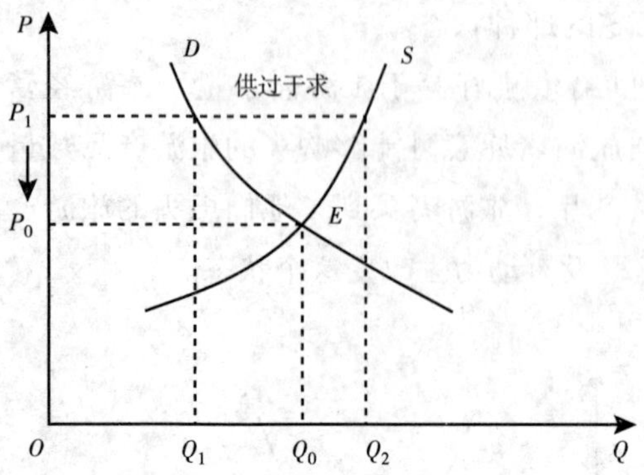

图 4–13　市场价格高于均衡价格

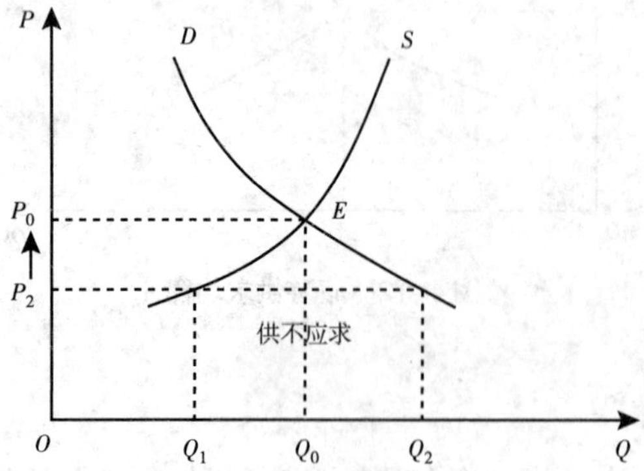

图 4–14　市场价格低于均衡价格

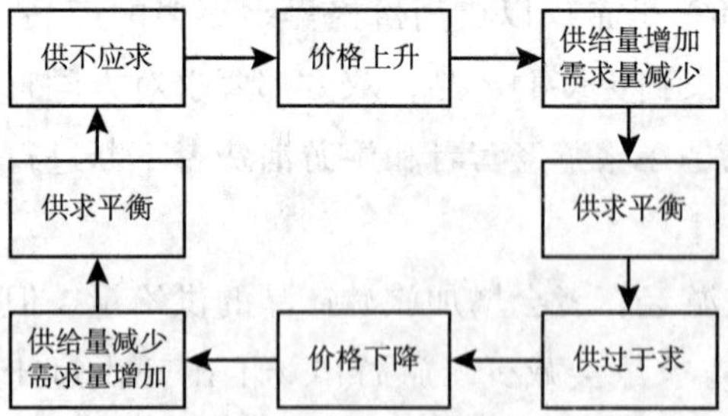

图 4–15　旅游供求均衡的市场机制作用过程

应求，旅游消费者为了竞争旅游市场上有限的产品，不得不允许旅游经营者提高旅游产品的价格。随着旅游产品价格的上升，旅游供给量增加，而旅游需求量减少，供不应求的状况慢慢得到缓解，当旅游产品的价格回归到均衡价格，旅游需求量和旅游供给量相等，旅游市场就重新达到了均衡（见图 4–14）。

综上所述，我们可以总结出旅游供求均衡的市场机制作用过程（见图 4–15）。

3. 旅游供求均衡的变动

在上面对旅游供求均衡的分析中，我们假定其他因素不变，仅仅考察旅游产品价格变动对旅游供给与旅游需求的影响。但是在现实的旅游市场中，除了旅游产品价格之外，还有许多其他的因素会影响到旅游供求。当旅游产品价格以外的其他因素发生变动时，就会引起旅游需求曲线或旅游供给曲线的移动，从而会引起旅游供求均衡的变动。

（1）因旅游需求变动引起的均衡变动。在旅游供给水平不变的情况下，旅游需求水平上升会使旅游需求曲线向右平移，从而使旅游产品的均衡价格上升和均衡数量增加；旅游需求水平下降会使旅游需求曲线向左平移，从而使旅游产品的均衡价格下降和均衡数量减少（见图 4–16）。

从图 4–16 我们可以看出，既定的旅游供给曲线 S 与最初的旅游需求曲线 D_0 相交于均衡点 E_0，均衡价格为 P_0，均衡数量为 Q_0。如果现在出现了一些促进旅游需求的因素，如经济发展、人们的可自由支配收入增加、休假日增加等，就会使旅游需求水平提高，引起旅游需求曲线向右移动到 D_1 的位置，旅游需求曲线 D_1 与旅游供给曲线 S 相交于均衡点 E_1，均衡价格由 P_0 上升到 P_1，均衡数量由 Q_0 增加到 Q_1。相反，如果出现了经济危机，失业率增加，就会使旅游需求水平下降，引起旅游需求曲线向左移动到 D_2 的位置，旅游需求曲线 D_2 与旅游供给曲线 S 相交于均衡点 E_2，均衡价格由 P_0 下降到 P_2，均衡数量由 Q_0 减少到 Q_2。

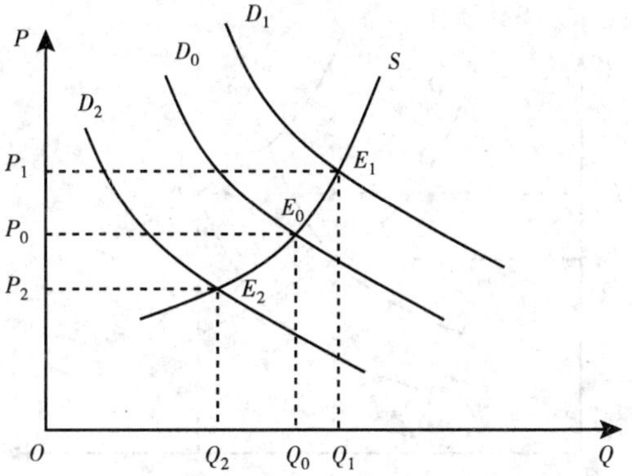

图 4–16　因旅游需求变动引起的均衡变动

（2）因旅游供给变动引起的均衡变动。在旅游需求水平不变的情况下，旅游供给水平提高会使旅游供给曲线向右边平移，从而使得旅游产品均衡价格下降，均衡数量增加；旅游供给水平下降会使旅游供给曲线向左边平移，从而使得旅游产品均衡价格上升，均衡数量减少（见图 4–17）。

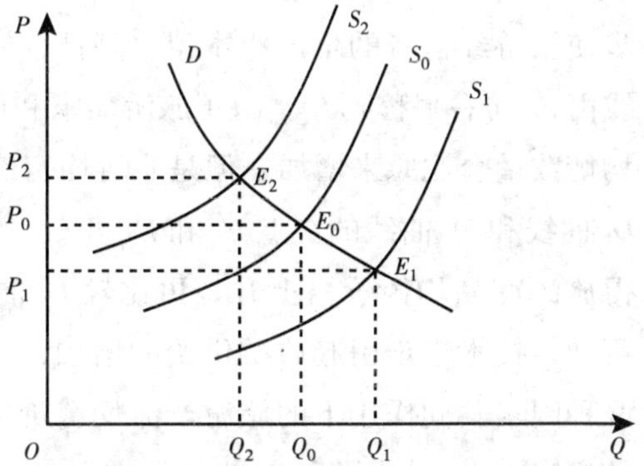

图 4–17　因旅游供给变动引起的均衡变动

从图 4–17 我们可以看出，既定的旅游需求曲线 D 与最初的旅游供给曲线 S_0 相交于均衡点 E_0，均衡价格为 P_0，均衡数量为 Q_0。如果现在出现了一些促进旅游供给的因素，如科技进步、旅游生产要素价格下降、政府对旅游企业给予税收优惠等，就会使旅游供给水平提高，引起旅游供给曲线向右移动到 S_1 的位置，旅游供给曲线 S_1 与旅游需求曲线 D 相交于均衡点 E_1，均衡价格由 P_0 下降到 P_1，均衡数量由 Q_0 增加到 Q_1。相反，如果旅游生产要素价格上升，政府对旅游企业提高征税率，就会使旅游供给水平下降，引起旅游供给曲线向左移动到 S_2 的位置，旅游供给曲线 S_2 与旅游需求曲线 D 相交于均衡点 E_2，均衡价格由 P_0 上升到 P_2，均衡数量由 Q_0 减少到 Q_2。

（3）因旅游需求与供给同时变化引起的均衡变动。如果旅游需求和旅游供给同

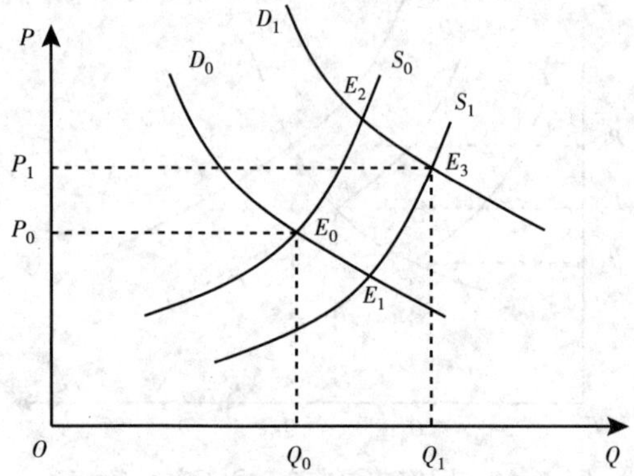

图 4-18　因旅游需求与供给同时变化引起的均衡变动

时发生变化，则情况比较复杂，因为旅游需求和旅游供给既可能按同方向变动，也可能按不同方向变动，既可能按同比例变动，也可能按不同比例变动，旅游产品的均衡价格和均衡数量的变化就由旅游需求和旅游供给变化的具体情况来决定。我们以图 4-18 为例进行分析。

如图 4-18 所示，假定人们的可自由支配收入有了大幅度的提高，使得旅游需求水平大大提高，引起旅游需求曲线由 D_0 向右平移至 D_1；同时，技术的进步使旅游经营者的生产成本得以降低，旅游供给水平也有所增加，引起旅游供给曲线由 S_0 向右平移到 S_1。由于旅游需求和旅游供给同时增加，所以我们可以确定旅游均衡数量会比原来增加。但是旅游均衡价格会有怎样的变化呢？比较 S_0 曲线分别与 D_0 曲线和 D_1 曲线的交点 E_0 和 E_2 可知，可自由支配收入增加引起旅游需求增加，使得旅游产品均衡价格上升。再比较 D_0 曲线分别与 S_0 曲线和 S_1 曲线的交点 E_0 和 E_1 可知，技术进步引起旅游供给的增加，又使得旅游产品的均衡价格下降，最后，这两种因素共同作用下的旅游产品均衡价格，将取决于旅游需求与旅游供给各自增长的幅度。由 D_1 曲线和 S_1 曲线的交点 E_3 可知，由于旅游需求增长的幅度大于旅游供给增长的幅度，所以旅游产品最终的均衡价格是上升了。

对于旅游需求和旅游供给同时发生变化时，均衡变动的其他类型，大家可以根据以上原理试作分析，这里就不一一赘述了。

（二）旅游供求均衡变动规律

根据上面的分析，我们可以总结出旅游供求均衡变动规律如下：

其一，旅游需求水平与旅游供给水平共同决定旅游产品的均衡价格和均衡数量。旅游产品价格的变动反过来又影响着旅游需求量与旅游供给量，从而引起供不应求或供过于求。其二，旅游产品的均衡价格、均衡数量与旅游需求水平呈同方向变动。即旅游需求水平提高，旅游产品的均衡价格和均衡数量均提高或增加；反之相反。其三，旅游产品的均衡价格与旅游供给水平呈反方向变动，旅游产品的均衡数量与旅游供给水平呈同方向变动。即旅游供给水平提高，旅游产品均衡价格下降，旅游产品均衡数量增加；反之则相反。其四，旅游需求水平与旅游供给水平的同时增加或同时减少会引起旅游产品均衡数量的同方向变动，而此时的旅游产品的均衡价格则有提高、下降、不变三种可能。

第四节 旅游供求弹性

一、旅游需求弹性

（一）弹性与旅游需求弹性的含义

弹性（Elasticity）原来是物理学中的概念，后来被引用到经济学中。在经济学中，弹性指一个经济变量相对于另一个经济变量发生改变后的反应程度。弹性的概念可以应用在所有具有因果关系的变量之间，作为原因的变量通常称作自变量，受其作用发生改变的量称作因变量。弹性的大小可以通过弹性系数来衡量，弹性系数的一般公式为：

$$弹性系数=\frac{因变量的变动比例}{自变量的变动比例} \quad 公式（4-1）$$

弹性系数用 e 表示，有五种情况：e 等于 0 表示自变量无论如何变动都不会引起因变量的变动；e 小于 1 表示因变量的变动幅度小于自变量的变动幅度；e 等于 1 表示因变量的变动幅度等于自变量的变动幅度；e 大于 1 表示因变量的变动幅度大于自变量的变动幅度；e 无穷大表示自变量的微小变化会引起因变量的剧烈变化。

旅游需求弹性（Elasticity of Demand）指旅游需求相对于其影响因素发生变动后的反应程度。在前面的学习中我们知道，旅游需求的影响因素很多，其中影响较大并且能够量化的因素有旅游产品本身的价格、旅游者的可支配收入和其他相关产品的价格。因此，旅游需求弹性一般包括旅游需求价格弹性、旅游需求收入弹性和旅游需求交叉弹性这三种。

（二）旅游需求价格弹性

1. 旅游需求价格弹性的含义和公式

旅游需求价格弹性指在一定时期内旅游产品的需求量变动对于该旅游产品价格变动的反应程度。其计算公式为：

$$\text{旅游需求价格弹性系数}=\frac{\text{旅游需求量变动的百分比}}{\text{旅游产品价格变动的百分比}} \qquad \text{公式（4-2）}$$

需要指出的是，在通常的情况下，由于旅游需求量和旅游产品价格是呈反方向变动的，故旅游需求价格弹性系数为负值，为方便使用，我们通常取绝对值。旅游需求价格弹性可以分为点弹性和弧弹性。

旅游需求价格点弹性表示旅游需求曲线上某一点上的需求量变动对于价格变动的反应程度，旅游需求价格点弹性计算公式为：

$$Ed_p=\frac{\frac{Q_1-Q_0}{Q_0}}{\frac{P_1-P_0}{P_0}} \qquad \text{公式（4-3）}$$

式中，Ed_p 为旅游需求价格弹性系数；Q_0、Q_1 为变动前后的旅游需求量；P_0、P_1 为变动前后的旅游产品价格。

旅游需求价格弧弹性表示旅游需求曲线上需求量的弧变动对于该旅游产品价格的弧变动的反应程度。弧是指两点之间的变动轨迹，弧变动就是以两点之间的平均值为基数的变动。假设需求量变动前为 200，变动后为 400。则弧就是 200~400 的变动轨迹，两点之间的平均值为 300，弧变动约为 66%。

弧弹性相对点弹性而言来得更精确、更合理，一般用在价格幅度变化较大的场合。旅游需求价格弧弹性计算公式为：

$$Ed_P=\frac{\frac{Q_1-Q_0}{(Q_0+Q_1)/2}}{\frac{P_1-P_0}{(P_0+P_1)/2}} \qquad \text{公式（4-4）}$$

式中，Ed_p 为旅游需求价格弹性系数；Q_0、Q_1 为变动前后的旅游需求量；P_0、P_1 为变动前后的旅游产品价格。

例 1：某旅行社推出的"海南五日游"旅游线路原来的价格是 5000 元 / 人，平均每月购买该旅游线路的游客数为 200 人，后来，旅行社将该旅游线路的价格下调到 4000 元 / 人，平均每月购买该旅游线路的游客数增加到 400 人。试计算这段时间内游客对该旅游线路的需求弹性。

解：由于该旅游线路的价格由 5000 元下调到 4000 元，价格变动幅度较大，所以应用弧弹性公式来进行计算：

$$Ed_P=\frac{\frac{Q_1-Q_0}{(Q_0+Q_1)/2}}{\frac{P_1-P_0}{(P_0+P_1)/2}}=\frac{\frac{400-200}{(200+400)/2}}{\frac{4000-5000}{(5000+4000)/2}}=-3.0$$

答：在这段时间内，游客对该旅游线路的需求价格弹性绝对值为 3.0。

2. 旅游需求价格弹性的类型

旅游需求价格弹性，通常有四种类型，即完全无弹性、缺乏弹性、单一弹性、富有弹性。

（1）当 $Ed_p=0$ 时，称为旅游需求完全无弹性，它意味着无论旅游产品的价格如何变动，旅游需求量不会有任何变动。此时的旅游需求曲线形态如图 4–19（a）所示。

（2）当 $0 < Ed_p < 1$ 时，称为旅游需求缺乏弹性，它意味着旅游需求量的变动百分比小于旅游产品价格的变动百分比。此时的旅游需求曲线形态如图 4–19（b）所示。

（3）当 $Ed_p=1$ 时，称为旅游需求单一弹性，它意味着旅游需求量的变动与旅游产品价格变动的百分比一样。此时的旅游需求曲线形态如图 4–19（c）所示。

（4）当 $1 < Ed_p < \infty$ 时，称为旅游需求富有弹性，它意味着旅游需求量的变动百分比大于旅游产品价格的变动百分比。此时的旅游需求曲线形态如图 4–19（d）所示。

在现实的旅游经济活动中，由于旅游产品不是生活必需品，旅游需求价格弹性以富有弹性的居多。但具体来说，旅游需求价格弹性大小又各有不同，如对于不同收入的旅游者，一般收入较高旅游者的需求价格弹性相对小于收入较低旅游者的需求价格弹性；对于不同的旅游产品而言，一般保健、体验旅游产品的需求价格弹性要小于观光、度假旅游产品的需求价格弹性，商务旅游、会议旅游等间接旅游产品的需求价格弹性小于许多直接的旅游产品的需求价格弹性；对于不同的消费季节，

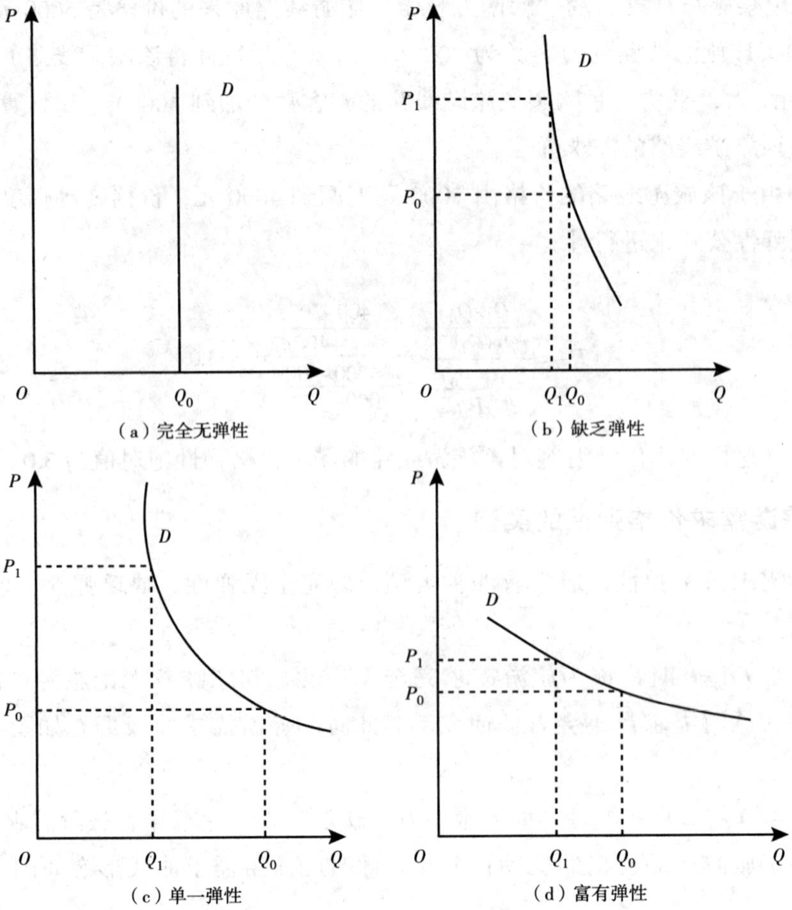

图4-19　旅游需求价格弹性的四种类型

旺季旅游需求价格弹性小于淡季的需求价格弹性；等等。因此，旅游企业不能简单地削价竞争。对于弹性较小的旅游产品削价不一定会取得预期效果。要结合旅游者对某种旅游产品的依赖程度、旅游产品的替代程度、旅游产品的适应人群、季节等因素综合做出价格决定。

课堂思考

当提高旅游产品价格时是否一定会增加旅游企业的收入？

（三）旅游需求收入弹性

1. 旅游需求收入弹性的含义和公式

旅游需求收入弹性指在一定时期内旅游者的旅游需求量变动对于旅游者的可支配收入变动的反应程度。其计算公式为：

$$旅游需求收入弹性系数=\frac{旅游需求量变动的百分比}{旅游者可支配收入变动的百分比} \qquad 公式（4–5）$$

旅游需求收入弹性同样有点弹性和弧弹性之分。点弹性计算公式为：

$$Ed_i=\frac{\frac{Q_1-Q_0}{Q_0}}{\frac{I_1-I_0}{I_0}} \qquad 公式（4–6）$$

式中，Ed_i 为旅游需求收入弹性系数；Q_0、Q_1 为变动前后的旅游需求量；I_0、I_1 为变动前后的旅游者可支配收入。

旅游需求收入弧弹性计算公式为：

$$Ed_i=\frac{\frac{Q_1-Q_0}{(Q_0+Q_1)/2}}{\frac{I_1-I_0}{(I_0+I_1)/2}} \qquad 公式（4–7）$$

式中，Ed_i 为旅游需求收入弹性系数；Q_0、Q_1 为变动前后的旅游需求量；I_0、I_1 为变动前后的旅游者可支配收入。

例 2：某地区旅游部门通过调查，了解到以下情况：本地区居民的年均出游次数与他的收入水平有很大关系，月均收入 3000 元的居民，每年平均出游次数为 2 次；而月均收入 4000 元的居民，每年平均出游次数为 4 次。试计算该地区居民的旅游需求收入弹性。

解：根据题意，应用旅游需求收入弧弹性的公式计算如下：

$$Ed_i=\frac{\frac{Q_1-Q_0}{(Q_0+Q_1)/2}}{\frac{I_1-I_0}{(I_0+I_1)/2}}=\frac{\frac{4-2}{(2+4)/2}}{\frac{4000-3000}{(3000+4000)/2}}\approx 2.33$$

答：该地区居民的旅游需求收入弹性系数为2.33。

2. 旅游需求收入弹性类型

旅游需求收入弹性通常有三种类型，即富有弹性、单一弹性、缺乏弹性。

（1）当 $1 < Ed_i < \infty$ 时，称为富有弹性，表示旅游需求量变动的百分比大于人们可支配收入变动的百分比，说明旅游需求对收入变化的敏感性大，因此人们可支配收入发生一定的增减变动，会引起旅游需求量发生较大程度的增减变动。

（2）当 $0 < Ed_i < 1$ 时，称为缺乏弹性，表示旅游需求量变动的百分比小于人们可支配收入变动的百分比，说明旅游需求对收入变化的敏感性小，因而人们可支配收入发生一定的增减变动，只能引起旅游需求量发生较小程度的增减变动。

（3）当 $Ed_i = 1$ 时，称为单一弹性，表示旅游需求量变动的百分比与人们可支配收入变动的百分比相等，即旅游需求量与人们可支配收入按相同比例变动。

从经济学的角度看，通常奢侈品的需求收入弹性较大，因为，随着社会生产力的发展及人们收入水平的提高，人们对生活必需品和奢侈品的需求量都会有所增加，但是，增加的幅度是不一样的。后者要大于前者的增加幅度。旅游产品不属于生活必需品，旅游需求是人们的收入达到一定水平才会产生的高层次需求，所以旅游需求收入弹性一般都比较大。根据国际有关组织的研究表明：旅游需求收入弹性系数一般都在1.3~2.5，有的国家甚至高达3.0以上。

（四）旅游需求交叉弹性

1. 旅游需求交叉弹性的含义和公式

如前所述，一种旅游产品的需求还受到其他相关产品价格的影响。假定其他因素不变，仅仅研究一种旅游产品的需求量和它的相关产品价格变化之间的关系，则需要运用旅游需求交叉弹性的概念。

旅游需求交叉弹性指在一定时期内，某一种旅游产品的需求量对其他旅游产品价格变动的反应程度，其计算公式是：

$$\text{旅游需求交叉弹性系数} = \frac{\text{旅游产品 Y 需求量变动的百分比}}{\text{旅游产品 X 价格变动的百分比}}$$　　公式（4–8）

用字母表示则是：

$$Ed_c = \frac{\dfrac{Q_{y1}-Q_{y0}}{Q_{y0}}}{\dfrac{P_{x1}-P_{x0}}{P_{x0}}}$$　　公式（4–9）

式中，Ed_c 为旅游需求交叉弹性系数；Q_{y0}、Q_{y1} 为变动前后的旅游产品 Y 的需求量；P_{x0}、P_{x1} 为变动前后的旅游产品 X 的价格。

与旅游需求价格弹性和旅游需求收入弹性不同，旅游需求交叉弹性系数可能为正，也可能为负，分别代表不同的经济含义。因此，旅游需求交叉弹性系数一般不取绝对值，而采用原始值。

例 3：某饭店上个月将标间房价从 400 元 / 间 · 夜提高到 450 元 / 间 · 夜，结果发现本月在饭店餐厅就餐的客人人数从上个月的 160 人 / 天减少到 120 人 / 天，试计算该饭店餐厅与客房的需求交叉弹性系数。

解：根据题意，计算如下：

$$Ed_c = \frac{\dfrac{Q_{y1}-Q_{y0}}{Q_{y0}}}{\dfrac{P_{x1}-P_{x0}}{P_{x0}}} = \frac{\dfrac{120-160}{160}}{\dfrac{450-400}{400}} = -2.0$$

答：该饭店餐厅与客房的需求交叉弹性系数为 –2.0。

2. 旅游需求交叉弹性类型

根据旅游产品的替代性和互补性特点，计算出来的旅游需求交叉弹性系数一般具有以下两种基本情况：

（1）如果旅游产品 X 对旅游产品 Y 具有替代性，那么旅游产品 X 价格下降必将引起对旅游产品 Y 的需求量减少；反之，旅游产品 X 价格上涨则引起对旅游产品 Y 的需求量增加。因此，对于具有替代性的旅游产品而言，其旅游需求交叉弹性系数为正数。

（2）如果旅游产品 X 对旅游产品 Y 具有互补性，那么旅游产品 X 价格下降必然引起对旅游产品 Y 的需求增加；反之，旅游产品 X 价格上涨则引起对旅游产品 Y

的需求量减少。因此，对于具有互补性的旅游产品而言，其旅游需求交叉弹性系数为负数。例 3 中，因为该饭店餐厅与客房具有互补性，所以餐厅与客房的需求交叉弹性系数为负数。

二、旅游供给弹性

（一）旅游供给弹性的含义

旅游供给弹性（Elasticity of Supply）是指旅游供给相对于其影响因素发生变动后的反应程度。如前所述，旅游供给受到旅游产品价格、生产成本、旅游资源、旅游目的地的环境承载力以及政府政策等多方面因素的共同影响，其中对旅游供给影响较大并且可以量化的因素主要有旅游产品价格和旅游产品的生产成本。因此，下面着重分析旅游供给价格弹性和旅游供给成本弹性。

（二）旅游供给价格弹性

1. 旅游供给价格弹性的含义与公式

旅游供给价格弹性指在一定时期内一种旅游产品的供给量变动对于该旅游产品价格变动的反应程度。其计算公式为：

$$\text{旅游供给价格弹性系数} = \frac{\text{旅游供给量变动的百分比}}{\text{旅游产品价格变动的百分比}} \qquad \text{公式（4-10）}$$

与旅游需求价格弹性相类似，旅游供给价格弹性也分为点弹性和弧弹性。

旅游供给价格点弹性表示旅游供给曲线上某一点上的需求量变动对于价格变动的反应程度。旅游供给价格点弹性计算公式为：

$$Es_p = \frac{\dfrac{Q_1 - Q_0}{Q_0}}{\dfrac{P_1 - P_0}{P_0}} \qquad \text{公式（4-11）}$$

式中，Es_p 为旅游供给价格弹性系数；Q_0、Q_1 为变动前后的旅游供给量；P_0、P_1 为变动前后的旅游产品价格。

旅游供给价格弧弹性指旅游供给曲线上供给量的弧变动对于该旅游产品价格的弧变动的反应程度。旅游供给价格弧弹性计算公式为：

$$Es_p=\frac{\frac{Q_1-Q_0}{(Q_0+Q_1)/2}}{\frac{P_1-P_0}{(P_0+P_1)/2}} \quad \text{公式（4-12）}$$

式中，Es_p 为旅游供给价格弹性系数；Q_0、Q_1 为变动前后的旅游供给量；P_0、P_1 为变动前后的旅游产品价格。

例 4：某市大力发展旅游业，对外进行大力促销，到该市旅游的人数不断增加，带动该市饭店房价不断上扬，该市四星级以上饭店标间的平均房价 2006 年为 400 元 / 间 · 夜，2009 年上升到 800 元 / 间 · 夜，该市四星级以上饭店的标间数量 2006 年为 300 间，2009 年为 500 间。试计算该市四星级以上饭店标间的供给价格弹性。

解：根据题意，应用旅游供给价格弧弹性公式，可得：

$$Es_p=\frac{\frac{Q_1-Q_0}{(Q_0+Q_1)/2}}{\frac{P_1-P_0}{(P_0+P_1)/2}}=\frac{\frac{500-300}{(300+500)/2}}{\frac{800-400}{(400+800)/2}}=0.75$$

答：该市四星级以上饭店标间的供给价格弹性系数为 0.75。

2. 旅游供给价格弹性的类型

旅游供给价格弹性，通常也有四种类型，即完全无弹性、缺乏弹性、单一弹性、富有弹性。

（1）当 $Es_p=0$ 时，称为旅游供给完全无弹性，它意味着无论旅游产品的价格如何变动，旅游供给量不会有任何变动。此时的旅游供给曲线形态如图 4-20（a）所示。

（2）当 $0 < Es_p < 1$ 时，称为旅游供给缺乏弹性，它意味着旅游供给量的变动百分比小于旅游产品价格的变动百分比。此时的旅游供给曲线形态如图 4-20（b）所示。

（3）当 $Es_p=1$ 时，称为旅游供给单一弹性，它意味着旅游供给量与旅游产品价格变动的百分比一样。此时的旅游供给曲线形态如图 4-20（c）所示。

（4）当 $1 < Es_p < \infty$ 时，称为旅游供给富有弹性，它意味着旅游供给量的变动百分比大于旅游产品价格的变动百分比。此时的旅游供给曲线形态如图 4-20（d）所示。

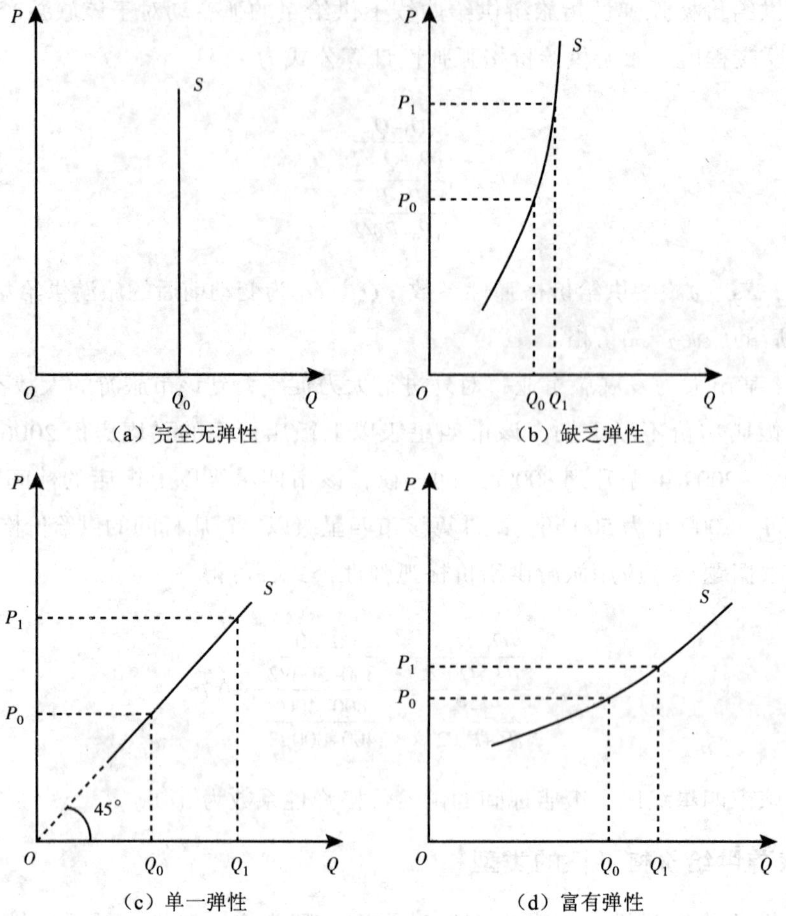

图4–20　旅游供给价格弹性的四种类型

在现实的旅游经济活动中，受旅游资源和旅游设施的制约，在短期内旅游供给量不能随着旅游产品价格的上下波动而及时进行调整，旅游供给价格弹性一般表现为缺乏弹性。在长期内，旅游经营者可以根据旅游产品价格的变动在一定程度上改变生产规模，甚至可以加入或退出旅游业，旅游供给量可以对价格变动做出较充分的反应，旅游供给的价格弹性也就会变大。但是，由于受到目的地旅游承载力的制约，旅游供给量不可能随着旅游产品价格的增长而无限增加，也就是说，当旅游供给量达到极限后，旅游供给就会变得完全无弹性。

具体到不同类型的旅游产品，供给价格弹性也有所不同，比如，劳动密集型、技术含量低、组合简单、资源丰富的旅游产品供给价格弹性相对要大于资金密集型、技术含量高、组合复杂、资源紧缺的旅游产品的供给价格弹性；环境容量不能继续扩大、旅游承载力已到极限的旅游产品，供给弹性系数等于零。

（三）旅游供给成本弹性

1. 旅游供给成本弹性的含义与公式

旅游供给成本弹性是指在一定时期内，旅游供给量变动对产品成本变动的反应程度。旅游供给成本弹性系数是旅游供给量变动百分比与旅游产品成本变动百分比的比值。其计算公式为：

$$Es_c=\frac{\frac{Q_1-Q_0}{Q_0}}{\frac{C_1-C_0}{C_0}} \qquad \text{公式（4–13）}$$

式中，Es_c 为旅游供给成本弹性系数；Q_0、Q_1 为变动前后的旅游供给量；C_0、C_1 为变动前后的旅游产品成本。

这里需要指出的是，由于旅游供给量和旅游产品生产成本之间往往呈反方向变动，故旅游供给成本弹性系数为负值，为方便使用，我们通常取绝对值。

2. 旅游供给成本弹性类型

旅游供给成本弹性，通常有缺乏弹性、单一弹性、富有弹性三种类型。

（1）当 $0 < Es_c < 1$ 时，称为缺乏弹性，它意味着旅游供给量的变动百分比小于旅游产品成本的变动百分比。

（2）当 $Es_c=1$ 时，称为单一弹性，它意味着旅游供给量与旅游产品成本变动的百分比一样。

（3）当 $1 < Es_c < \infty$ 时，称为富有弹性，它意味着旅游供给量的变动百分比大于旅游产品成本的变动百分比。

复习与思考

一、名词解释

旅游需求　　旅游供给　　旅游综合接待能力

旅游承载力　　旅游供求均衡　　旅游需求价格弹性

旅游需求交叉弹性　　旅游供给价格弹性

二、填空题

1. 现实旅游需求的实现必须具备三个条件：旅游动机、________和________。

2. 旅游需求的特点有整体性、指向性、敏感性、________、多样性以及________。

3. 旅游供给的内容包括________、旅游设施和________。

4. 旅游供给的特点有协同性、________、非储存性、________、分时性、多样性和低弹性。

5. 旅游需求规律的内容可以表述为：在其他因素不变的情况下，旅游需求量与旅游产品的价格呈________变动，旅游需求水平与人们的可自由支配的收入和余暇时间呈________变动。

6. 旅游供给规律的内容可以表述为：在其他因素不变的情况下，旅游供给量与旅游产品的价格呈________变动，旅游供给水平与旅游产品的成本呈________变动。

三、选择题

1. 一种旅游产品的需求增加引起另一种旅游产品的需求减少，这两种旅游产品之间的关系称为____。

A. 互补关系　　B. 替代关系

C. 组合关系　　D. 供求关系

2. 经济距离是指旅游者在旅游客源地与旅游目的地之间往来所需要花费的____。

A. 时间和空间　　B. 时间或空间

C. 时间和费用　　D. 时间或费用

3. 当旅游产品的价格保持不变，而其他因素发生变动时，____就会发生变动。

A. 旅游需求量　　B. 旅游需求水平

C. 旅游供给量　　D. 旅游供给弹性

4. 下列各项中无法引起旅游企业供给曲线向右移动的是____。

A. 政府对旅游企业减免征税　　B. 旅游企业生产技术水平提高

C. 旅游企业采用新的工艺　　D. 旅游企业降低其产品价格

5. 在旅游需求水平不变的情况下，旅游供给水平提高会使旅游供给曲线向右边平移，从而使得旅游产品____。

A. 均衡价格上升，均衡数量增加　　B. 均衡价格上升，均衡数量减少

C. 均衡价格下降，均衡数量减少　　D. 均衡价格下降，均衡数量增加

6. 对于需求价格弹性大的旅游产品，旅游企业一般应选择（　　）。

A. 取高价以增加赢利　　B. 薄利多销

C. 减少销售量　　D. 保持价格不变

四、判断题

1. 旅游服务可以随着旅游需求的扩大而扩大，也可以随着旅游需求的缩小而缩小。（　）

2. 在其他因素不变时，一国的货币升值，一般会使该国的出境旅游人数减少。（　）

3. 旅游产品的均衡价格、均衡数量与旅游需求水平呈同方向变动。（　）

4. 对于不同的消费季节，旺季旅游需求价格弹性大于淡季的需求价格弹性。（　）

5. 当 $1<Ed_i<\infty$ 时，称为富有弹性，表示旅游需求量变动的百分比大于人们可支配收入变动的百分比。（　）

6. 劳动密集型、技术含量低的旅游产品供给价格弹性相对要小于资金密集型、技术含量高的旅游产品供给价格弹性。（　）

五、简答题

1. 如何理解旅游需求的地域指向性和季节指向性？

2. 为什么说环境因素会影响旅游产品的供给？

3. 在旅游“黄金周”期间，各旅游目的地的旅游产品的价格往往会上涨，请利用供求图解释这种现象。

六、案例分析

重庆市“黄金周”的旅游供求矛盾

重庆市是我国重点旅游城市之一，“黄金周”期间的旅游也出现了热闹的景象，产生了可观的效益，但是重庆市“黄金周”旅游市场的供求双方仍存在复杂的矛盾，主要体现在以下几个方面：

重庆黄金周旅游

资料来源：http://game.sun116.com.

数量方面：供求数量的矛盾主要表现为旅游者人次与旅游接待能力之间的矛盾。每逢“黄金周”，游客的出游热情高涨，而在重庆市旅游市场上，由于设施的相对不足，导致旅游市场的有效供应不足。在重庆市旅游旺季“买票难”“乘车（船）难”的问题一直未得到彻底解决。特别是春节“黄金周”与“春运”、学校“寒暑假”叠加，客运量激增，供不应求尤为明显。在旅游住宿方面，重庆市现有的旅游住宿设施基本能满足旅游旺季的住宿需求，但部分热点景区景点在旅游高峰期仍存在住宿难问题，这又反映了旅游供求关系在空间上的不平衡。

空间方面：从2000年“十一”开始，在重庆市“黄金周”旅游接待中，“中长线温而不火，主城区都市游和周边游异常火暴”的形势越来越趋于稳定，这是旅游者消费理性化、旅游经济活动越来越符合旅游经济规律的表现。

质量方面：供求质量方面的矛盾指供给在旅游设施（硬件）和旅游服务（软件）方面不能适应需求。在旅游设施方面，交通表现最突出。重庆市的航空和铁路交通不畅；长江沿岸码头脏、乱、差，长江三峡水运航速较慢，缺乏旅游专用游轮；部分景区可进入性差，进出景区的公路等级有待提高；市区车速较慢，路况欠佳；出租车档次较低，缺乏豪华观光车和特色观光车等。在旅游服务方面，重庆市旅游服务水平、旅游从业人员的素质在全国重点旅游城市中相对较低，如重庆市旅行社行业普遍存在着规模小、组织结构松散、实力弱、开发市场的能力差等问题。另据初步估计，重庆市旅游从业人员中大专文化程度及以上人员比重不足10%，有职称的人员占总数的比重不足5%。

——资料来源：韩百娟.重庆市“黄金周”旅游的供求矛盾分析及宏观调控对策［J］.资源开发与市场，2002（4）.

根据以上案例回答如下问题：

1. 重庆市在“黄金周”出现了哪些旅游供求矛盾？原因是什么？

2. 重庆市可以采取哪些措施，缓解“黄金周”旅游供求的矛盾，促使旅游供求达到均衡？

推荐阅读

1. 李立华，李海燕. 川渝地区旅游供求关系及其意义［J］. 长江流域资源与环境，2000（1）.
2. 厉新建. 旅游供求理论再认识［J］. 北京第二外国语学院学报，2000（1）.
3. 李丰生，李静，陆琳. 现代旅游供求平衡分析［J］. 特区经济，2007（5）.
4. 牛亚菲. 旅游供给与需求的空间关系研究［J］. 地理学报，1996（1）.
5. 王颖. 旅游市场运行机制分析［J］. 合作经济与科技，2008（4）.
6. 朱沁夫，胡晓伟. 中国的旅游供给特征：1993–2007［J］. 学理论，2009（13）.
7. 朱俭，何海群.黑色旅游的旅游动机浅析［J］. 湖南医科大学学报（社会科学版），2008（1）.
8. 张姝.境外旅游动机研究述评［J］. 武汉商业服务学院学报，2013（4）.

第五章 旅游市场及调控

旅游市场作为旅游经济运行的基础，它不仅是旅游产品交换的场所，同时也反映了旅游供求关系和矛盾运动，是实现旅游供求平衡的重要机制。本章通过分析旅游市场的概念及特征，阐述了旅游市场在旅游经济活动中的重要作用，并在此基础上，对旅游市场进行了分类，同时对旅游市场的发展趋势作了初步分析；通过分析旅游市场的竞争类型，探讨了旅游市场细分和目标市场的选择策略；最后通过分析旅游市场的供求关系和矛盾表现，阐述了旅游市场供求矛盾产生的原因和运动规律，并简要介绍了旅游市场供求矛盾的调节机制。

学习目标

知识目标

1. 掌握旅游市场的概念及特征。
2. 了解旅游市场的作用、类型及发展趋势。
3. 掌握旅游市场竞争的类型、旅游市场细分和目标市场的选择。
4. 理解旅游市场供求的关系和矛盾表现及矛盾产生的原因和运动规律。
5. 了解旅游市场供求矛盾的调控。

技能目标

1. 能运用旅游市场相关理论简单分析旅游市场状况和发展趋势。
2. 具有旅游市场细分和目标市场选择的初步能力。

案　例

日本旅游业积极开发银发市场

中日老人徒步游西安古城

资料来源：http://epaper.siancn..com.

近年来，日本许多城市和旅行社竞相开发适合银发游客的旅游项目，并从旅游设施建设等方面为老年人观光提供便利。

有分析人士指出，日本旅游业积极开发银发市场不失为明智之举。从今年开始，日本1947～1949年婴儿潮时期出生的约670万人将陆续退休。调查显示，这些人中的男性职员和公务员有66.4%认为退休后时间可自由支配，约55.1%的受访者希望退休后和妻子悠闲享受生活。

暮春时节，日本首都圈北部群马县杜鹃花盛开。群马县馆林市的“杜鹃之冈”公园从江户时代就是观赏杜鹃花的名胜，近5万平方米的园内栽培着50余个品种、约1万株杜鹃，有的树龄甚至超过800年。

馆林市经济部观光科负责观光事务的久保塚直树介绍，每年4月上旬至5月上旬，杜鹃花进入花期，“杜鹃之冈”公园要接待40万余游客，其中约50%是老年人。为此，“杜鹃之冈”公园在著名的“杜鹃隧道”铺设了多处供轮椅通行的坡道，让行动不便的老年游客也能充分体验人在花中游的乐趣。

北海道中央巴士集团下属的旅行社认为，面向老年人的旅游项目应不仅停留在游山玩水的层面，而要注重文化内涵和体验。这家旅行社推出了针对60~70岁年龄层游客的团体旅游线路，包括北海道的自然文化遗产、产业遗产以及饮食文化等52个参观游览项目，充分满足老年游客旺盛的好奇心。

这家旅行社还推出走访渔民生活的旅游线路，让银发游客造访曾因捕捞鲱鱼而繁荣的北海道留萌市和其辖区范围内的增毛町，沿途让渔民为游客示范鲱鱼捕捞方法，导游还一展歌喉，向游客献上捕鱼时唱的北海道渡岛半岛的民谣。

日本全国旅馆生活卫生行会联合会已推出旅游设施“银发星”制度。在设备、服务、餐饮等方面达到一定标准、能为老年人提供优质便利服务的旅馆和饭店，都可以向“全旅联”申请认证。

住宿设施要获得“银发星”认证，浴室和厕所必须配扶手、坡道或椅子，必须提供适合老年人的菜肴，必须给65岁以上的老人价格优惠，从业人员应受过接待老人的专门培训，周边还应有医生能出诊的医疗设施。

——资料来源：钱铮，孙巍．日本旅游业积极开发银发市场．新华网，2007-05-10.

案例分析

什么是旅游市场？什么是目标市场？如何对市场进行细分和选择？

第一节　旅游市场概述

一、旅游市场的含义和特征

（一）旅游市场的含义

市场通常是指买卖双方聚集在一起进行商品交换的场所。从经济学的角度来说，市场不仅是一个场所的概念，同时也反映了商品交换中所涉及的买卖双方之间的经济关系。市场是生产力和商品经济发展到一定阶段的产物，可以说，哪里有商品交换，哪里就有市场。

随着生产力的发展，社会分工的进步，旅游活动逐渐商品化，产生了旅游需求和旅游供给，构成了旅游产品的交换。旅游需求与旅游供给以商品交换的方式联系在一起，便形成了旅游市场。旅游市场有广义和狭义之分：

广义的旅游市场是指在旅游产品生产和交换过程中所反映的各种经济行为和经济关系的总和。掌握广义的旅游市场的含义需注意以下三点：其一，旅游市场的主体，即旅游者和旅游经营者。旅游者与旅游经营者之间、旅游经营者相互之间都是通过旅游市场的纽带联系在一起的。其二，旅游市场的交换对象，即旅游产品。如果没有旅游产品，旅游者与旅游经营者双方就失去了交换的意义和动力，旅游市场也不可能形成。其三，旅游市场交换的手段和媒介，即货币、广告、信息媒体和场所等。它们是旅游产品交换和旅游市场存在的条件。

狭义的旅游市场是指在一定时期内、一定地点和条件下对旅游产品具有支付能力的现实和潜在的旅游消费者群体，也就是旅游客源市场。旅游客源市场涉及三个要素：其一，旅游者数量。旅游者是构成旅游市场的主体，其数量决定着旅游市场规模的大小。通常，旅游者数量与所在国家或地区人口总量成正比。如果一个国家或地区人口总量越大，则可能产生的旅游者数量就越多，旅游市场规模越大；反之，如果一个国家或地区人口总量越小，则可能产生的旅游者数量就越少，旅游市场规模越小。因此，一个国家或地区人口总量决定了旅游者数量，而旅游者数量又决定了旅游市场规模。其二，旅游购买力。所谓旅游购买力就是人们购买旅游产品的能力，通常由人们的可自由支配收入水平所决定。可自由支配收入水平越高，购买力越强；反之，可自由支配收入水平越低，购买力越弱。其三，旅游购买欲望。旅游购买欲望是反映人们购买旅游产品的主观愿望，是把潜在购买力变成现实购买力的重要条件。如果没有旅游购买欲望，人们就不可能主动地选择各种旅游产品，这样即使人们有旅游购买力，也不能形成现实的旅游市场。因此，只有当人们既有旅游购买力，又有旅游购买欲望时，才能形成现实的旅游市场。

（二）旅游市场的特征

异地性。一般物质产品可以当地生产、当地销售、当地消费，即使开辟异地市场，也可以通过产品的空间移动来实现。而旅游产品的购买者主要是异地居民，因此旅游活动必须通过旅游者由旅游客源地向旅游目的地转移来实现，也就是说旅游客源地与旅游目的地在空间上是分离的。

多重性。旅游市场的多重性主要表现在两个方面：①旅游市场的交换环节是多重的，尤其是国际旅游。旅游产品从生产到消费的最终实现，中间要经过许多环节。如国际旅游市场涉及组团、签证、保险、接待等；接待又分为甲地接待、乙地接待等。②旅游市场的交换关系是多重的。涉及旅行社经营者与景区经营者、旅行社与饭店经营者、旅行社与交通经营者、旅行社与旅游者、组团社与接待社等关系。

季节性。旅游市场具有明显的季节性特征，其主要表现在三个方面：①某些自然旅游资源在不同季节里的吸引力会有相当大的差异，使得旅游市场具有明显的淡旺季。例如，秦皇岛海滨旅游市场，夏季有百万名游客前来避暑，冬季却寥寥无几。②某些文化旅游资源表现出不同的节庆习俗，使得旅游市场也会出现淡旺季的差别。例如，傣族泼水节期间成了西双版纳旅游的高峰时期。③旅游者闲暇时间分布不平均，也使得旅游市场具有明显的淡旺季。例如，我国“十一”黄金周的七天长假，形成了我国明显的全国性旅游旺季。

易变性。旅游市场受到各种因素的影响，例如，政治局势的动荡、国家外交关系的变化、突发事件的出现、经济状况的变动、重大活动的举行等。任何一个因素发生变化都会引起旅游市场的波动，因此旅游市场具有易变性的特征。

二、旅游市场的作用与类型

（一）旅游市场的作用

旅游市场是旅游业赖以生存和发展的条件，对旅游经济活动的有效运行起着十分重要的作用，具体表现在以下四个方面：

交换作用。旅游市场是沟通旅游者与旅游经营者的桥梁，旅游者与旅游经营者必须通过旅游市场来完成交换。旅游经营者通过旅游市场销售自己的旅游产品，而旅游者则通过旅游市场选购自己感兴趣的旅游产品。

调节作用。其一，旅游市场是调节旅游经济活动和旅游供求平衡的重要杠杆。在旅游市场上，当供求双方出现矛盾时，必然引起旅游市场价格的波动和竞争的加剧，影响旅游经济活动的顺利进行。于是，就需要通过旅游市场的供求机制和价格机制来调节旅游产品的供给和需求，使旅游供求重新趋于平衡。其二，市场可以通过优胜劣汰的竞争机制，来实现各种旅游资源和生产要素的优化配置。各旅游企业在市场当中通过相互竞争，最终会出现优胜劣汰，以此达到资源的优化配置，推动旅游经济不断向前发展。

反馈作用。在市场经济条件下，旅游供求状况是通过旅游市场各种信息的动态变化表现出来的。对旅游经营者来说，一方面他们将旅游产品信息传递给旅游市场；另一方面他们也可以根据旅游市场反馈的需求信息和市场供求现状，调整自身的产品及价格，提供适销对路的旅游产品。对旅游者来说，一方面他们将旅游需求信息传送到市场，为旅游经营者提供生产依据；另一方面他们也可以从市场上获取相关最新信息，引发新的旅游需求。

检验评价作用。一方面，旅游者可以通过旅游市场来检验和评价旅游产品质量的优劣和价格的高低，促使旅游经营者改善管理，注重企业和产品形象，提高服务质量。另一方面，旅游经营者之间通过在市场中比较，可以反映自身的劳动生产效率，企业劳动生产率越高，表明该企业的市场竞争力越强。因此各个旅游经营者总是想方设法采用新的生产技术，降低产品成本，提高劳动生产率。

（二）旅游市场的类型

旅游市场是一个整体，为了进一步认识旅游市场，把握旅游市场的特点、规律，我们需要从不同的角度对旅游市场进行分类。通常，我们依据区域、出入境、产品、消费水平和组织形式等划分不同类型的旅游市场。

1. 区域分类

按区域分类，旅游市场可以分为国内旅游市场和国际旅游市场。国内旅游市场是国内旅游者在本国（境）范围内的旅游形成的市场，而国际旅游市场是国（境）际旅游者在国（境）际范围内的旅游形成的市场。世界旅游组织根据旅游者集中程度，将国际旅游市场划分为六大区域，即欧洲市场、美洲市场、东亚及太平洋地区市场、南亚市场、中东市场和非洲市场（见表 5-1，表 5-2）。

表5-1　1950—2020年世界六大区域旅游市场接待国际旅游者市场份额

单位：%

年　份	欧　洲	美　洲	东亚太	南　亚	中　东	非　洲	全　球
1950	66.4	29.6	0.8	0.2	0.9	2.1	100
1960	72.5	24.1	1.0	0.3	1.0	1.1	100
1970	70.5	23.0	3.0	0.6	1.4	1.5	100
1980	66.0	21.3	7.3	0.8	2.1	2.5	100
1990	62.4	20.5	11.5	0.7	1.6	3.3	100
1995	59.4	19.7	14.8	0.8	2.0	3.3	100
2000	57.8	18.6	16.0	0.9	2.9	3.8	100
2020	45.0	18.0	27.0	1.0	4.0	5.0	100

注：2020 年为预测数。

资料来源：世界旅游组织（WTO），http：//www.jpkc.nwu.edu.cn.

表5-2　1990—2010年世界六大区域旅游市场发展情况

地　区	到达游客人数（百万人次）			平均增长率（%）
	1990 年	2000 年	2010 年	
欧　洲	283	372	476	2.6

续表

地　区	到达游客人数（百万人次）			平均增长率（%）
	1990 年	2000 年	2010 年	
美　洲	94	147	207	4.0
东亚太	53	101	190	6.6
南　亚	3	6	10	6.2
中　东	8	11	18	4.1
非　洲	15	24	36	4.5
全　球	456	661	937	3.7

资料来源：世界旅游组织（WTO），http：//www.jpkc.nwu.edu.cn.

根据表 5–1 和表 5–2 的数据显示，欧洲和美洲市场占有率最大；东亚及太平洋地区旅游业发展迅猛，已成为重要的世界旅游市场；非洲具有丰富的自然资源和人文资源，旅游业的发展趋势看好；中东和南亚市场占有率虽很小，但仍是一个有发展潜力的旅游市场。

2. 出入境分类

按出入境分类，旅游市场可以分为国内旅游市场、入境旅游市场和出境旅游市场。国内旅游市场是本国居民在国内各地旅游形成的市场；入境旅游市场是国（境）外旅游者进入本国（境）旅游形成的市场；出境旅游市场是本国旅游者出国（境）旅游形成的市场。国内旅游市场、入境旅游市场和出境旅游市场对于一个国家或地区的经济发展具有重要意义。国内旅游市场会刺激国内需求增加，在国家内需不足的市场条件下，大力发展国内旅游对于刺激消费、拉动经济会起到积极的作用；而入境旅游会增加一个国家或地区的外汇收入，增强其国际支付能力；出境旅游发展则会增加一个国家或地区外汇流出，加大外汇支出的压力。因此，在一定时期内，一国政府可以根据本国国际收入状况和经济发展状况对入境和出境旅游制定不同的政策。

20 世纪 70 年代末 80 年代初，我国政府出于对外开放和赚取外汇的目的，首先发展了入境旅游市场，由入境旅游市场的发展带动了国内旅游市场的兴起和发展。20 世纪 90 年代以来，国内旅游市场发展迅速。随着国内旅游市场的发展，我国居民的国内旅游开始延伸到了出境旅游。三大市场的发展变化如表 5–3 所示。

表5-3 2005—2012年三大旅游市场变化情况

旅游市场 \ 年份	2005	2006	2007	2008	2009	2010	2011	2012
国内旅游人次（亿人次）	12.12	13.94	16.10	17.12	19.02	21.03	26.41	29.57
入境旅游人次（亿人次）	1.20	1.25	1.32	1.30	1.26	1.34	1.35	1.32
出境旅游人次（万人次）	3102	3410	4100	4584	4766	5738.65	7025	8318.27

资料来源：数据通过《中国旅游统计年鉴（2006—2013年）》和国家旅游局官方网站 http://www.cnta.com/ 收集整理.

3. 产品分类

按旅游产品的类型分类，旅游市场可以分为观光型旅游市场、休闲度假型旅游市场、保健型旅游市场和体验型旅游市场。旅游活动与商务、会展、赛事、研习等活动的结合，又形成了商务旅游市场、会展旅游市场等。在传统的旅游市场当中，观光型旅游市场占据主导地位，但随着人们生活水平的提高，休闲度假型旅游市场将逐渐取代型观光旅游市场的主体地位，保健型旅游市场和体验型旅游市场也将迅速发展起来。国际上，商务旅游市场、会展旅游市场在整个旅游市场中一直占据着非常重要的地位。美国运通公司的一份调查报告显示，中国商务旅游市场、会展旅游市场的发展潜力惊人，规模已经达到法国、德国等欧洲主要国家的水平。

4. 消费水平分类

按旅游者的消费水平，一般可以将旅游市场划分为豪华旅游市场、标准旅游市场和经济旅游市场。在现实经济社会中，由于人们收入、年龄、职业、社会和经济地位的不同，其旅游需求和消费水平也呈现出很大的差别。通常，豪华旅游市场的主体是社会中的富裕阶层，他们一般对旅游价格不敏感，而是希望最大限度地满足他们的旅游需求。例如，豪华游轮旅游、高尔夫旅游等。尽管豪华旅游市场规模有限，但其高额的旅游支出对旅游经营者很具吸引力。标准旅游市场的主体是大量的中等收入者，他们既注重旅游价格，又注重旅游活动内容和质量。虽然他们的个人消费能力不及富裕阶层，但由于人数众多，因此市场规模和潜力是巨大的。经济旅游市场的主体是收入水平较低或没有固定收入者，他们更多注重旅游价格的高低。因此，旅游经营者应根据客源市场的消费水平来组合、开发旅游产品，根据旅游需求的层次来推销旅游产品。

5. 组织形式分类

按旅游的组织形式，旅游市场可以分为团体旅游市场和散客旅游市场。两种组织形式各有其利弊，随着旅游业的发展，散客旅游迅速增加，团体旅游比重逐渐下降，散客旅游已成为旅游市场发展的一个新趋势。

三、旅游市场的发展趋势

（一）市场开拓趋势

注重更深层次的市场细分。随着人们可自由支配收入的提高和需求的多样化，传统的旅游营销方式已很难在日益激烈的市场竞争中立足。因此旅游经营者将注重更深层次的市场细分，根据人们的年龄、性别、职业、收入、偏好、社会阶层和受教育程度等的不同，面向不同的细分市场组织各具特色的旅游产品。市场细分化已成为一种趋势。

旅游方式更趋灵活，更加注重人的体验和个性化需求服务。旅游是人们满足基本生理和物质需求之后所追求的更高、更新的精神需求，是一种旅程和暂居的审美体验。在越来越追求个性化的浪潮下，旅游者对于旅游产品的选择，除了注重旅游产品质量外，更关注旅游产品是否符合自己的个性需求，是否能让自己享受到旅游体验活动所带来的舒畅与愉悦，再加上网络以及私人交通工具的普及，将使旅游方式发生革命性变革：由旅行社组织的大包大揽的旅游将日益缩小，散客旅游、家庭自助式旅游将日益扩大。旅游经营企业应根据这些变化，推出更加注重人的体验和个性化需求服务的旅游产品，充分利用现代网络技术，采取更加灵活和方便的组团方式。

（二）市场结构趋势

休闲、度假旅游将逐渐取代观光旅游的主体地位。随着社会经济的发展，人们的精神文化需求越来越大，人们在旅游活动中更为注重内在的精神安逸，更加强调旅游的休闲旨趣和较为丰富的文化体验。因此，休闲、度假旅游受到了人们的喜爱，特别是受到了高收入人群的青睐，休闲、度假旅游将逐渐取代观光旅游的主体地位。休闲、度假旅游的兴起，要求旅游经营企业不断丰富旅游产品的文化内涵，注重产品创新和企业的人文建设。

亚洲和中国将成为世界最重要的旅游目的地。国际旅游市场的重心将从欧美地区转移到亚太地区，世界各个地区旅游市场也将出现新的格局，亚太地区将成为未来国际旅游市场的“热点”区域。我国是旅游资源大国，上下几千年的文化积淀，960万平方千米的土地，广袤的海域，形成了我国得天独厚的自然旅游资源和人文景观优势。改革开放以来，我国社会的进步举世瞩目，我国旅游的国际地位大为提高，旅游经济实力明显增强。

区域旅游仍将是世界旅游业发展的主流。区域旅游盛行的原因，首先是邻近国家之间政治、经济、文化联系更为紧密。如由于欧洲各国间政治、经济和文化紧密相连，语言相通，相互往来手续简便，因此，欧洲国际客源中的80%在区域内流动。其次，经济距离较短也是区域旅游盛行的原因之一。旅游者既达到了异域旅游的目的，费用又相对便宜。正因为区域旅游具有“地利、人和”的天然优势，在可以预见的将来，区域旅游仍将是世界旅游业发展的主流。

（三）市场观念趋势

旅游尤其是出境旅游将成为更多人的生活选择。进入21世纪以来，旅游将不再是少数人奢侈的生活方式，而是逐渐成为大众百姓的一种新的生活方式。据世界旅游组织统计，世界各国人们每年参与各种形式的旅游活动已经达到40多亿人次，全球出境旅游人数超过11亿人次。有关资料显示，20世纪90年代至今，中国出境旅游市场增长迅猛，2013年中国公民出境旅游人数已达到9819万人次，2014年达到了1.07亿人次，中国已成为世界第一大出境旅游消费国。旅游尤其是出境旅游必将成为更多人的生活选择。

生态环保意识将逐渐成为市场各方的共识。生态环境的保护已成为全球关注的焦点话题，并贯穿于全球所有行业，旅游行业也不例外。因此，以生态学为指导，以生态环境和自然资源为取向，以生态环境保护为前提，以环境教育和自然知识为核心的生态旅游将成为一种新的旅游潮流，生态环保意识将逐渐成为市场各方的共识。

第二节　旅游市场竞争

一、旅游市场竞争的类型

（一）市场竞争和垄断的含义

竞争是指市场经营主体对市场展开的一种争夺。在市场经济条件下，各类企业都是自主经营、自负盈亏的市场主体。企业之间的关系是经济利益的关系。在价值规律的作用下，各企业为最大限度地实现自身的经济利益，必然会通过各种手段为占有更大的市场份额而展开激烈的争夺。

垄断是指市场经营主体对市场的一种独占和控制。竞争是市场经济的必然产物，但竞争到一定程度，会引起生产和市场的集中。在一定条件下，生产和市场的集中很可能会转化为垄断。

（二）市场竞争的一般类型

一种市场，如果不存在垄断，则这种市场的竞争是充分的、完全的；反之相反。根据竞争是否充分、是否完全，市场类型一般可以分为完全竞争市场、垄断竞争市场、寡头垄断市场和完全垄断市场。

1. 完全竞争市场

完全竞争市场是一种不存在任何垄断因素的市场，它形成的条件和特点是：①市场上存在众多经营者和消费者，每个经营者的市场份额均很小；②市场上所有经营者的产品在质量、性能、服务等方面是完全相同的；③市场上生产要素资源能够在各行业间完全自由流动，经营者可以自由进入或退出市场；④市场信息畅通，所有的经营者和消费者都具有充分的市场信息。完全竞争市场实际上只是一种理论假设，在现实中只能找到相似的例子，如农产品市场。

在完全竞争市场上，价格机制能充分发挥作用。每个企业和消费者都是市场价格的接受者，价格就像一只“看不见的手”调节着生产和消费。完全竞争市场的竞争也是充分的，不受限制的。

2. 垄断竞争市场

垄断竞争市场是一种不完全竞争市场，其形成的条件和特点是：①市场上存在较多经营者，每个经营者的市场份额均不大；②市场上的产品在质量、性能、服务等方面存在一定的差异；③经营者进入或者退出市场比较容易；④市场信息较充分。垄断竞争市场在现实的经济社会中是最常见的市场类型，如日用消费品市场、家用电器市场、服装市场等，旅游市场也属于垄断竞争市场。

在垄断竞争市场上，由于存在较多经营者及产品有一定的差别，所以，一方面经营者可以此提高价格；另一方面消费者又有较大的选择余地，经营者在定价时必须考虑市场供求关系，因此价格主要还是由市场决定的。垄断竞争市场仍然存在激烈竞争。产品的差别性并不影响企业改进技术，提高劳动生产率。

3. 寡头垄断市场

寡头垄断市场是一种由为数不多的经营者控制行业绝大部分供给的市场类型，其形成的条件和特点是：①生产高度集中于几家大型企业（集团），每家企业在行业中的市场份额都很大，以致任何一家企业的市场行为都会对整个行业市场造成较大的影响；②企业之间往往会形成一种联盟或默契，对资源和信息实行一种控制，新的经营者要进入该市场是不容易的。寡头垄断市场主要存在于关系国民经济命脉的行业里，如有色金属、汽车、石油、通信等。

在寡头垄断市场上，为数不多的经营者往往形成一种联盟或价格默契，通过联盟和默契来共同控制或影响市场。因此在一定程度上阻碍了技术进步，不利于公平竞争。但是寡头的联合是以实力为基础的，客观上也迫使他们改进技术，提高劳动生产率。寡头垄断市场仍然存在一定程度竞争，有时候这种竞争也是相当激烈的。

4. 完全垄断市场

完全垄断市场是一种完全由一家经营者控制产品供给的市场类型，它形成的条件和特点是：①市场上只有一家经营者，而消费者众多；②产品基本没有替代性；③市场上生产要素资源无法在各行业间自由流动；④市场信息是不对称的，经营者掌握着足够的市场信息，而消费者则相反。

完全垄断市场在现实中也不多见，一般发生于由政府直接控制的公用事业部门，如供水、供电等部门以及政府授权的专卖产品。

在完全垄断市场上，价格机制基本发挥不了作用。完全垄断市场上的价格是由经营者独家决定的，消费者只能被动接受。经营者可以获得垄断利润，没有竞争的动力和压力。

（三）旅游市场竞争的主要类型：垄断竞争市场

旅游市场中既包括竞争因素，也包括垄断因素，因此旅游市场总体上说是一个垄断竞争的市场。

1. 旅游市场的竞争性

市场机制的内在要求。旅游市场存在众多的企业，很难形成少数几家企业垄断市场的局面。在市场机制的作用下，只要存在赢利机会，就会吸引经营者进入市场。面对一定数量的客源，经营者之间会从各自的利益出发，展开竞争，以获得尽可能多的利润。

旅游产品的替代性。除了极少数的旅游产品具有高度的垄断性之外，绝大多数旅游产品虽然各具特色，但同一类别或相似的旅游产品比比皆是，造成了大部分旅游产品具有可替代性。旅游产品的可替代性决定了旅游者有较大的选择余地。

旅游市场的开放性。旅游市场开放度较高，新的企业进入旅游市场的条件相对宽松，生产资源可自由流动。由于各国各地对旅游业的重视，旅游市场总体上处于供大于求的局面，买方市场已逐渐形成。为了争取客源，旅游企业的竞争在所难免。

2. 旅游市场的垄断性

旅游资源的独特性。有少部分旅游资源，如中国的长城、故宫、秦始皇兵马俑，埃及的金字塔等都是独一无二的，且旅游产品特色鲜明，在市场上构成了较高的垄断性。

旅游产品的差异性。由于旅游资源的类型、数量、分布的差异以及旅游者的旅游偏好，旅游产品存在明显的差异性。旅游产品的差异性决定了少数旅游企业能够形成一定程度的垄断。

（四）垄断竞争市场在旅游业内部的表现

旅游市场在总体上是垄断竞争市场，但在如饭店、旅行社、景区景点等内部要素市场上又呈现出一定的差异性。

饭店市场。与旅行社、景区景点业市场相比，饭店市场最显著的特征是饭店行业的低进入壁垒。在我国旅游业发展初期，出现了所谓“饭店瓶颈”，在“供不应求”的“短缺经济”影响下，饭店的规模、服务质量、品牌等并不构成进入市场的重要壁垒，这些因素造成了我国饭店的过度进入。但是，饭店资产具有极强的专用性，很难转产为其他产品，只能通过倒闭、破产的方式才能退出市场。我国饭店市场易进难出的局面必然使一批微利甚至亏损的企业无法顺利退出市场，造成饭店市场的过度竞争。

旅行社市场。旅行社业最显著的特征是制度壁垒。我国旅行社业一直受到政府的保护，几乎处于对外封闭状态，与饭店业的全面开放形成鲜明的对比。我国加入世界贸易组织的协议中承诺在中国入世6年内，允许外资不受地区限制设立独资旅行社，但仍明确规定，外商旅行社不得从事中国公民出境旅游业务。2009年5月1日起施行的新《旅行社条例》取消了此项规定，外资旅行社将在入境、出境以及国内三大旅游市场上享受国民待遇。但同时规定，外资旅行社需经营满两年，且未因侵害旅游者合法权益受到行政机关处罚的即可申请经营出境旅游业务。此外，地方保护主义在旅行社业非常盛行，种种条文限制外地旅行社进入本地区。旅行社很难在注册地之外设立非法人分社，大大制约了有实力的旅行社开拓市场。各种行政干预下的市场垄断，扼杀了应有的市场竞争。

景区景点市场。与饭店业、旅行社业相比，景区景点业最显著的特征是旅游资源的垄断性。旅游景区景点是旅游者出游动机的直接触发因素，在旅游产品中所占的地位非常重要。旅游景区景点无论是以自然风景为主，还是以人文景观为主，都必须具有对旅游者有较强吸引力的吸引物，因此，旅游景区景点相对旅游业内部的其他行业来说垄断性更强些。尤其是少数世界级旅游景区具有极强的垄断性。

二、旅游市场细分和目标市场选择

（一）旅游市场竞争的目标

企业参与市场竞争的目标，可以从三个不同的角度来分析。从市场营销的角度来说，企业的竞争目标是扩大销售，以获取更大的市场份额；从财务管理的角度来说，企业的竞争目标是降低成本，以获得更多的经济利益；从战略管理的角度来说，企业的竞争目标是增强实力，以抵御更多的市场风险。

1. 扩大销售，以获取更大的市场份额

从市场营销的角度来说，企业竞争的目标是扩大销售，以获取更大的市场份额，即提高市场占有率。市场占有率分为绝对占有率和相对占有率，市场占有率的高低表明了企业在市场竞争中的地位。

旅游市场绝对占有率指在一定时期内，某一市场主体的旅游产品销售量占旅游产品总销售量的比率。公式为：

绝对占有率 = 某一市场主体旅游产品销售量 / 市场上旅游产品销售总量 ×100%　　公式（5–1）

旅游市场相对占有率指在一定时期内，某一市场主体的旅游产品销售量占同类市场上最大竞争者旅游产品销售量的比例。公式为：

相对占有率 = 某一市场主体旅游产品销售量 / 市场上最大竞争者旅游产品销售量 ×100%　　公式（5–2）

在现代旅游经济活动中，旅游产品的销售常常是通过旅游中间商来完成的，旅游中间商因此成了旅游产品销售的重要分销渠道。旅游中间商是指从事旅游转销业务、具有法人资格的经济组织或个人，如旅行社、旅游批发商、旅游零售商、旅游经纪人等。尤其是国际旅游一般是采取团队旅游方式，通过国际旅行社、外国旅游批发商、旅游零售商组织实现的，旅游中间商在其中起着重要的作用。为此，旅游企业把提高市场占有率的目标具体落实到了争夺旅游中间商方面。

2. 降低成本，以获得更多的经济利益

从财务管理的角度来说，企业竞争的目标是降低成本，以获取更多的经济利益，即利润最大化。在市场竞争中，成本较低的旅游企业可以获得更多的经济利益，为此各企业纷纷采取各项措施降低成本。

企业降低成本可以通过两种途径来实现：其一，扩大规模，实现规模经济。所谓规模经济就是指在一定时期内，企业所生产的产品和劳务的绝对量增加时，其单位成本趋于下降。规模经济导致成本下降的原因是，生产产品数量增加后，分摊到每个产品的固定成本金额减少了。其二，提高劳动生产效率，也是降低产品成本的有效途径。因此，通过技术创新和科学管理，把成本降下来，也是旅游企业在市场竞争中的目标之一。

3. 增强实力，以抵御更多的市场风险

从战略管理的角度来说，企业竞争的目标是增强自身的实力，以抵御更多的市场风险。世界著名管理学者普拉哈拉德以及哈默尔在1990年的《哈佛商业评论》上发表的《企业的核心能力》一文中提出了核心能力的概念。他们认为核心能力就是企业能够超越其他竞争对手的能力，即使企业在竞争中处于优势地位的强项，是其他对手很难达到或者无法具备的一种能力。核心能力主要是关乎各种技术和对应组织之间的协调和配合，从而可以给企业带来长期竞争优势。企业核心能力越强，在市场竞争中的优势越明显，抵御风险的能力也越强。因此，增强企业的实力，也是旅游企业在市场竞争中的目标之一。

（二）旅游市场细分

1. 市场细分的含义

市场细分（又称市场分割）指根据消费者的需求，将整个市场划分为若干个同质性较高的子市场的过程。市场细分后所形成的具有相同需求的顾客群体称为细分市场。

2. 市场细分的意义

市场细分有利于旅游企业发现市场机会，取得竞争优势。在了解不同细分市场需求特征及现有产品的基础上，旅游企业容易发现旅游者尚未满足或未充分满足的需求，即市场机会。在此基础上，旅游企业可以充分利用市场机会，发现新市场，取得竞争优势。例如，当前女性旅游者已经成为一个重要的细分市场。上海瑞吉红塔大酒店推出了女性楼层，客房设计充分考虑了女性的需求，包括大堂酒吧、健身设施、客房的浅色装修风格、女性物品配备等。由于上海瑞吉红塔大酒店对女性需求市场的关注，使得该酒店在入住率为70% ~ 80%的时候，女性楼层的入住率能达到100%。

市场细分有利于提高旅游企业的应变能力。旅游者需求是不断变化的，通过市

场细分，旅游企业能够更迅速、更准确地对需求的变化做出市场反应。例如，面对我国星级饭店经营、设计同质化问题严重的现象，于是出现了各种主题酒店，如以威尼斯文化为主题的深圳威尼斯酒店，以体验三国文化、道家风韵为主题的成都京川宾馆等。这些酒店以某一特定的主题来体现酒店的建筑风格和装饰设计以及特定的文化氛围，使旅游者获得富有个性的文化感受；同时将服务项目融入主题，受到了旅游市场的欢迎。

市场细分有利于旅游企业最大限度地发挥企业资源优势。任何旅游企业，其资源总是有限的，不可能有效地满足所有旅游者的不同需求，因而必须在细分市场中做出取舍。因此，旅游企业就必须根据自身的资源优势，选定目标市场，扬长避短，趋利避害，最大限度地发挥企业的资源优势，使细分市场中的旅游者需求得到充分的满足，从而获得更高的市场占有率和经济效益。

3. 市场细分的依据

市场细分要依据一定的细分变量，旅游市场的细分变量主要有地理、人口、心理、行为变量四大类（见表5-4）。

表5-4 旅游市场细分标准

细分标准	具体因素
地理细分	地理区域、自然气候、资源分布、人口密度、城市大小、交通条件等
人口细分	年龄、性别、家庭人数、家庭生命周期、收入、职业、教育程度、家庭组成、宗教信仰、种族、国籍、民族
心理细分	生活方式、个性特征
行为细分	购买频率：很长时间购买一次、阶段性购买、经常购买 追求利益：质量、服务、效率、价廉、象征（身份、地位） 购买时机：淡季、旺季、平季、节假日、庆典及各种特殊时机 购买方式：团队、散客 忠诚程度：不忠诚、一般忠诚、很忠诚、绝对忠诚 使用者身份：非使用者、以前使用者、潜在使用者、首次使用者、经常使用者

资料来源：程道品，伍进. 旅游市场营销学［M］. 北京：中国林业出版社，北京大学出版社，2009.

（1）地理细分。地理细分的主要理论依据是，处于不同地理位置的旅游者，对旅游产品有不同的需求和偏好。旅游市场按地理变量细分通常有以下分类方法：

①按地区细分，国内旅游市场可以分为华北、东北、华东、华南、中南、西南、西北；国际旅游市场可以分为东亚及太平洋、南亚、中东、欧洲、美洲、非洲六大旅游市场。由于长期受不同文化、自然条件和社会经济条件等影响，不同地区的旅游者消费习惯和购买行为往往有较为明显的差异。

②按人口密度细分，可以分为都市、郊区、乡村旅游市场等。例如，城市人口生活压力大、生活节奏快，他们向往休闲的田园生活，旅游企业就可以针对此需求开发各种乡村旅游项目。

③按自然气候细分，可以分为热带、温带、寒带等地的旅游市场。例如，马尔代夫、夏威夷等地阳光、海洋、沙滩等良好的自然条件，每年冬季都会吸引成千上万的地处寒冷地带的国家或地区的旅游者；相反，生长在我国南方的旅游者则对北京的冰雪风光、雾凇景观感兴趣。

（2）人口细分。人口细分是指按人口统计变量（包括年龄、性别、收入、职业、教育水平、家庭规模、家庭生命周期阶段、宗教、种族、国籍等）来细分旅游市场。旅游市场按人口统计变量通常有以下分类方法：

①按年龄细分，可以分为老年市场、中年市场、青年市场和儿童市场。随着世界人口老龄化的趋势，老年旅游市场日益扩大。老年人收入较高并有一定积蓄，闲暇时间也比较多，旅游活动频繁。老年人的旅游目的主要是游览风景名胜，瞻仰历史古迹，品尝特色风味。中年人的旅游人数最多，是当今旅游市场特别是国际旅游市场的主体；中年人旅游市场消费水平高，停留时间长，是最有经济效益的市场。青年人富有朝气、精力旺盛、体力充沛，喜欢刺激性、探险性的旅游项目；这个市场潜力很大，是一个正在发展中的旅游市场。儿童生性活泼好动、好奇心强、兴趣广泛，多对娱乐性、知识性、趣味性的旅游项目感兴趣。往往一个家庭的旅游决策是由孩子的兴趣决定的，所以儿童旅游市场潜力很大，是一个不可忽视的市场。

②按性别细分，可以分为男性市场和女性市场。近年来，随着女性就业及个人收入水平的提高，女性旅游市场有了较大发展，尤其是未婚女青年和独身女子的旅游呈上升趋势。

③按家庭结构与家庭生命周期细分，可以分为五个阶段：单身阶段、新婚阶段、满巢阶段、空巢阶段、孤寡阶段（见表5–5）。

表5-5 家庭生命周期

阶 段	家 庭 情 况	消 费 特 点
单身阶段	离开父母独居的青年	追求新鲜时髦，喜欢旅游、娱乐
新婚阶段	新婚的年轻夫妻，无子女	蜜月旅行的参加者，休闲旅游的购买者
满巢阶段Ⅰ	子女6岁以下	住房消费、孩子成长的支出
满巢阶段Ⅱ	子女已入学	子女教育的支出
满巢阶段Ⅲ	子女已长大，但需抚养	旅游的潜在需求市场
空巢阶段Ⅰ	子女已成人分居，夫妻仍有劳动能力	有充足的时间和消费能力，是旅游的潜在市场
空巢阶段Ⅱ	子女离家，夫妻退休	有充足的时间和消费能力，是旅游的重要市场
孤寡阶段	独居老人，退休养老	减少外出活动

资料来源：克里斯·布尔，杰思·胡思，迈克·韦德.休闲研究引论［M］. 田里，董建新，等，译.昆明：云南大学出版社，2006.

（3）心理细分。心理细分是指按消费者的生活方式、个性特征变量进行市场细分。性格是决定一个人生活方式的基础因素，也是影响旅游动机的主要因素之一。美国心理学博士斯坦利·普洛格认为旅游者根据其动机、对目的地和活动的偏好广泛地分布在两种人格类型之间，皮尔斯发展了普洛格的观点，总结出这两类人不同的旅游行为（见表5-6）。

表5-6 自我中心型和多中心型旅游者的个性和旅行特点

自我中心型人格旅游者	多中心型人格旅游者
选择熟悉的旅游目的地	选择非旅游地区
喜欢旅游景点的一般活动	喜欢获得新鲜经历和享受新的喜悦
喜欢晒日光浴和游乐场所，包括无拘束的休息	喜欢新奇、不寻常的旅游场所
活动量小	活动量大
喜欢驾车前往旅游景点	喜欢乘飞机去旅游目的地
喜欢正规的旅游设施	要求一般的膳食，不一定要现代化的高级旅馆，不喜欢专门的旅游商店
喜欢家庭气氛和熟悉的娱乐活动，不喜欢外国气氛	愿意接触异国文化和会见异国居民
要准备好齐全的旅行装备，全部日程都事先安排妥当	旅游的安排只包括最基本的项目（交通工具和旅馆），留有较大的余地和灵活性

资料来源：Pearce D.Tourism Today：A Geographic Analysis［M］. Longman，Harlow，Essex，1987.

（4）行为细分。行为细分是指按购买或使用产品的时机、所追求的利益、使用频率、对品牌忠诚度等行为变量来细分市场。

①按购买时间细分，可以分为旺季、淡季、平季和节假日市场。很多旅游企业都把特定时机的市场需求作为服务目标。例如，宣传和推出各种特色的旅游节事活动，吸引游客。青岛啤酒节、南京国际梅花节等节事旅游日益成为各地发展旅游业的重要方式。

②按追求利益细分，是根据旅游者从产品中追求的不同利益将他们分类。例如，有的旅游者只追求价格低廉；有的则讲求质量。因此，应该根据旅游者对产品所追求的利益的不同，为他们提供不同的差异性产品。如为蜜月度假者提供浪漫舒适、没有干扰的旅游产品；为节俭的背包旅游者提供经济、灵活性的旅游产品。

③按使用频率细分，可以分为轻度、中度和重度市场。通常，重度旅游者在市场总人数中所占比重很小，但他们的旅游消费支出在总的旅游消费收入中所占比重却很大。

④按品牌忠诚度细分，可以分为不忠诚、一般忠诚、很忠诚、绝对忠诚。根据美国学者雷奇汉和哈佛大学商学院教授赛塞对顾客忠诚度的研究结果表明：顾客流失率下降 5%，业务的利润可增加 25% ~ 85%。同时他们还深入分析了顾客忠诚感对企业经济收益的影响：发现服务性企业能从忠诚的顾客那里获得最高的利润。另外一项研究显示：吸引一个新顾客的成本通常约为保持现有顾客所需成本的 5 倍。因此，众多酒店企业使用各种方法建立顾客数据库，记录并尽量满足顾客的各种需求和偏好，以提高顾客忠诚度，并降低成本，增加利润。

（三）旅游市场竞争中目标市场选择

1. 目标市场的含义

目标市场是指在市场细分的基础上，企业要进入并有能力进入的最佳细分市场。企业在经营过程中，必须选择和确定目标市场。一般情况下，企业首先是进行市场细分，并对细分市场进行评价，在此基础上根据企业自身的资源特点、经营状况和竞争机制等合理地选择目标市场。

2. 目标市场的选择策略

企业在选择目标市场时，除了分析各旅游市场细分的具体情况外，还要从总体上考虑目标市场覆盖范围上的针对性，即企业决定选择多少个子市场。通常，目标市场选择策略有三种：无差异目标市场策略、差异性目标市场策略和集中性目标市场策略（见表5–7）。

表5–7　三种目标市场选择策略对比分析

目标市场	无差异目标市场策略	差异性目标市场策略	集中性目标市场策略
含　义	企业无视整体市场内部需求的差异性，求同存异，把整体大市场作为目标市场，只推出一种旅游产品，采用一种促销方式、一种销售渠道，向全部细分市场的顾客进行销售，以满足旅游者的共同需求	企业针对不同细分市场的特点，提供不同的旅游产品及定制不同的营销组合，来满足不同细分市场需求	企业只选择其中一个或少量细分市场作为目标市场，集中全部营销力量实行高度的专业化经营，为充分满足特定的需求服务
优　点	1. 大批量生产，降低了成本 2. 不必细分市场，减少了营销费用 3. 规模效应显著，容易形成品牌声誉	1. 有利于提高产品的竞争力和扩大企业的销售总额 2. 有利于形成渠道连带优势 3. 有利于降低企业的经营风险	1. 占用资金相对少，企业资金周转快，开发成本低 2. 容易形成特色经营
缺　点	1. 不能完全满足旅游者的差异性需求 2. 容易形成企业间的过度竞争	1. 影响企业经营成本 2. 影响企业的生产效率 3. 影响企业优势的发挥	1. 经营风险大 2. 使其他经营者有机可乘
适用范围	市场上供不应求或竞争较弱的产品市场	对旅游需求、购买时机和行为差别较大的市场	资源有限的企业

3. 影响目标市场策略选择的因素

上述三种目标市场选择策略各有利弊，分别适用于不同的情况。在实践中，旅游企业究竟如何选择目标市场策略，需要全面考虑主客观条件。一般来说，在选择目标市场策略时需考虑下列因素：

企业实力。企业实力主要包括人力、财力、物力和技术状况。企业实力雄厚，可以根据产品的不同特性选择采用差异性市场策略或无差异市场策略；如果企业实力较弱，无力顾及整体市场或多个细分市场，则可以选择采用集中性市场策略。

产品性质。指产品是否同质，即产品特点等方面的差异性的大小。如果产品是同质的，可以选择采用无差异市场策略；如果产品是异质的，可以选择采用差异性市场策略。

市场性质。指市场是否同质，即市场上消费者需求差异性的大小。如果市场是同质的，即消费者需求差异性不大，可以选择采用无差异市场策略；反之，则可以选择采用差异性市场策略和集中性市场策略。

产品生命周期。处在介绍期和成长初期的新产品，由于竞争者少，品种比较单一，市场营销的重点主要是探求市场需求和潜在消费者，此时企业可以采用无差异市场策略；当产品进入成长期后期和成熟期时，由于市场竞争激烈，消费者需求的差异性日益增大，为了开拓新的市场、扩大销售，企业可以选择采用差异性市场策略或集中性市场策略保持或延长产品的生命周期。一旦产品进入衰退期，则宜采用集中性市场策略，以便使企业能集中力量经营少数有利可图的细分市场。

市场竞争状况。从竞争格局考虑，如果本企业产品垄断性强，竞争者少或弱，则可以采用无差异市场策略；竞争者多或强，则应采取差异性或集中性市场策略。从竞争对手的策略看，如果竞争对手采用无差异市场策略，本企业则可以采用差异性或集中性市场策略；如果竞争对手也采用差异性或集中性市场策略，本企业则可以在更有效地细分市场的基础上，实行更深层次的差异性或集中性市场策略。

相关链接 搜索

万豪酒店的启示

万豪酒店（Marriott）是与希尔顿、香格里拉等齐名的酒店业巨子之一，总部位于美国。目前，万豪酒店的业务已经遍及世界各地。这家著名的酒店针对不同的细分市场成功推出了一系列品牌：Fairfield（公平），Courtyard（庭院）、Marriott（万豪）以及 Marriott Marquis（万豪伯爵），等等。在早期，Fairfield（公平）是服务于销售人员的，Courtyard（庭院）是服务于销售经理的，Marriott（万豪）是为业务经理准备的，Marriott Marquis（万豪伯爵）则是为公司高级经理人员提供的。后来，万豪酒店对市场进行了进一步的细分，推出了更多的旅馆品牌。

在“市场细分”上，“万豪”可以被称为超级细分专家。在原有的四个品牌都在各自的细分市场上成为主导品牌之后，“万豪”又开发了一些新的品牌。在高端市场上，Ritz-Carlton（丽兹·卡尔顿）酒店为高档次的顾客提供服务方面赢得了很高的赞誉并备受赞赏。Renaissance（新生）作为间接商务和休闲品牌与 Marriott（万豪）在价格上基本相同，但它面对的是不同消费心态的顾客群体——Marriott 吸引的是已经成家立业的人士，而 Renaissance（新生）的目标顾客则是那些职业年轻人；在低端酒店市场上，万豪酒店由 FairfieldInn（公平客栈）衍生出 Fairfield Suite（公平套房），从而丰富了自己的产品线；位于高端和低端之间的酒店品牌是 TownePlace Suites（城镇套房）、Courtyard（庭院）和 Residence Inn（居民客栈）等，它们分别代表着不同的价格水准，并在各自的娱乐和风格上有效进行了区分。

伴随着市场细分的持续进行，万豪又推出了 Springfield Suites（弹性套房），比 Fairfield Inn（公平客栈）的档次稍高一点，主要面对一晚 75 ~ 95 美元的顾客市场。为了获取较高的价格和收益，酒店使 Fairfield Suite（公平套房）品牌逐步向 Springfield（弹性套房）品牌转化。经过多年的发展和演化，现在万豪酒店旗下共管理着 8 个成熟品牌。

资料来源 ：《酒店市场细分永不停息——来自万豪酒店的启示》，职业餐饮网，http://www.canyin168.com/glyy/jcgl/jdglzs/200903/14888.html, 2009-03-25.

案例分析

1. 如何对市场进行细分？
2. 万豪酒店在市场细分和目标市场选择上采用的是何种策略？

第三节　旅游市场的供求矛盾及调控

一、旅游供求的关系和矛盾表现

（一）旅游供求的关系

在旅游经济活动中，旅游供给与旅游需求是对立统一的两个侧面，两者既相互对立又相互联系，既相互制约又互为条件。旅游需求需要旅游供给来满足，而旅游供给又必须通过旅游者对旅游产品的需求来实现其价值，双方都以对方的存在为前提条件。如果没有旅游产品的供给去满足旅游需求，或者没有旅游需求去实现旅游产品的供给，那么旅游经济活动就不能实现。

在市场上，旅游需求者希望旅游产品的价格越低越好，而旅游供给者则希望旅游产品的价格越高越好。当旅游供求相适应时，即出现供求平衡；而当供求不相适应时，就会出现供不应求或供过于求的情况（见图 5–1）。

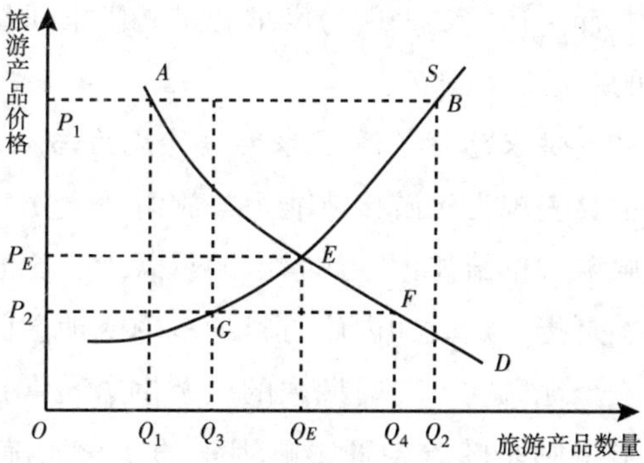

图5–1　旅游供求关系

供求平衡。当旅游供给方和旅游需求方能够以双方同意的价格交换彼此认可数量的旅游产品时，才能实现供求平衡。在图 5–1 中，D 为旅游需求曲线，S 为旅游供给曲线，两条曲线的交叉点 E 表示旅游需求量和旅游供给量在价格为 P_E 时达到均衡。此时相对应的价格 P_E 为均衡价格，相对应的旅游产品数量 Q_E 为均衡产量。从理论上来说，当供求平衡时旅游需求能够完全被满足，而旅游产品的价值也能够完全被实现。但从实际上来说，由于旅游供求双方都受到各种因素的影响，两者经常处于不平衡的状态。

供不应求。假如由于某种原因，使旅游产品价格下落到 P_2 时，供给便会沿着供给曲线 S 向左下方移动，移至 G 点，对应的供给量为 Q_3，比供求平衡时的供给量 Q_E 减少了，同时旅游需求便会沿着需求曲线 D 向右下方移动，移至 F 点，对应的需求量是 Q_4，比供求平衡时的需求量增加了。此时可以看出，在价格下降到 P_2 时，需求量 Q_4 远远超过了供给量 Q_3，在旅游市场上则表现为供不应求。供不应求的市场也可以称为卖方市场。

供过于求。同理，假如由于某种原因，使旅游产品价格上升到 P_1 时，供给便会沿着供给曲线 S 向右上方移动，移至 B 点，对应的供给量为 Q_2，比供求平衡时的供给量 Q_E 增加了，同时旅游需求便会沿着需求曲线 D 向左上方移动，移至 A 点，对应的需求量是 Q_1，比供求平衡时的需求量减少了。此时可以看出，在价格上升到 P_1 时，供给量 Q_2 远远超过了需求量 Q_1，在旅游市场上表现为供过于求。供过于求的市场也可以称为买方市场。

（二）旅游供求矛盾的表现形式

旅游市场上供求矛盾的表现是错综复杂的，矛盾无时不有、无处不在。从整体上看，其主要表现为供求总量、供求质量、供求时间、供求空间和供求结构等方面的矛盾。

供求总量矛盾：旅游接待能力与旅游总人次之间的矛盾。旅游供求总量矛盾，主要表现为旅游接待能力与旅游总人次之间的矛盾。旅游接待能力也就是一定时期旅游的供给能力，如景区的承载力、旅游目的地的床位数、交通运力等。旅游总人次是指一定时期内旅游目的地国或地区的游客与平均到访次数之乘积。一个国家或一个地区在一定时期内的旅游供给通常是一个常量，不大可能迅速调整，而旅游需求量则是随着各种影响因素的变化而随时发生变动的，甚至还有突变的可能。因此，在特定时间内，必然出现旅游供给总量与旅游需求总量之间的不平衡，形成供不应求或供过于求的状况。

供求质量矛盾：旅游者心理预期质量与实际感知质量之间的矛盾。旅游供求质量矛盾，主要表现为旅游者心理预期质量与实际感知质量之间的矛盾。一方面，旅游产品主要表现为旅游服务，它是一种无形的产品。对于这种无形的产品质量的判定，不能像一般商品那样用具体的尺度和指标来衡量，旅游产品质量的高低主要取决于旅游者自身的感受。这种感受带有很强的主观性，会使旅游者对旅游产品的心理预期与实际的旅游供给产生一定的差距。因此，旅游经营者一定要充分考虑不同旅游者的心理特征和行为方式，了解他们的特殊需要，开展有针对性的个性化服务，提高服务水平。另一方面，部分旅游设施由于长期磨损和老化，也使得旅游供给质量下降，落后于旅游需求的要求。因此，旅游经营者应加快旅游设施的建设和更新，尽量缓解旅游供求在质量方面的矛盾。

供求时间矛盾：旅游需求与供给在季节分布上的矛盾。旅游供求时间矛盾，主要表现为旅游需求与供给在季节分布上的矛盾。这一矛盾主要是指由于旅游淡旺季的变化而导致的旅游供求之间的矛盾，旺季旅游者人满为患，旅游产品供不应求；淡季旅游者寥寥无几，旅游产品供过于求。这是由于旅游需求在时间上的差异性和某些旅游产品受自然条件的影响，使旅游需求的季节性特征表现得很明显，而旅游供给一般是根据旅游市场需求实行配套性供给，具有常年的同一性和均匀性，因此，旅游需求的季节性与旅游供给的均匀性之间的矛盾造成了旅游供求在时间上的矛盾。

供求空间矛盾：旅游需求与供给在地域分布上的矛盾。旅游供求空间矛盾，主要表现为旅游需求与供给在地域分布上的矛盾。有些地区或旅游线路旅游者流量大，形成旅游的热点；而有些地区或旅游线路旅游者流量小，形成旅游的冷点。造成这种矛盾的原因主要有两个方面：其一，旅游资源空间分布的不平衡。有些地区旅游资源丰富，知名度大，吸引力强，旅游者会蜂拥而至；而有些地区旅游资源既不丰富又无特色，对旅游者没有吸引力，游客稀少。其二，旅游接待设施的完善程度不同。有些地区旅游接待设施完善，能满足旅游者各方面的需求，综合接待能力强，形成旅游热点；而有些地区，即使旅游资源丰富，吸引力强，但旅游设施不完善，可进入性差，也无法吸引广大的旅游者前来旅游。这就造成旅游供求在空间上的矛盾。

供求结构矛盾：旅游需求与供给在产品结构上的矛盾。旅游供求结构矛盾，主要表现为不同旅游产品在供求结构上的矛盾。由于旅游需求的多样性及灵活多变，因此，在一定时期内一些旅游产品表现为供过于求，另外一些旅游产品表现为供不应求。在现阶段，传统的观光型旅游产品已处于饱和状态，而休闲、保健、体验型旅游产品还不能满足日益扩大的旅游需求。

二、旅游供求矛盾产生的原因和运动规律

（一）旅游供求矛盾产生的原因

旅游供求矛盾在不同的方面有不同的表现形式，而旅游供求矛盾产生的原因主要有以下几个方面：

信息有限。在旅游市场上，无论是旅游供给方还是旅游需求方，对市场上信息的掌握均是有限的。这种有限性一方面是人们的时间和精力有限、认识能力有限，信息的真实性与获取信息的成本是成正比的；另一方面是信息传播的途径渠道有限，信息失真、信息误导是可能经常出现的。因此在有限信息的条件下，旅游的供求矛盾在所难免。

利益驱动。旅游供求双方利益的不同决定了旅游供给与需求必然是矛盾的。旅游供给者总是力图生产更多的旅游产品，以更高的价格把产品卖出去，以期获得更多的利润；而旅游消费者总是希望以较低的价格购买旅游产品，以期获得更多的消费满足。两者在市场博弈中使得供求矛盾更加突出。在市场经济条件下，个别经营者追求的是个别利益，这种行为有时是以损害社会整体利益为代价的。

市场机制失灵。市场机制失灵就是市场机制不能自动地、有效率地配置生产要素资源。在正常情况下，通过市场机制的内在作用，生产要素资源能达到优化配置，从而使供求达到平衡。但在一定情况下，市场机制也会失灵。市场机制失灵产生的原因是多方面的，比如垄断、产权制度不明晰、外部性问题、信息不对称等。由于旅游市场上同样存在机制失灵，因此，它不仅是旅游供求矛盾产生的原因，同时也是旅游市场供求矛盾长期不能有效解决的原因。

供求特点。旅游供给与旅游需求的特点不同，是供求矛盾产生的客观条件。在市场竞争中，旅游市场是以需求为导向的，旅游供给要以旅游的需求为基础，但旅游需求的特点与旅游供给的特点本身也存在矛盾，如旅游需求的高弹性与旅游供给的低弹性的矛盾、旅游需求的指向性与旅游供给的均匀性的矛盾等，客观上也造成了旅游供求矛盾的不断产生，或者说使旅游供求矛盾更加突出。

（二）旅游供求矛盾的运动

旅游市场上的供求矛盾实质上是供给与需求是否相适应的矛盾。如果供给与需求大体相适应，我们称为供求平衡；反之，供给与需求矛盾突出，我们便称为供求不平衡。但是，旅游市场上的供求平衡是有条件的、暂时的，而供求不平衡是绝对的、无条件的，旅游市场上的供求总是由不平衡转化为平衡，在供求双方的矛盾运动中，旧的平衡被打破，又转化为新的不平衡。为此，我们把旅游供求之间的这种“不平衡—平衡—新的不平衡—新的平衡”的循环反复变化过程，称为旅游供求矛盾的运动方式或供求矛盾的运动规律。

三、旅游供求矛盾的调控

在市场经济条件下，旅游供求矛盾的调控，一方面要确立市场的地位，发挥市场机制在调控生产要素资源、调控供求矛盾的决定性作用；另一方面还必须辅以一定的政府调控，只有综合运用各种调控手段，才能保证旅游市场稳定、健康地发展。

（一）旅游供求矛盾的市场调控

在旅游市场中，当供求双方出现矛盾时，就会引起旅游市场竞争加剧和价格波动。在经济运行中，企业是按产品价格的涨落安排生产的。如果某种产品价格高，供不应求，会吸引更多的企业生产该种产品；反之，某些企业则会退出该产品的生产领域，转移到能获利较多的产品生产中去。这样作用的结果，会使生产要素资源达到优化配置，旅游产品的供求达到大体的平衡。

（二）旅游供求矛盾的政府调控

经济手段的调控。经济手段是国家运用财政、税收、信贷、利率和工资等各种经济杠杆来调控旅游供求矛盾的手段，其中较为常用的是税收政策和信贷政策。当旅游供给不足时，政府可以通过减免税收或增加信贷的办法，刺激投资，扩大供给；反之，则提高税收或减少信贷，抑制供给。

技术手段的调控。技术手段主要有两种，即制定科学的旅游规划和开展有针对性的旅游促销。

旅游规划调控又称为前馈控制，包括旅游市场调查、旅游市场预测、旅游资源开发、旅游设施布局、旅游人力资源开发等。在制定旅游规划时，需要根据当地社会经济的发展计划和接待能力，来规划其旅游业的发展规模和发展速度，一旦超出一定限度，旅游就会对当地的经济、社会和环境造成负面影响。由此可以说，旅游规划是一种长期性的调控方法，对旅游供给的发展规模和发展速度具有较强的控制作用。

开展有针对性的旅游促销，也是目的地政府常常采用的一种缓解供求矛盾的有效手段。旅游目的地一旦形成，其使用周期较长，即使发生供过于求，物质设施在短期内也很难拆除。面对这种情况，目的地政府通常采用有效的促销手段，刺激旅游需求，缓解供求矛盾。此外，国家还可以通过简化旅游签证、“黄金周”、带薪休假等手段来扩大国内外旅游需求。

行政法律手段的调控。行政法律手段是国家通过制定法律法规和政策、法律实施和行政干预等形式，对旅游市场的供求矛盾进行宏观调控和指导。目前，我国已制定了《旅游法》等多部与旅游活动有关的法律和法规，很多省、市根据国家有关法律、法规，结合本地的实际情况，进一步制定了旅游管理条例。20世纪80年代末，国家为了促进旅游业的发展制定了旅游经济发展的战略纲要，对我国旅游业总体发展的思路、战略选择以及发展对策等都做了总体的设计。各级政府还制定了相关的旅游政策，定期公布旅游市场信息，并对搅乱市场秩序、破坏旅游市场供求平衡的行为给予严厉打击。这些手段的施行对调节旅游市场供求矛盾起到了很好的作用。

复习与思考

一、名词解释

旅游市场　　市场细分　　旅游市场占有率　　目标市场

旅游供求矛盾运动规律

二、填空题

1. 旅游市场的特征有______、______、季节性和易变性。

2. 旅游市场的作用包括交换作用、______、反馈作用和______。

3. 市场竞争的一般类型包括：完全竞争市场、______、______和完全垄断市场。

4. 企业降低成本可以通过______和______两种途径来实现。

5. 目标市场的选择策略有______、差异性目标市场策略和______。

6. 供不应求的市场也可以称为______市场，供过于求的市场也可以称为______市场。

三、选择题

1. 旅游市场的异地性是指______。

A. 旅游产品的空间移动　　B. 旅游者由客源地向目的地转移

C. 旅游产品的异地销售　　D. 旅游者由目的地向客源地转移

2. 总体而言，旅游市场是以______为主体的市场。

A. 完全竞争　　B. 垄断竞争　　C. 寡头垄断　　D. 完全垄断市场

3. 在完全竞争市场上，企业生产的产品______。

A. 具有替代性　　B. 具有同质性　　C. 具有差异性　　D. 具有互补性

4. 一旦产品生命周期进入衰退期，旅游企业一般宜采用______。

A. 差异性目标市场策略　　B. 集中性目标市场策略

C. 无差异性目标市场策略　　D. 渗透性目标市场策略

四、判断题

1. 旅游市场的垄断性是由旅游资源的独特性和旅游产品的替代性形成的。（　）

2. 旅游企业选择差异性目标市场策略容易造成企业间的过度竞争。（　）

五、简答题

1. 你如何理解旅游市场的发展趋势？

2. 市场细分的意义是什么？市场细分的依据有哪些？

3. 旅游供求矛盾的表现形式有哪些？其产生的原因是什么？

六、案例分析

看准目标市场，适应市场需求

银青旅游汽车公司是目前广东省最大的一家旅游汽车公司。公司主要经营广东省和国内各地的旅游观光班车、包车业务，1989 年又开通了广州市内的 5 条公共交通线路，使公司的运营业务不断扩大。

银青旅游汽车公司的经营业务主要有：个人或团体包车、租车；定期合同包车、租车（这两项业务占公司总业务量的 50%）；短程旅游和一日游班车业务（占公司总业务量的 10%）；通勤班车业务（占公司总业务量的 40%）。

京九铁路

资料来源：http://www.nipic.com.

一、个人和团体包车、租车市场

这项业务是针对个人或团体用户提出的各种要求而提供的专项服务。包车、租车的客户大多是大、中、小学的学生，各公司、单位的职员，公司为他们的业务、参观、游览、消遣等活动提供服务。但是，随着社会的家庭人口逐渐减少，家庭规模变小，私人汽车增加，人们的独立性增强，这项业务处于下滑的态势。个人和团体包车、租车是银青旅游汽车公司获利最大的业务，每年的营业收入高达 120 万美元。

二、合同包车、租车市场

这项业务的主要用户是那些经营省内和国内团体包价旅游的旅行社。银青旅游汽车公司按照这些旅行社的要求，与它们签订周、月、季等不同时间长度的包车合同，成为旅行社包价旅游的一个组成部分。例如，从广州机场接送客人到旅游目的地、在广州市内长途汽车站接送客人到湛江几个主要海峡渡口、承担旅行社组织的不同天数包价旅游的全部地面交通业务等。此外，公司还要承担旅游旺季开办的内地—香港豪华轿车旅游的一部分业务。

由于 1997 年香港回归和京九铁路的开通，合同包车、租车市场正在并将继续发生很大的变化。

这些外部环境的变化将加剧交通行业内部的竞争，使银青旅游汽车公司面临着机会、挑战和威胁。银青旅游汽车公司经营的豪华轿车旅游线路的业务量因此将会大大增加。同时，其他省的旅游汽车公司也可以经营与银青旅游汽车公司相同的业务。银青旅游汽车公司市场营销经理说："我们马上就会看到其他旅游汽车公司抢走我们的生意。"

三、短期旅游与一日游市场

这项业务主要是满足广东省居民的一日游和短期度假活动的地面交通需求，银青旅游汽车公司为这个市场提供了一日游、下午游、夜间游和香港短期旅游等不同线路。

银青旅游汽车公司将参观旅游的门票费用包入车票价格之中，客人可以不用自己费时间排长队买门票。银青旅游汽车公司还与许多旅游景点订立了购买团体票的协议，使买门票的费用相对降低。短期旅游和一日游的季节性变化促使银青旅游汽车公司想尽一切办法，不断改变服务项目，推出新的服务项目，进一步增加运营业务量，并对不同的项目采取不同推销方式。例如，1989 年 1~2 月，银青旅游汽车公司经营的内地—香港豪华轿车旅游业务主要针对三个目标市场，即去香港购物的客人、在广东省进行短期包价旅游的客人和延伸一日游的客人。

参加内地—香港豪华轿车旅游的客人大多数是青年人。旺季的业务量几乎趋于饱和，营业收入中利润占 35%~40%。京九铁路开通后，这个市场可能会受到影响。乘坐银青旅游汽车公司的大轿车穿越海峡赴香港包价旅游的游客将会减少，营业收入也将受到一定的影响。

四、通勤班车市场

经营这项业务的时间是周一至周四，客源是那些乘班车上下班的当地居民。这项业务占银青旅游汽车公司总业务量的40%。运营的线路是从广州市郊到广州市中心。在这个市场上银青旅游汽车公司的主要竞争对手是广东铁路公司。

目前，银青旅游汽车公司感到旅游大轿车市场已经“客满”，再无份额可占。如果公司不广开门路，扩充业务，将会被市场淘汰。不久的将来，广东省将对公共汽车交通业实行减政放权政策，这将给银青旅游汽车公司带来新的机会，扩展市区的公共汽车业务，扩大市场的占有率是该公司下一步奋斗的目标。

——资料来源：于成国. 旅游市场营销案例教程. MBA智库文档.

根据以上案例回答如下问题：

1. 京九铁路开通将给旅游汽车客源市场带来何种影响？

2. 已投入运营的高速火车是否会与旅游汽车争夺市场？是否会使旅游汽车公司失去原有的吸引力？

3. 面对未来的市场发展趋势，银青旅游汽车公司如何去适应不断变化的旅游市场需求？

推荐阅读

1. 曲常军. 试论我国女性旅游市场的开发［J］. 中华女子学院山东分院学报，2009（4）.
2. 刘雯，盛红. 信息不对称情况下的供求均衡——以旅游市场为例［J］. 经济研究导刊，2008（7）.
3. 卢冲，张晓慧. 我国乡村旅游市场发展现状分析［J］. 安徽农业科学，2008（16）.
4. 戴雪锋.《旅游法》实施促进旅游团费理性回归问题的思考［J］. 价格理论与实践，2013（9）.

第六章 旅游产业及优化

旅游产业已经成为世界第一大产业，具有广阔的发展前景。优化旅游产业结构、合理进行旅游产业布局、推进区域旅游合作，对促进我国旅游产业发展具有重大意义。本章分析了旅游业的含义、属性和特点、产业关联，明确了旅游产业的作用和地位；阐述了旅游产业结构和优化标志、优化意义，并在此基础上提出了优化的途径；分析了旅游产业布局的形式和原则以及四分法原理；还阐述了区域旅游合作的动力机制和合作形式，剖析了区域旅游合作存在的困难和解决困难的关键。

学习目标

知识目标

1. 掌握旅游业的含义、属性、特点。
2. 理解旅游业的产业关联和地位。
3. 掌握旅游产业结构优化的标志和途径。
4. 了解旅游产业布局的形式和原则。
5. 理解区域旅游合作的动力机制和困难。

技能目标

1. 能运用旅游产业结构相关理论分析旅游目的地的旅游产业结构，并提出优化结构的具体途径。
2. 能运用四分法原理分析区域旅游发展战略。
3. 能运用区域旅游合作的相关理论分析区域旅游合作的形成。

案　例

冷思考：旅游是产业吗?

——对旅游是不是产业问题的研究回顾

2009年陕西省旅游产业发展大会开幕式

资料来源：http://www.17Soyou.com.

当今，旅游是个产业的观念已深入人心，妇孺皆知。当现代旅游业对国家的经济、政治、社会、文化、环境等各方面产生重大影响与积极作用时，人们开始日益认识到它是一项重要产业。随着学术界的深入研究，逐渐地出现一些反对的声音，于是人们又重新审定旅游到底是不是产业，结果仍然是众说纷纭，莫衷一是。

一、支持旅游是产业的观点

作为开始，我们很有必要重温那些支持旅游是产业的观点。毋庸讳言，现代旅游业对国民经济的重大贡献是人民热衷于视之为“重要产业”或“支柱产业”的关键因素。由于越来越多的政府认识到旅游在创造急需的外汇收入、增加就业机会和扩大税收等方面所能发挥的重要作用，争夺旅游花费的竞争越来越激烈。在人类已经步入21世纪的今天，各国堆积如山、不胜枚举的统计数据都在证实着旅游业对其经济、政治、社会、文化、环境等各个领域的积极贡献，尤其是对增加外汇、平衡国际收支、加速货币回笼、减轻市场压力、促进国民经济和社会的繁荣、吸纳大量劳动力、缓解就业压力及扶贫致富、促进区域间经济和社会的协调发展等方面的重大作用。

在我国，改革开放政策实施后，特别是邓小平同志提出要发展中国旅游业之后，中国的现代旅游业才开始有了规模化的发展。旅游业被视为第三产业，并一再提升至第三产业中最重要行业之一。1992年6月，中共中央国务院颁布《关于加快发展第三产业的决定》，进一步明确了旅游业是第三产业发展的重点，各级政府及有关部门相继把旅游业列入国民经济和社会发展计划。由于旅游业涉及交通运输、银行、旅馆、饮食、娱乐、零售商业等一系列服务业，因而在一般国家中，都把旅游业归为第三产业，而且是第三产业的重要方面。

假设我们承认以上支持旅游是产业的观点是没有细致入微地分析与研究旅游及旅游业的特点、性质、内涵、外延等，那么那些支持旅游是产业，然而用产业的标准去衡量时表现出模棱两可的矛盾性是由旅游业自身特点所决定的观点，相比起来无疑是有说服力的，并且客观、明智。比如，“从产业要素的角度来看，旅游业具有综合性的特征，包括行、游、住、食、购、娱六大要素，与国民经济的主要产业部门都紧密相关。如果把这种综合性作为旅游业的产业特征，旅游业将变成一个包罗万象的庞杂的产业群体，无法把握其主体和边界，最终消解在相关的产业之中。……计量旅游产业要素的产出水平，则很难找到供给和需求的平衡点，产出数额明显低于收入数额。这个问题的关键在于，以卖方数据来计量，在产业概念的判别上很难区分旅游产业与相关产业的边界，无法涵盖旅游活动的全部过程。”这种提法摆明了旅游业外延的模糊性。再如，“任何一种产业，其特征首先都突出地表现在经济维度上通过产业运行实现产品交换是其最根本的特性，产业的特性在于产品的生产和交换，而不在于生产和交换什么产品。其次，作为产业，它所依赖的资源基础，必须有与其他产业相同的根本点存在，这就是人、财、物力资源。可以说，所有的产业都离不开这三种资源项目，各产业对资源具体程度上的差异，反映的是产业指向的不同，而不是‘产业’与‘事业’的根本性质上的差异。换言之，旅游业对旅游资源的依赖程度并不像有些产业对某种特殊资源有近乎绝对的依赖”。李天元著《旅游学概论》指出：“旅游业不像其他产业那样界限分明的情况只是说明着旅游业的特点。旅游业的产品和产出的构成涉及多种有关产业的情况同样也是其特点的反映。”谢彦君、陈才、谢中田著《旅游学概论》也指出：“只不过旅游业不像农业和工业那样产业界限比较清晰，这恰恰是旅游业自身的特点，是由旅游产品特点所决定的。”综上，我们可管窥这些观点于一斑：正是由于旅游业涵盖范围之大及界限的模糊性大大助长形成旅游业在概念上并不符合标准而现实中却是产业事实的矛盾。

综上，旅游是个“大产业”，不可胜举的观点都在支持旅游业是个关联性极强的综合性产业，“这种关联性不仅涉及那些直接为旅游者提供产品和服务的行业，如住宿餐饮业、交通运输业、观赏娱乐业等，也涉及间接为旅游者提供产品和服务的行业，如园林、纺织、外贸、邮电、地产、食品等”。在实际中，旅游是一项产业是客观存在的不争事实。

二、反对旅游是产业的观点

尽管人们普遍认为旅游是个产业是不争的事实，但仔细分析，实际上对它的认识还是相当不够的，相当模糊的。从产业概念上分析，旅游业距离产业的标准相去甚远。

“严格地讲，构成一个‘产业’的一组企业群，必须满足三个标准：生产相对同质性的产品、使用基本相同的技术、企业数量和它们产出的财务价值必须在数量上大到足以值得从统计上作为一个单独的部门。人们常常使用‘旅游产业’这个词，但旅游并不是上述意义上的一个产业。主要原因有二：第一，住宿企业的产品（使人们在一个地方待下来）和交通运输公司的产品（使人们走来走去）之间的明显差异，根本不符合同质性产品的标准。第二，旅游基本上是一个需求方面的概念，以某一类特殊消费者的活动为其特征，而产业的定义则是依据产品而非产品的消费者。”

“产业（Industry）是指‘其主要业务或产品大体相同的企业类别的总称’。这一解释表明，一个产业是由同类企业构成的。这些企业之所以属于同类企业是因为它们都经营相同的业务或生产相同的产品。显而易见，旅游业距离这些标准相去甚远。首先，旅游业并非由同类企业构成，这些企业的业务或产品自然也不尽相同。其次，旅游业的投入和产出难以清晰地测算和确定。再次，绝大多数旅游企业实际上都隶属于某一传统的标准产业。”很明显，“‘产业’的核心是：（1）由单个的经营企业组合在一起；（2）其收入来自这些经济单元；（3）生产并销售同类商品，即一个厂商的产品可以替代同一产业内其他厂商的产品。显然，‘产业’所要求的相同活动、共同产品或相同生产工艺等标准在旅游业中并没有达到。不仅如此，产品替代性的要求也没有达到。这样一来，旅行和旅游，即离开惯常环境，为了经营、娱乐或私事外出的人的活动，就远远不是传统意义上的‘产业’了。总之，旅游是一种社会经济现象，它既是推动经济进步的发动机，同时，又是一种社会力量。旅游绝不仅仅是一个产业。旅游更像是一个影响许多产业的‘部门’”。旅游业具有多样性、社会性和公共性等特点，与国民经济中的许多产业部门在产品消费上都高度相关、联系紧密。正如已故美国著名旅游专家托马斯·戴维森指出的那样：旅游业实质上并非产业，而是超然于产业之上，关系到国民教育、社会进步、生存价值的社会经济综合体系。

——资料来源：祝顺保．冷思考：旅游是产业吗？——对旅游是不是产业问题的研究回顾［J］．北京第二外国语学院学报，2004（5）．

案例分析

旅游业是一个什么样的产业？

第一节　旅游业概述

一、旅游业的含义、属性和特点

（一）旅游业的含义

旅游业是指为满足旅游者旅游需求而生产销售旅游产品的相关企业的集合。由于旅游产品本身存在层次的区分，与此相对应，旅游业也分成不同的层次。处于旅游业核心层的是为旅游者提供游悦服务的相关企业，如旅行社、景区、专门或主要为游客服务的娱乐场所；处于旅游业延伸层的是专门或主要为游客提供延伸服务的相关企业，如旅游饭店、旅游餐馆、旅游巴士运营公司、游轮公司、旅游购物商店等；处于旅游业附加层的是专门或主要为游客提供附加服务的相关企业，如旅游咨询公司等。另外，国民经济中有许多分属于不同部门的企业，虽然不是专门或主要为游客提供服务的，但它们提供的服务构成完整旅游产品的一个重要组成部分，这些企业为旅游者提供的服务也可以归到旅游业的范畴中去，如民航运输企业、铁路运输企业、公路运输企业、金融机构、保险公司、电信公司、社会旅馆、社会餐馆、社会娱乐场所、社会零售企业等。

（二）旅游业的属性

1. 旅游业属于国民经济的第三产业

第三产业是指除第一产业（农业）和第二产业（工业、建筑业）以外的其他所有产业，其基本特征是提供无形产品，即主要以提供服务的方式来满足生产与生活的各种需要，如商业、金融、保险、科技、个人服务、社会服务等。第三产业分为四个层次：第一个层次是流通部门，第二个层次是为生活和生产服务的部门，第三个层次是为提高科学技术水平和居民素质服务的部门，第四个层次是为社会需要服务的部门。

从上面旅游业的含义中我们可以看出，旅游业的经营活动是直接围绕着旅游者的食、住、行、游、购、娱等活动来展开的，是为旅游者提供生活服务而形成的产业群。因此，从旅游业的行业性质来看，旅游业明显属于第三产业的范围（见表6–1）。

表6–1 克拉克产业分类法

分类	范围	产业特点	产品形式
第一产业（广义农业）	种植业、畜牧业、林业和狩猎业等	依靠自然生产力	有形
第二产业（广义工业）	采矿业、制造业、建筑业、煤气、电力、供水等	依靠人工生产力	有形
第三产业（广义服务业）	商业、金融与保险业、运输业、服务业、公务、社会公益事业和其他各项事业	为生产与生活提供服务	无形

资料来源：市场经济百科全书［M］. 成都：四川人民出版社，1993.

2. 旅游业是国民经济的一个特殊产业部门

旅游业是国民经济的一个重要产业部门。无论是总收入、就业，还是投资、纳税，旅游产业对世界各国经济的发展都起着举足轻重的作用。有关资料显示[①]：2008年旅游产业收入占全球GDP总量的9.3%；与旅游产业相关的就业人数约有2亿人，占全球就业总量的8%。旅游产业还是世界各国税收的主要来源，2006年全球旅游产业直接和间接产生的税收总额达1.3万亿美元，占全球总税收的11%。

但旅游业又是国民经济的一个特殊产业，与传统的产业定义有明显的不同。根据传统产业划分的标准，作为一种产业应该是生产同类产品的企业集合、使用相同的技术或手段、其投入与产出具有独立统计的意义。用这些标准来衡量旅游业，显而易见，旅游业距离这些标准相去甚远。首先，旅游业虽然是生产销售旅游产品的相关企业的集合，但这些企业并非属同类企业。除旅行社之外，它们只是生产销售旅游产品的某一种要素，如饭店生产销售的是住宿和饮食服务，景区生产和销售的是景观、娱乐服务。其次，它们采用的技术和手段也不一样。最后，旅游业的投入和产出与国民经济其他产业的投入与产出胶合在一起，难以进行独立统计。实际上，绝大多数旅游企业都隶属于某一传统的标准产业。

因此，旅游业属于国民经济的第三产业，但不是国民经济的一个独立产业部门，除旅行社业之外，旅游产业部门内部的分支产业均与国民经济第三产业的许多分支产业重叠，是国民经济第三产业中许多分支产业为旅游者服务部分的综合。

3. 旅游业的产出统计：旅游卫星账户

旅游卫星账户（Tourism Satellite Account，TSA）是指在国民账户之外，按照国际统一的国民账户的概念和分类要求单独设立的一个附属账户，它通过将所有与旅游消费相关部门中由于旅游消费而引致的产出部分分离出来，单列入这一附属账户来进行各种预算。旅游卫星账户能够反映出旅游业能给哪些行业带来收益，还可以表明旅游商品的供求关系、旅游业方面的就业率以及旅游者所带来的间接税收，也就是说它能够如实地反映旅游业的需求、供给双方的关系以及生产和需求在整个经

① 中共北京市委研究室，北京市旅游局．旅游产业作为世界第一大产业发展状况研究［R］．第十届世界旅游旅行大会，2008.

济系统中的作用。

旅游卫星账户是部分国家和国际组织为准确测度旅游业的经济影响而引入的一种新的统计方法。使用这一方法，一是避免了重复计算，旅游业不是国民经济的一个独立产业部门，在国民经济核算体系中不可能与其他部门有同等的地位，否则会造成重复计算；二是增加了可信度，能够比较准确测度旅游业产出和旅游业对国民经济的贡献；三是使各国的旅游业产出和旅游业对国民经济的贡献有了统一的比较标准。

（三）旅游业的特点

从旅游业的含义和属性上来看，旅游业具有产业综合性、供给聚集性、效应外部性、分工专业性的特点。

产业综合性。旅游业不是国民经济的一个独立产业，而是国民经济许多产业的一个综合。综合性是旅游业与其他产业的一个显著区别，有别于国民经济其他产业。旅游业是为旅游者提供旅游产品的，而旅游产品需要满足旅游者食、住、行、游、购、娱等多个方面的需求，因此旅游产品的生产和销售过程必然涉及国民经济的众多产业，它是在旅行社业的牵头下，在景观业、娱乐业、交通业、住宿和餐饮业等产业共同参与下完成的。旅游业的综合性决定了旅游产业有很强的产业带动效应。

供给聚集性。旅游产业内部各分支虽然分属于国民经济的其他产业，有着各自的经营模式、生产方式和手段，提供不同的产品要素，但由于共同服务于旅游者的生活消费，因而必然在旅游目的地地理区域内形成集聚，具有高度的供给集聚特征。正是因为旅游产业供给聚集性的特点，才能把各种分支产业有效整合起来，形成强大合力，有效地提高旅游业的整体竞争力，带动整个区域旅游业的发展。

效应外部性。经济学中的外部性是指经济主体对社会和他人施加的一种未在市场交易中反映出来的损益影响。外部性又分为正外部性和负外部性。正外部性是指经济主体的生产或消费使另一些经济主体受益而又无法向后者收费的现象。负外部性是指一些经济主体的生产或消费使其他一些经济主体受损而前者无法补偿后者的现象。正外部性和负外部性在旅游业中表现得特别明显。如某家旅行社开发了一条好的旅游线路，别的旅行社就会竞相模仿；某家旅游企业服务质量好，游客有好感，为此会引起新的旅游需求，但受益的不止这家企业。反过来如果某家旅游企业不诚实经营，恶意宰客，旅游者受欺骗的感觉会波及当地的整个旅游产业，其他旅游企业会因此而受到牵连，损害这些企业的生产和经营，但这些企业却没有办法获得补偿。

分工专业性。旅游业在生产联系上表现为各分支产业的分工与协作。它们处于整个旅游服务系统的不同环节，每个分支产业只从事旅游产品生产过程中某一个环节的专业化生产，特别是随着旅游市场的日趋完善和旅游需求的不断变化，旅游服务的专业化程度必然会继续提高。专业化分工是把“双刃剑”，一方面有利于提高旅游产业的整体劳动生产率；另一方面协作的某个环节出了问题，影响的是旅游产品的整体质量。

二、旅游业的产业关联和地位

（一）旅游业的产业关联

1. 产业关联

产业关联是指国民经济各部门在社会再生产过程中所形成的直接和间接的相互依存、相互制约的经济联系，或者说是产业、部门之间的投入产出关系。例如，汽车制造业发展需要机械加工行业提供零部件材料，而零部件的生产离不开炼钢业提供的钢材，炼钢业又需要采矿业提供金属矿。这里，机械加工业既为汽车制造业提供零部件产品（产出），同时又需要消耗炼钢业的钢材（投入），而炼钢业既为机械加工业提供钢材，又需要采矿业为其提供金属矿。产业关联可以分为前向关联和后向关联两种形态。

前向关联。前向关联是指一个产业与直接或间接吸收其产出作为投入的产业之间的联系。如炼钢业的产出（钢材）被机械加工业直接吸收，作为机械加工业的投入（原材料），这时，炼钢业与机械制造业的关系就是前向关联关系，炼钢业直接的前向关联产业就是机械加工业。机械加工业又将它的产出（零部件）作为汽车制造业的投入（原材料），所以，炼钢业与汽车制造业的关系就是间接的前向关联关系，炼钢业间接的前向关联产业是汽车制造业。前向关联反映一个产业对其他产业的推动作用。从供给看，一种产业作为要素提供给其他产业，其他产业的生产过程中直接或间接地消耗这种产业提供的产品。一种产业的产品在各个产业投入中的份额直接反映了这种产业与其前向关联产业的关联作用。投入份额越大，说明这种产业对其他产业的推动作用和供给影响作用越大，产业之间的依存关系越密切。

后向关联。后向关联是指一个产业与直接或间接提供产出作为该产业投入的其他产业的联系。如汽车制造业的投入（原材料）来自机械加工业的产出（零部件），这时汽车制造业与机械加工业的关系就是后向关联关系，汽车制造业直接的后向关联产业就是机械加工业。机械加工业的投入（原材料）又来自炼钢业的产出（钢材），所以，汽车制造业与炼钢业的关系就是间接的后向关联关系，汽车制造业间接的后向关联产业是炼钢业。后向关联反映一个产业对其他产业的拉动作用。从投入角度考虑，一种产业的生产过程需要其他产业部门的多种投入要素，这种产业的生产过程直接或间接地消耗着其他产业提供的产品。其他产业的产品在这种产业中消耗的份额反映了这种产业与其后向关联产业的关联作用。中间消耗量越大，说明这种产业对其他产业的拉动作用和需求影响作用越大，产业之间的依存关系越密切（见图 6–1）。

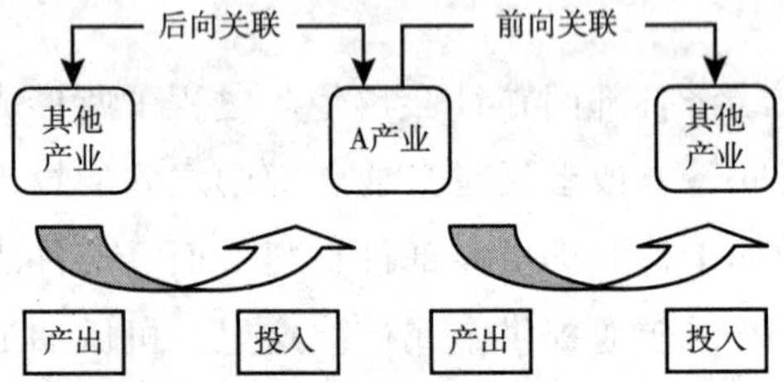

图6–1　产业关联

2. 旅游业的产业关联

旅游业的关联产业多，波及范围广。旅游业虽属于第三产业，但触角可延伸到国民经济的众多产业和部门。有关资料显示[①]，在 122 个产业部门中有 80 个产业、部门与旅游业有直接后向关联，其中主要的直接后向关联部门有铁路旅客运输业、餐饮业、住宿业、航空旅客运输业、环境资源与公共设施管理业、保险业、信息传输服务业、建筑业、汽车零部件及配件制造业等；在 122 个产业部门中有 46 个部门

① 宋增文．基于投入产出模型的中国旅游业产业关联度研究［J］．旅游科学，2007（2）．

与旅游业有直接前向关联，其中主要直接前向关联部门有公共管理和社会组织、教育事业、住宿业、房地产业、娱乐业、居民服务和其他服务业、计算机服务和软件业等。

旅游业的间接关联作用明显，波及程度深。与旅游业有直接关联的产业和部门，它们之间也存在着投入产出的相互联系，形成了旅游业与其他产业的间接关联。例如，旅行社组团去游乐园，要产生交通成本、食宿成本等，这是旅游业对其他产业的直接关联，而游乐园在运营中投入了电力、机械设备等要素，于是旅游业对电力供应、金属制品等就发生了间接关联。旅游业对其他产业的间接关联作用不容忽视，间接作用的存在加深了旅游业发展对其他产业的波及程度，延长了旅游业的产业链，构成了旅游业的产业网络。

旅游业的后向关联作用明显，对国民经济的拉动力强。旅游业的后向关联作用明显强于前向关联作用，这与旅游业第三产业的性质有关，即旅游业通过消耗其他产业的产品和服务产出旅游产品或服务，供应其他产业或作为居民消费品。

（二）旅游业的产业地位

主导产业。主导产业是指在所有产业中处于主要支配地位，能推动产业结构升级演化的产业。它在整个国家和地区经济发展中起“领头羊”作用。主导产业在国家和地区经济发展中具有明显的经济优势和较强的产业优势。一般来讲，主导产业在国家和地区国内生产总值（GDP）中所占比例在20%以上。以这个标准来衡量，世界上绝大多数国家的旅游业不可能成为主导产业，即便是一些旅游发达国家也是如此，如美国、法国、西班牙等。但在一些旅游岛国和地区，旅游业不仅是这些国家和地区赖以生存和发展的基础，而且已经成为它们的主导产业，如斐济、马尔代夫、塞浦路斯等岛国。

支柱产业。支柱产业是指那些在国民经济或地区经济中占有很大比重，构成国民收入主要来源，对国家或地区的经济增长起着举足轻重作用的产业。支柱产业往往也具有较强的产业优势，其经济产出要相当于GDP比重的5%以上。以这个标准来衡量，世界上大多数国家和地区的旅游业是可以成为支柱产业的。如印度的旅游业已经成为国家的支柱产业，日本制定了观光立国战略以推动旅游业作为支柱产业的发展。

我国旅游业的产业地位。我国旅游业发展虽起步较晚，但发展速度举世瞩目。

改革开放前，旅游业以外事接待为主，只具备产业雏形，不完全属于产业范畴。1978年，中央转换思路，发展产业型旅游业。1984年，中央提出国家、地方、部门、集体、个人一齐上，自力更生与利用外资一齐上的旅游建设方针，揭开了全方位发展旅游产业的序幕。1986年，国务院决定将旅游业纳入国民经济与社会发展计划，正式确立其国民经济地位。1992年，中央明确提出旅游业是第三产业中的重点产业，之后，中共中央提出《关于制定经济和社会发展"九五"计划和2010年远景目标纲要的建议》，旅游业被列为第三产业积极发展新兴产业序列的第一位。1998年，中央经济工作会议提出旅游业作为国民经济新的增长点。旅游业在国民经济中的地位与作用已逐渐成为各级政府乃至社会大众关注的目标。截至2004年，全国已有北京、浙江、海南、重庆、云南、西藏、新疆等20多个省（自治区、直辖市）将旅游产业列为国民经济的支柱产业进行培育与发展。2009年，国务院出台《关于加快发展旅游业的意见》（国发〔2009〕41号），文中提出："把旅游业培育成国民经济的战略性支柱产业和人民群众更加满意的现代服务业。""力争到2020年我国旅游产业规模、质量、效益基本达到世界旅游强国水平。"可见，我国旅游业的产业地位正在不断提升。

三、旅游新业态

（一）旅游新业态的概念

旅游业在其自身的转型升级过程中，适应市场竞争需要、游客的多样化需求，与相关产业或行业相互渗透、融合发展，从而形成了一系列新的业态。所谓旅游新业态就是指旅游业与其他产业或行业以技术进步和创新为基础相互渗透、融合发展而形成的新的旅游产品、新的旅游经营形式的总称。

（二）旅游新业态的类型

旅游新业态主要包括旅游产品型新业态、旅游经营型新业态两大类型。

1. 旅游产品型新业态

（1）与交通业（工具）结合形成的新旅游产品形态，如房车旅游、高铁旅游、邮轮旅游、游艇旅游、低空旅游、太空旅游等。

（2）与其他产业或行业中的特色旅游资源结合形成的新旅游产品形态，如观光农业、矿山旅游、影视旅游等。

（3）与其他产业或行业中的旅游者特别需求结合形成的新旅游产品形态，如医疗旅游、养生旅游、极限运动旅游等。

2. 旅游经营型新业态

（1）以网络技术为媒介的信息服务业与旅游融合形成的新业态，如携程旅游网、e龙等在线旅游网络运营、智慧旅游。

（2）其他第三产业与旅游融合而成的新业态，如旅游房地产、旅游金融、旅游保险、旅游咨询。

（3）多种产业或行业合作经营形成的新业态，如旅游综合体、旅游联营公司、旅游产业园等。

课堂思考

你对“把旅游业培育成国民经济的战略性支柱产业和人民群众更加满意的现代服务业”有什么新的认识？

第二节　旅游产业结构

一、旅游产业结构和结构优化的标志

（一）旅游产业结构的含义

旅游产业结构是指在社会供求关系及旅游经济运行中形成的旅游业内部各产业间的经济技术比例关系，是旅游产业的资源配置结构、生产能力结构和产出结构的总和。

（二）旅游产业的构成

旅游业是一个综合性产业，涉及为旅游者提供服务的国民经济第三产业的多个分支产业。从旅游过程“食、住、行、游、购、娱”六要素角度出发，旅游业主要分成旅行社业、旅游景观业、旅游娱乐业、旅游住宿与餐饮业、旅游交通业、旅游购物业。

旅行社业。旅行社业是专门从事招徕、接待国内外旅游者，组织旅游活动，收取一定费用佣金的旅游企业的集合。旅行社作为旅游业的“龙头”，不仅是旅游产品的设计者、组合者，同时也是旅游产品的营销者，在旅游经济活动中发挥着极为重要的作用。因此，旅行社发展的规模、经营水平及其在旅游产业结构中的比重，直接对旅游经济发展产生重要影响。

旅游景观业。旅游景观业是指为旅游者提供核心旅游产品的企事业单位。景区景点是旅游者游览、休闲、养生、体验的主要目的地。在我国，包括风景名胜区、自然保护区、主题公园、度假区、森林公园、海洋公园、民族风情园、动植物园、博物馆、美术馆、文物保护单位等。旅游景观业旅游资源价值大小、服务质量的高低直接影响游客的旅游感受。

旅游娱乐业。旅游娱乐业是指为旅游者提供各种文化娱乐活动的企事业单位。旅游娱乐业包括三类：一类是各种游乐园、主题乐园、动物园等；一类是具有演出、竞技、展示功能的景区景点和各种民俗节庆活动的组织单位等；一类是各种社会文化和体育活动单位和组织，如剧院、电影院、音乐厅、歌舞厅、夜总会、赛马场、高尔夫球场等。旅游娱乐业的发展对于旅游产品的转型升级、提高旅游产品的高附加值、丰富旅游者的旅游活动、增加旅游收入、完善旅游产业结构具有十分重要的意义。因此，旅游娱乐业的发展水平标志着旅游目的地国家和地区旅游业的发展水平和成熟度。

旅游住宿与餐饮业。旅游住宿与餐饮业是指为旅游者提供住宿和饮食等服务的相关企业和商户，包括旅游饭店、旅游定点餐馆、社会旅馆、社会餐馆等。旅游住宿与餐饮业是旅游产业的基本组成部分，是一个国家或地区发展旅游业必不可少的物质基础，具有综合价值高、就业吸纳能力强、产业关联度大的特点。旅游住宿与餐饮企业的数量、床位、餐位的多少，标志着旅游接待能力的大小；而旅游住宿与餐饮企业的管理水平的高低、服务质量的好坏、卫生状况及环境的优劣、饮食的特色，则反映了旅游业的服务质量。因此，旅游住宿与餐饮业在旅游产业结构中具有十分重要的地位。

旅游交通业。旅游交通业是指为旅游者在旅行游览过程中提供所需交通运输服务的企业，包括专门从事旅游客运的巴士运营公司、游轮公司以及民航、铁路、水路等社会公共运输企业。旅游业离不开交通业，没有发达的交通业就没有发达的旅游业。旅游交通作为社会客运体系的重要组成部分，不仅满足旅游产业发展的要求，同时又促进社会交通运输的发展。特别是旅游交通运输要满足旅游者安全、方便、快捷、舒适、价廉等方面的需求，就要求旅游交通不仅具有一般交通运输的功能，还要具有满足旅游需求的功能，从而要求在交通工具、运输方式、服务特点等方面都形成旅游交通运输业的特色。

旅游购物业。旅游购物业是指为旅游者在旅游过程中提供购物服务的相关企业和商户，包括旅游定点购物店、百货公司、超市等。旅游购物业是旅游经济重要的构成要素，它是旅游业重要的经济来源。长期以来，世界上旅游业发达的国家和地区都十分重视旅游购物业的发展，以期最大限度地扩大旅游收入。因此，旅游购物业具有非常好的市场前景，发展旅游购物业对旅游业具有重大意义。

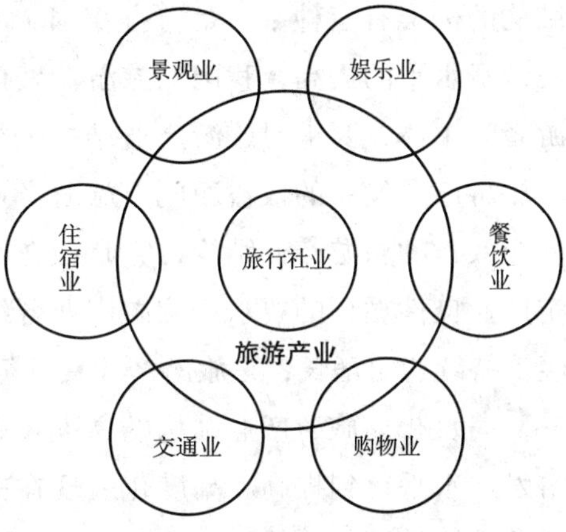

图6–2　旅游业构成及关系

旅游业的产业构成及关系可用图 6–2 表示。

（三）旅游产业结构优化的标志

1. 旅游产业结构优化的含义

旅游产业结构优化，即通过一定的产业政策和其他宏观调节措施，对旅游产业结构进行调整使之协调发展和逐步提升，实现旅游产业结构的合理化、高度化、均衡化。其基本目标是：使旅游资源得到较为合理的开发利用，旅游供给体系趋于完善，形成产业结构新格局，使旅游产业外部和内部各种重要的比例关系趋于协调，从而充分有效地发挥旅游业的产业功能和经济优势，全面提高旅游业的企业经济效益和社会经济效益。

2. 旅游产业结构优化的标志

优化旅游产业结构是旅游产业运行追求的主要目标，同时也是旅游产业经济运行的内在要求。建立合理的旅游产业结构，就是要在旅游产业内部各个产业之间及各个产业要素之间建立起最优的比例关系。根据我国现阶段旅游经济发展和产业运行现状，旅游产业结构优化的标志主要表现在以下三个方面：

合理化。旅游产业结构的合理化是指旅游产业各种不同的结构要素由不合理向合理发展的过程，它要求在旅游经济发展的特定阶段里，根据旅游市场的需求变化和资源条件，对旅游产业初始发展阶段所形成的不合理的产业结构进行量与质的适度调整，使各种经济资源在旅游产业之间合理配置并有效利用。合理化的旅游产业结构的标准有三种：一是符合我国旅游产业发展的最终目标。随着经济的发展和居民消费水平的提高，我国的旅游消费体系从以国外旅游者为主体逐步转向以国内旅游者为主体，要求对旅游产业结构进行适度调整，以适应这种变化的需要。二是符合旅游产业发展的效益原则。旅游产业结构的合理化要求建立具有较高经济效益和社会效益的旅游产业结构，它是旅游产业结构合理化的一个重要标志。三是符合旅游产业良性循环的要求。旅游产业各组成要素协调运行，旅游经济运行顺畅，旅游经济持续稳定增长，是旅游产业良性循环的主要内容。

高度化。旅游产业结构的高度化是指旅游产业结构向高一级层次的演化，使旅游发展水平得到提高。高度化表现在三个方面：一是旅游产业的集约化。通过旅游产业结构的调整，使整个旅游经济系统从量的扩张向质的提升演化，旅游产业有更高的科技含量、更高的生产效率、更完善的运行体系，使旅游产业的服务关联、技术关联和供求关联程度日益提高。二是旅游服务的高标准化。通过旅游产业结构的调整，使旅游服务更加规范化和精细化，服务质量既符合国际惯例又能体现中国文化特有的人性化魅力，为旅游者提供更加满意的现代旅游服务。三是旅游产品的高附加值化。通过旅游产业结构的调整，使旅游产品有更强的创新设计、更高的文化内涵、更高的附加值。

均衡化。均衡是指某一种系统状态的动态平衡。旅游产业结构的均衡是旅游产业结构优化的主要标志和实现条件。旅游产业结构的均衡化主要有两个内容：一是旅游产业内部的各个产业之间及各个产业要素之间在其发展速度和发展进程上保持相对平衡的比例关系；二是旅游产业的各个产业之间及各个产业要素之间的发展相互促进。在市场经济条件下，旅游产业结构均衡化主要通过市场机制和政府的宏观调控来实现。

二、旅游产业结构优化的意义和途径

（一）旅游产业结构优化的意义

旅游产业结构优化是旅游经济发展的战略目标。旅游经济的发展主要包括总量增长、结构转换和水平提高三个方面，其中结构转换不仅决定着总量增长的速度和规模，而且也影响着旅游经济效益的提高。在经济生活中，人们往往把总量的增长、速度的提高作为经济发展的目标，过分强调指标和增长速度，而忽略旅游产业结构的优化。事实上，经济总量的增减和发展速度的快慢不一定反映生产力水平的提高或降低，而产业结构的优劣则明显反映出生产水平的升降和经济效益的好坏。因此，"速度型"的旅游经济增长未必带来经济效益的提高，相反会引起投入量的增加和结构失衡，最终使整个旅游经济发展不协调；而"结构型"的旅游经济增长依赖于技术进步和结构优化，结构优化了，既有实在的速度又有良好的效益，从而能实现旅游经济长期稳定协调地发展。因此，结构优化不是一般的生产技术的改进，而应当是一种经济发展的战略目标。通过产业结构的优化来求速度、要效益，才能促成旅游经济稳定协调地发展。

旅游产业结构优化是旅游生产力体系形成的客观要求。旅游业是一个综合性行业，其内部各部门、各环节、各要素如果不能形成一定的数量比例和良性互动关系，就不能形成有效的旅游生产力体系。生产力是由相互联系、相互依存、相互制约的各种因素所构成的有机整体，各个因素必须质量相适应、数量成比例、运行有秩序，才能有效地实现生产能力。因此，旅游产业结构的优化是旅游生产力体系形成的客观要求。

旅游产业结构优化是实现旅游经济良性循环发展的根本保证。旅游经济的良性循环，就是经济系统与社会系统、自然系统的正向互动、和谐共生，形成一种循环发展的旅游经济增长方式。"循环经济"一词，首先由美国经济学家 K. 波尔丁提出，主要指在人、自然资源和科学技术的大系统内，在资源投入、企业生产、产品消费及其废弃的全过程中，把传统的依赖资源消耗的线性增长经济，转变为依靠生态型资源循环发展的经济。循环经济倡导的是一种与自然、环境和谐的经济发展模式。它要求把经济活动组织成一个"资源—产品—再生资源"的反馈式流程，其特征是低开采、高利用、低排放。所有的物质和能源要能在这个不断进行的经济循环中得到合理和持久的利用，以把经济活动对自然环境的影响降低到尽可能小的限度。旅游业是发展循环经济的最佳载体，但是，如果没有旅游产业结构的优化，旅游循环经济是不可能实现的。没有旅游产业结构的合理化、高度化、均衡化，旅游经济就不可能做到持续、稳定、高效发展，反而会出现经济发展中的大起大落，造成资源的闲置、浪费或不足。因此可以说，旅游经济的持续、稳定、高效发展是循环经济得以实现的必要条件，旅游产业结构的优化是旅游经济良性循环发展的根本保证。

（二）我国旅游产业结构优化的途径

以产品为突破，推进旅游产品的更新换代和旅游方式的转化。旅游产业结构的状况最终将通过旅游产品结构反映出来。因此，以产品为突破，推进旅游产品的更新换代和旅游方式的转化是旅游产业结构优化的重要途径。旅游产品的更新换代就是要使传统的观光型旅游产品逐步转变为休闲型、保健型、体验型旅游产品，要开发更多的专门旅游产品，要赋予产品更多的文化内涵；旅游方式的转化就是要改变过去旅行社大包大揽的旅游产品组合方式，鼓励自助游、农家乐等旅游方式；推进节能环保，倡导人与自然和谐的低碳旅游方式。

以市场为导向，完善旅游产业内部的各分支产业。旅游产业内部的各分支产业都必须按照市场规律来进行，也只有遵循市场规律，各行业才能在市场中立足。因此，我们应该以市场为导向，通过解决旅游产业存在的问题来完善旅游产业内部的各分支产业，以达到优化我国旅游产业结构的目的。目前在旅游产业的六大分支产业中，我们还存在许多薄弱环节。在旅游娱乐方面应该提高旅游产品的娱乐含量、发展高品位文化产品；在旅游购物方面，应提高地方性、纪念性、实用性、精美性旅游购物品的比重，同时推行购物的免税、退税政策；在旅游接待方面，应改变旅行社规模普遍偏小、职能混淆的现行格局；在旅游住宿和餐饮方面，应大力发展连锁型酒店、经济型酒店、特色地方小吃，改善就餐环境；在旅游交通方面，应完善交通格局、改善通达条件；在景区景点方面，应加强景区的规划和生态建设，强化环境保护，明晰管理权属。

以质量为根本，提高旅游产业的科技含量和产品的高附加值。旅游产品质量是旅游消费者关注的重要问题，由于旅游消费者的不断成熟，他们对产品的质量有了更高的期待。这就要求旅游企业对产品的质量赋予新的含义，大幅度提高旅游产业的科技含量和产品的高附加值，才能从根本上改善旅游产业结构，促进旅游产业结构朝着高度化方向发展。

以资产为纽带，推进旅游产业的股份制改造和集团化经营。在现阶段，旅游企业规模较小，资金不足，融资能力差等问题已经严重制约我国旅游产业的发展。因此，加快我国旅游产业的股份制改造和集团化经营，通过兼并、收购、参股等手段对我国中小旅游企业实现资产存量和投资增量的联动，是优化我国旅游产业结构的重要途径。股份制改造和集团化经营，从更深的层次来讲就是要有效地解决我国旅游企业利益机制、约束机制、协调机制存在的诸多问题，使我国的旅游企业有自主经营、自负盈亏、自我约束、自我协调的功能，从而从源头上保证旅游产业结构的优化。

以合作为动力，打破所有制、部门、地区的人为阻隔。旅游合作是实现资源共享、优势互补、共同发展的主要途径，有利于促进旅游生产要素在不同产业、不同区域之间的合理有序流动和充分有效利用，从而促进旅游产业结构的优化。为使旅游合作顺利开展，必须打破所有制形式、部门利益、行政区划的人为阻隔和束缚，为旅游合作创建良好的平台。

课堂思考

如何处理旅游经济发展中的总量增长、结构转换、水平提高三者之间的关系？

相关链接 搜索

现代产业集成下的旅游产业集群

一、从业有先后，竞争无老幼——中外旅游集团核心竞争力之间存在着巨大差距

国外大型旅游运营商最大的竞争优势在于其运营系统的有效和强大——旅游运营中，通过资源掌控、管理能力、产品和开发、营销模式等方面的整合与异业联合，以整个旅游产业集群的力量组成包括前锋、中军、保障、支持等有效力量的“集团军”，进行“集团化作战”，对抗传统旅游企业的“各自为战”，形成独有的核心竞争力。

面对国外已形成成熟、发达的“异业联合产业集群”，我国旅游企业尚在探索从“传统旅游业”向“社会化旅游产业”的升级转型，处在由传统的“食、住、行、游、购、娱”向“观光本体，休闲延伸，度假深化，旅游与相关行业延伸，形成社会化大产业”转

变的“产业转型期”，还没有形成较为成熟、有影响力的产业集群。国内旅游企业的落后不仅体现在实业上，理论研究上也同样落后，并直接或间接造成了国内旅游实业落后的现状。

二、敢问“差”在何方

从上面的现状分析可知，中外旅游企业间的差距主要还是在产业方面。而对比国外先进水平，产业差距的根本原因在于我国产业发展阶段较低，旅游产业研究严重滞后，对产业的认知和运用程度不足。目前，国内对于旅游产业研究的现状落后于美国20世纪70年代，对旅游产业诸多问题，总体上处于“探索”状态。

（一）对旅游产业的认知

国内尚没有对“旅游产业”科学、准确、统一、规范化的界定，在三次产业划分标准中，也没有“旅游产业”这一“产业”，处在有“旅游”没有“旅游产业”的状态。值得注意的是，目前国内对“旅游”的研究总体上以“观光旅游”为研究对象，对“休闲度假”阶段的“旅游”的研究严重滞后。即我国不仅缺乏对旅游产业的定义，更缺乏对旅游及相关产业／旅游产业集群的“界定”。

参考国外社会产业理论，结合我国国情，北京绿维创景规划设计院（以下简称“绿维”）将“旅游及相关产业／旅游产业集群”定义为：以旅游为主导产业或核心产业，与旅游活动相关的上下游产业和横向相关产业组成的产业体系与产业群。旅游产业集群包括旅游主导产业、旅游相关产业和旅游支持产业三个方面。旅游主导产业指传统的旅游产业；旅游相关产业是由传统旅游产业衍生出来的，在技术或市场上有互补关系，且超出传统旅游的，为人们提供趣味性、艺术性、知识性、刺激性等特性体验消费的一系列产业，包括会议、运动、康体、娱乐等；旅游支持产业是与旅游产业、旅游相关产业纵向联系的下游及相关联产业。

由于旅游产业集群是一个动态发展的体系，以及休闲产业的泛化发展与产业链的延展，因此，不可避免地会出现主导产业中的休闲产业与相关产业、支持产业的交叉。

（二）对旅游及相关产业集成发展的认知

我国目前还没有形成对旅游及相关产业集成发展的认知。绿维认为，旅游产业集成是指以旅游主导产业为核心和引擎，突破传统意义上产业部门之间的藩篱，横向与旅游相关的产业部门，纵向与支持、保障旅游发展的下游产业部门，甚至与上游产业部门（逆向整合），实现异业联合，形成一组存在横向产业和纵向产业的新型产业结构和综合产业系统。

在旅游产业集群中，每一个旅游及相关产业部门都是经济收入的来源，并支持、保障其他产业部门的需求，形成具有一个或多个主要发展方向、相对完整和综合的经济体与企业群。

三、探索旅游运营之道

（一）未来发展之路——产业集群模式

自然法则告诉我们：对生命而言，最大的生存竞争来自同类。因此，对抗国外旅游产业集群最好的办法就是构建相同或相似的更强的旅游产业集群。根据国外经验，旅游产业集群通过产业价值链的延长和横向延展提高了旅游产业集群总体经济效益；并通过整体统筹、整体调控，获得多元化发展模式和赢利方向，具有不可比拟的竞争优势，今后中国旅游企业应当采取产业集群发展模式。

（二）师法先进，将产业集成进行到底

中国旅游集团和国际大型旅游运营商有共同的发展规律，即按“现实见利见效，未来掌控旅游价值链”的要求，逐渐建立并发育成具有竞争力的“经营模式”。换言之，要想确立在价值链上不可替代的竞争地位，唯一的选择就是全力以赴控制价值链的下游“顾客端”，即“前向一体化”，并反过来控制价值链的上游“旅游产品供应商资源”，即“后向一体化”。

纵向整合，掌握旅游资源。在资源掌控方面，国外大型旅游运营商无一例外地掌握着旅游的上、下游资源或相关资源。美国运通公司不仅以特许经营的方式在全球建立了拥有1700多个代理点的全球旅游伙伴网，而且与金融行业嫁接，走出了具有强大竞争优势的旅游发展之路；法国的雅高集团管理了几千家酒店；英国的Thomas Cook不仅有自己的酒店网络、航空公司，在世界范围内还拥有几千家旅游产品代理店。

专业管理、技术为先。在旅游企业运营和管理方面，除了在组织结构、公司治理结构、激励机制等方面具有优势外，更主要的是对信息技术的充分利用。以德国TUI① 为例，只要客人的旅游产品订购完毕，剩下的操作全是自动化和信息化的：自动打印出客人的行程、旅行机票或车票，自动装订，自动邮寄。他们与承运人签订协议，预订系统对接，从TUI系统里打印出的各种票据，承运人直接接收，无须换票。

旅游产品重研发，强投放。在旅游产品开发方面，更是注重个性化产品的开发和新产品的研发，并且分层级管理产品：如量身定制产品、旅游精品、低价大众化产品等，使产品本身针对不同的目标市场形成竞争力。在营销模式上，批零体系发育成熟完善，不仅利用自己拥有的代理社销售旅游产品，而且利用一切消费者经常光顾的地方，如超市等聚集地分销旅游产品。销售形式多样化，利用互联网、电视等媒体实行整合营销，网上网下无缝对接。

联合、收购、并购，推进国际一体化。随着经济全球化的发展，欧美地区的旅行社业运用资本杠杆，推进国际一体化进程，谋求规模经济的好处、竞争能力与竞争地位的强化。Thomas Cook就是国际旅游运营商通过国际一体化战略迅速扩展的典型案例。作为英国老牌旅行社，几年前，它被德国汉莎航空公司和德国最大的百货商店共同持股的旅行社收购了，鉴于Thomas Cook已经是全球知名品牌，名称并没改变。但经过一系列的收购、并购等国际一体化运作，Thomas Cook已经今非昔比了，成为欧洲第二大、世界第三大的休闲旅游巨头。可见企业通过国际一体化运作后，规模经济性更加明显，进而从规模的急剧扩张中获得了赢利能力、资源整合能力和强大的竞争优势，使竞争格局发生变化，从垄

① 全称Touristik Union International GmbH & Co.KG，译名“途易贸易公司”.

断竞争逐步走向寡头垄断。

异业联合，配套发展。在欧美国家，在与旅游相关度较高的产业如航空业、酒店业的配套发展中的市场化程度很高。在国外旅行社行业内部，已经实现了批发经营和零售代理之间的垂直分工，同时，旅游批发经营商和旅游零售代理商又根据市场状况和企业实力在各自的领域中参与了水平分工，实现了专业化经营。在旅行社行业进入大发展阶段以后，业内分工的发展成为行业发展的一个主要方面。

——资料来源：中国旅游报，2009-10-19.

第三节　旅游产业的布局

一、旅游产业布局的形式和原则

（一）旅游产业布局的含义

旅游产业布局是指旅游产业在国家或地区范围内的空间分布和组合，即形成旅游产业的各分支产业、各要素、各环节为选择最佳区位而形成的在空间地域上的流动、转移、配置与再配置过程。

（二）旅游产业布局的基本形式

旅游点（点状形布局）。旅游点是满足旅游者审美、愉悦、自我实现需求的最终目的地，是构成旅游区、旅游带的基本单元，也称为旅游景点。其规模可以是一庭、一园、一宫，也可以是一湖、一山、一城，比如长城、故宫、西湖等。旅游点是旅游者进行观光、休闲、保健、体验旅游活动的直接场所，故其数量、质量、规模、分布、性质是影响客源的主要因素，合理布局是建设和发展旅游点的关键之一。旅游点的合理布局有利于旅游者顺畅满足地完成整个旅游过程，同时也能使投资效益达到最大化。

旅游区（块状形布局）。旅游区指以旅游中心城市或以风景名胜区、自然保护区为依托，将资源特色有别于其他地方的众多旅游点连接成块状形的旅游产业空间聚集区域。我国有众多的优秀旅游城市，如北京、上海、西安、杭州、桂林等；也有众多的国家级风景名胜区和可供游览的自然保护区，如长江三峡风景名胜区、四川黄龙风景名胜区、安徽黄山风景名胜区、四川九寨沟自然保护区、黑龙江五大连池自然保护区、湖南张家界大鲵自然保护区、云南西双版纳自然保护区等。在这些城市、风景名胜区和自然保护区及周边地区的区域内，旅游景点相对丰富、旅游设施相对齐全、旅游企业相对集中，是一个国家或地区旅游者的主要接待地和旅游收入的主要来源地。旅游产业在旅游区内的聚集，一方面有利于旅游资源和生产要素的综合利用，延长和拓宽旅游产业链，使旅游向深度和广度发展；另一方面有利于吸引旅游者，降低旅游者的旅行成本，使旅游消费效用达到最大化。

旅游带（带状形布局）。旅游带是指以两个或两个以上的旅游中心城市为依托，将若干个旅游区、旅游点连接成带状形的旅游产业空间区域组合。旅游中心城市往往也是旅游的集散地和旅游产业的聚集地。它们地理位置相邻、交通便利、优势互补、资源组合，能有效地带动沿线地区的旅游产业发展。旅游带的核心在于便利快捷的交通，沿线各大旅游景点、景区如散落的珍珠被交通线串起来，形成一条黄金旅游带。如重庆—宜昌长江三峡旅游带、乌鲁木齐—西安丝绸之路旅游带、环北部湾旅游带等，以及众多分布在省际范围内的旅游带，如青岛—烟台沿海旅游带、桂林—北海旅游带、合肥—黄山旅游带等。

旅游圈（环状形布局）。旅游圈是指以多个旅游中心城市为依托，将若干个旅游带、旅游区、旅游点连接成环状形的旅游产业空间区域组合。旅游圈是在一个更大空间范围内的旅游产业布局，是区域旅游合作和联动的产物，如“9+2”泛珠三角旅游圈、环渤海旅游圈、京津冀都市旅游圈、大香格里拉旅游圈、环上海旅游圈。旅游圈也可以延伸到我国周边国家，形成国际范围内的区域旅游合作，如环黄海旅游圈、环北部湾旅游圈。旅游圈的形成有利于更好地规划旅游发展格局，区域旅游合作有利于提高旅游产业的综合竞争力，为旅游产业结构的优化奠定基础。

（三）旅游产业布局的原则

因地制宜原则。由于不同地域的旅游资源、自然、交通条件不同，经济发展水平也不一致，因此不同地域在进行旅游产业布局时，需要强调因地制宜的原则。要根据本地区的特色资源、交通便利、区位条件、经济实力来综合考虑旅游产业的布局。充分发挥地区优势和布局的规模效应，强调地区之间的合理分工，扬长避短，避免盲目性。

优势互补原则。地区之间的旅游生产力虽有发达和落后之分，但各有各的优势，有的有区位优势，有的有资金优势，有的有资源优势。旅游产业在布局时应注意贯彻优势互补原则，通过优势互补促进旅游综合效益的提高。为贯彻优势互补原则，需要建立区域旅游合作的新格局，建立和完善富有成效的产业协调机制与平台。

保证重点原则。从有利于旅游生产力整体布局出发，对重点地区、重点城市、重点景区、重点线路、重点产品予以优先发展，人、财、物重点保证。根据区域发展理论，地区之间的经济发展是不均衡的，旅游产业的布局同样也是不均衡的。在旅游产业的布局上不能简单地搞平衡。旅游产业的聚集性决定了旅游产业布局要相对集中，发达地区、旅游城市、著名景区通常是旅游产业的密集区。

可持续发展原则。通过旅游产业布局规划，构建符合国家产业政策、符合当地旅游长期规划、符合环保要求、便于旅游基础设施配套的建设新模式，确保旅游业健康、稳定、长期地发展。

二、旅游产业布局的模式

旅游产业布局是在一定的地域内展开的，地域的具体条件是决定布局的依据。同一时期不同地域和同一地域不同发展阶段的具体情况各不相同，相应地，必须采取不同的产业布局模式。旅游产业布局模式就是旅游产业空间布局的总体方式方法，它是旅游产业空间布局规律的综合体现。区域旅游空间布局因地而异，变化多样，但综合起来主要有增长极布局模式、点—轴布局模式、网络布局模式。

（一）增长极布局模式

增长极布局模式，是指重点开发某个旅游中心城市或中心旅游点（区），使它的发展规模和发展潜力超过其他旅游地，成为区域旅游中心。增长极有强大的极化作用和辐射作用，在增长极布局模式中，主要的旅游企业、接待服务设施均集中于区域旅游中心，该旅游地同时作为旅游者进出的集散地和开展旅游活动的依托基地，然后凭借市场机制的引导，使增长极的辐射作用得以充分发挥，并从其临近地区开始逐步带动增长极以外地区旅游业的共同发展。

（二）点—轴布局模式

点—轴布局模式，是指在旅游产业布局中，不仅要注意开发中心城市和中心旅游点（区），也要注意点和点之间的贯通，即“轴线”。轴线主要是指交通干线，包括水、路、空交通。轴线一经形成，就具有极大的吸引力，吸引资金、信息、人口向轴线两侧聚集，并产生新的增长点。从而由点到轴，由轴带面，最终促进整个区域经济，包括旅游产业的发展。

（三）网络布局模式

网络布局模式，就是强化并延伸已有的点轴系统，通过增强和深化本区域的网络系统，提高区域内各节点间、各域面间，特别是节点与域面之间生产要素交流的广度和密度，使“点”“线”“面”组成一个有机的整体，从而使整个区域旅游经济得到有效开发，使本区域旅游经济向一体化方向发展。同时通过网络的向外延伸，加强与区域外其他区域旅游经济网络的联系，将各区域的旅游经济网络连接成一个大旅游圈，从而在更大的空间范围内调动更多的旅游生产要素进行优化组合。

三、四分法与区域旅游发展战略

（一）四分法原理

四分法是指根据经济发达程度与旅游发达程度的两维标准，将旅游区域划分为极区、优区、特区、平区四种类型。经济发展水平较高且旅游发展水平较高的属于极区；经济发展水平较高且旅游发展水平一般的属于优区；经济发展水平较低且旅游发展水平较高的属于特区；经济发展水平较低且旅游发展缓慢的属于平区。四分法的目的是为各地区旅游发展战略选择提供一种理论参考（见图 6–3）。

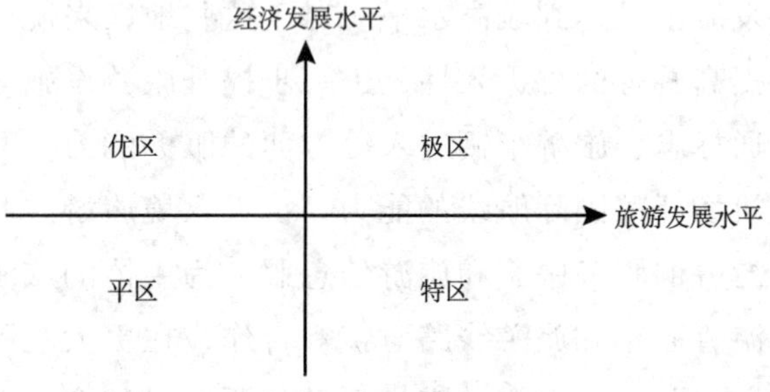

图6–3　四分法

（二）不同区域旅游发展战略

根据不同区域的实际情况，其旅游发展战略各有侧重。

极区旅游发展战略。属于极区的各旅游区域除了要继续保持经济和旅游方面的优势外，还要利用优势来提升旅游发展水平，制定适合本地区的旅游经济发展提升战略，做大做强旅游业。特别是在旅游产品开发上，向商务旅游、会展旅游等高附加值、高收益方向发展，如上海就充分利用2010年上海世博会提升旅游形象，完善旅游产品体系，这为上海旅游产业的发展提供机遇和上升空间。此外，还应满足提高国民素质和生活质量的更高要求，如广东、江苏等省提出实施国民旅游休闲计划和旅游倍增计划等。

优区旅游发展战略。属于优区的旅游区域经济水平较高，虽然旅游资源丰富，但旅游产业发展却不及极区的发展水平。因此，属于优区的旅游区域要下大力做好资源的转化和产品的开发促销工作，在发挥其既有优势吸引游客的基础上发展新形态旅游项目，拓展旅游市场，增强旅游吸引力。如河北、吉林等省级区域应根据景观多样性的特点，除了继续发展常规的观光旅游外，还可以发展露营、自行车、登山、徒步、钓鱼等现代户外游憩旅游项目，这些项目对国际旅游者和商务白领为主体的高端旅游者具有较强的吸引力。此外，优区发展要注意在与当地经济发展水平相适应的情况下，坚持适度超前发展的原则，如根据客源量的增长趋势，超前建设配套设施、开发新的旅游产品、制订旅游产品的营销计划等。

特区旅游发展战略。属于特区的旅游区域虽然整体经济水平较低，但旅游业发展已经达到较高水平。对于这些地区来说，要实施品牌战略。具体来说就是要提高游客的可进入性，进一步提升旅游设施与服务水平，强化旅游信息、旅游交通标志、旅游车辆进入等方面的服务能力，便利自驾车者和普通散客。加强各地机场开辟国际航线的能力，扩大入境旅游。此外，还要加强以旅游集散中心、旅游咨询服务中心和旅游信息服务为主体的旅游公共服务设施建设，加强点对点旅游直通车和旅游线路对接等合作，在更大范围内整合区域旅游资源，形成区域旅游线路，推动旅游市场互动。要通过整合，形成聚集效应、品牌效应。因此，加强市场营销、加强旅游业的产品品牌和企业品牌建设、提升旅游设施与服务水平是特区发展战略的关键所在。

平区旅游发展战略。我国大多数中西部地区的省级区域属于平区，受到经济水平和地区位置等因素的影响，经济发展与旅游发展均比较缓慢。因此，平区的发展战略的核心在于抓住特色的旅游资源，实行重点开发。要突出特色优势，坚持旅游与文化、生态相结合，坚持发展旅游与富民增收、扩大开放相结合，着力打造民族特色旅游品牌，完善旅游管理和服务。因此，平区的发展要坚持实施旅游经济发展的特色战略。

课堂思考

以上阐述了四分法原理，你认为你的家乡属于何种区域，应采用何种旅游发展战略？

第四节　区域旅游合作

一、区域旅游合作及其动力机制

（一）区域旅游合作的含义和形式

1. 区域旅游合作的含义

区域旅游合作是指区域之间围绕着旅游者的空间流动，合作各方基于生产要素的优化配置和旅游经济、社会、环境效益的提高而形成的协作和联合。

2003 年 7 月在杭州举行的旅游高峰论坛上，上海、南京、杭州等 16 个城市签署了《长江三角洲旅游城市合作宣言》，决定把长江三角洲地区建成中国首个跨省区无障碍旅游区，由此翻开了中国区域旅游合作发展的新的一页。

2. 区域旅游合作的形式

合作地域划分。按合作地域划分，区域旅游合作的形式包括国际区域旅游合作和国内区域旅游合作。国内区域旅游合作又包括省际旅游合作、市际旅游合作、省内旅游合作等。

合作内容划分。按合作内容划分，区域旅游合作的形式包括产品的合作（如旅游产品的开发、旅游线路的整合等）、客源市场的合作（如客源互换、市场开拓等）、资金的合作、人才技术合作、区域旅游功能分工和形象塑造合作等。

目的地与客源地关系划分。按目的地与客源地关系划分，区域旅游合作的形式包括目的地与客源地合作、互为客源地或目的地合作、目的地与目的地之间的合作等。

（二）区域旅游合作的动力机制：优势互补，合作共赢

1. 互补：旅游存在差异，差异需要互补

不同的区域，旅游差异性表现各异。如旅游接待能力很强的地区，旅游资源可能又相对匮乏，或种类单一；相反，旅游资源丰富的地区，接待能力往往又比较薄弱。资金雄厚、技术力量先进的地区，劳动力成本又往往比较高；相反，劳动力相对便宜的地区，往往又缺乏资金和技术。旅游产品具有同质性的地区，又往往各有各的客源渠道。如果单靠某一地区的努力来弥补这些差异，其效果是极其有限的，甚至会导致恶性竞争。另外，技术、资金的积累需要一个过程，等待将会错失发展机遇。因此，区域间实现差异互补，有利于形成求同存异、共赢互利的良性局面。

2. 共赢：互补形成优势，合作带来共赢

通过互补性产生的整体优势，合作方都可能通过合作行为而将潜在利益转化为现实利益，从而获得追加的利益。区域旅游合作的优势表现在以下几个方面：

区域旅游资源整合优势。由于旅游资源禀赋的差异性，区域之间可以通过合作突破本区域旅游资源禀赋的限制，充分利用外区域的资源，能够在更大范围内实现资源的整合、一体化开发，打造更高级别的旅游精品项目。

跨区域旅游产品和线路开发优势。不少旅游产品所依托的旅游资源的分布具有跨区域性特征，特别是跨行政区域，也就是说许多地理位置邻近的区域会共同拥有某些独立旅游资源实体的一部分。这样相邻的区域因为共同拥有某种旅游资源而成为联合的对象，需要合作开发产品，共同管理资源，分享开发收益。此外，跨

区域旅游线路开发也是合理配置旅游资源、最大限度以点带面、有效发挥景区辐射功能、促进旅游经济发展的重要手段之一。跨区域旅游线路必须统一规划、分项实施。考虑到毗邻区域的景点布局，在寻求大区域精品旅游线路之前，以省市为小区域，形成“一小时”或“二小时”旅游经济圈，并以本区域的起点和终点与其他区域的起点和终点进行衔接，实现真正意义上的以点带面。

生产要素的配置优势。旅游区域联合可以减少地区间的壁垒，特别是行政壁垒，为区域之间在更大范围内开展分工协作和生产要素配置创造条件，从而更有利于各区域旅游经济效益的提高。与此同时，旅游企业的跨区域协作有助于企业实现规模化效应；促进企业间分工与合作，提高企业竞争力；引进先进管理机制和经验，提高企业综合素质。

区域旅游形象的整体塑造优势。通过合作，第一，有利于在合作区域内达成统一的理念和行为，如统一的促销主题、统一的服务标准、统一的道路景区标志、统一的价格标准；第二，可以较好地克服负外部性问题，有效地防止资源破坏和环境污染；第三，有利于促进城市改造和改善旅游基础条件。

二、区域旅游合作存在的困难和解决困难的关键

（一）区域旅游合作存在的困难

1. 现行体制环境中合作屏障

地方保护主义严重。面对共同的旅游市场，一些地方政府出于本位主义考虑，或只顾眼前利益，将本可以共同开发的旅游市场人为割裂。为不让自身旅游经济税收流往别处，控制旅游资源成为地方政府的常用手段，因此，旅游企业无法共享一些地区的旅游资源。一些地方政府担心合作会失去自己的竞争优势，对区域旅游合作持观望态度。

存在条块割据的管理体制。旅游产业涉及食、住、行、游、购、娱等全方位的合作。然而，旅游合作涉及行政管理部门多、利益面广，很难完全达成一致。因而，条块割据的管理体制的存在，使行政部门很难真正实现合力，不利于旅游合作的发展。

2. 区域旅游合作机制不健全

非制度化的合作协调机制功能脆弱。区域旅游合作是双方或多方不断交流、深化、磨合的过程。在这个过程中，彼此之间或多或少会出现利益上的摩擦和分歧，这就需要一个长期的、稳定的合作协调机制来维护各自的利益，从而促使合作维持下去。然而，我国旅游合作机制未形成制度，导致合作协调机制并不能完全发挥作用，协调功能非常脆弱。

合作技术和手段缺乏。区域旅游合作涉及多个利益主体，要使合作成为各方的共识和主动的行为，不仅需要政府强有力的推动，而且需要创新合作的技术和手段。而目前区域旅游合作的技术和手段还比较匮乏，导致合作流于形式。

利益补偿机制不完善。区域旅游的合作是对旅游资源的重新整合，这就涉及了利益需要重新分配的问题。由于利益补偿机制的不完善，导致利益分配不均，弱势群体的利益在旅游合作中得不到应有的增进，如社区的利益、村民的利益反而受到了削弱。这些问题阻碍了区域旅游合作的开展。

（二）解决区域旅游合作困难的关键

市场推动。在市场经济条件下，一方面，大量旅游企业为适应竞争和追求效益，会不断优化配置自身的资源要素，在细化分工的基础上向专门化、专业化的方向演进。另一方面，一些已具规模的旅游企业也会逐步在一定领域内形成系列化、集团化的扩张。这两种情况都要求旅游企业突破行政区划的界限，加强相互间的合作，从而在更大的空间范围内形成有机的旅游产业链。因此，在推动区域旅游合作问题上要充分发挥市场的作用。

政府主导。首先，政府是区域旅游合作最重要的主体。无论是旅游资源开发、旅游基础设施建设、旅游市场促销方面的合作，还是旅游信息服务、旅游人才培育方面的合作，都离不开政府的主导作用。政府是地方整体利益的代表，政府层面的合作是实现区域共同利益最大化的基础和保障。其次，政府又是区域经济中最有效的调控主体，政府的决策和调控不仅对本地旅游经济的发展具有重大影响，而且也直接关系到跨行政区划、跨行政层级的利益协调。最后，政府还是规范旅游市场和竞争秩序的主体，区域性制度障碍的清除、区域性旅游竞争行为的监管、区域性旅游发展环境的改善等，均有赖于各地政府的合作与联动。

复习与思考

一、名词解释

旅游业　产业关联　旅游新业态　旅游产业结构　旅游产业结构优化　区域旅游合作

二、填空题

1. 旅游产业具有的特点是______、______、______和分工专业性。

2. 产业关联具有两种形态，分别是______和______。

3. 旅游业的构成可以分成______、旅游景观业、______、旅游住宿与餐饮业、旅游交通业、______。

4. 旅游产业结构优化的标志是______、高度化、______。

5. 旅游产业布局的基本形式有旅游点、旅游区、______、______。

6. 旅游产业布局的原则有______、优势互补原则、保证重点原则、______。

7. 旅游产业布局模式主要有______、______、______。

三、选择题

1. 旅游业属于国民经济______。

A. 第一产业　B. 第二产业

C. 第三产业　D. 前三种产业的综合

2. 旅游业分成不同的层次，处于旅游业核心层的是______。

A. 旅行社、景区、为游客服务的娱乐场所

B. 酒店、景区、旅游购物场所

C. 旅行社、酒店、为游客服务的交通公司

D. 酒店、餐馆、旅游购物场所

3. ______是指一个产业与直接或间接提供产出作为该产业投入的其他产业的联系。

A. 产业关联　B. 后向关联　C. 前向关联　D. 双向关联

4.______是指旅游产业在国家或地区范围内的空间分布和组合。

A. 旅游产业结构　　　　B. 旅游产业布局

C. 旅游区域合作　　　　D. 旅游线路组合

5. 旅游区域四分法中的优区是指______的旅游区。

A. 经济水平较高、旅游水平较高　　　　B. 经济水平较低、旅游水平较高

C. 经济水平较低、旅游发展缓慢　　　　D. 经济水平较高、旅游水平一般

四、判断题

1. 产业综合性是旅游业与其他产业的一个显著区别。(　)

2. 旅游业的前向关联作用明显，对国民经济的拉动力强。(　)

3. 支柱产业是指在所有产业中处于主要支配地位，能推动产业结构升级演化的产业。(　)

4. 旅游经济的发展主要包括总量增长、结构转换和水平提高三个方面。(　)

五、简答题

1. 为什么说旅游业是国民经济的一个特殊产业部门?

2. 实现旅游产业结构优化的途径有哪些?

3. 结合四分法，简述不同区域的旅游发展战略。

4. 区域旅游合作存在的困难和解决困难的关键分别是什么?

六、案例分析

旅游合作：两广六市无障碍旅游区

2004年9月18日，广西的桂林、梧州、贺州及广东的广州、佛山、肇庆6个城市在肇庆市七星岩牌坊共同签署了《无障碍旅游区共同守则》，这标志着泛珠三角经济区首个无障碍旅游区正式启动。泛珠三角经济区包括珠江流域及周边的广东、广西、湖南、福建、江西、海南、四川、云南、贵州9个省、自治区，以及香港、澳门两个特别行政区。旅游合作是泛珠三角经济区经济合作的重点，启动两广六市无障碍旅游区是打造泛珠三角经济区无障碍旅游区的试点和开端。

根据《无障碍旅游区共同守则》的规定，导游人员可以直接带团跨境旅游，不再有必须交由当地旅行社接待的强制性规定；保障两广六市的旅游车辆跨境无障碍

通行；构筑旅游信息合作沟通平台，每季度进行一次信息互通，实现资源共享；建立六市旅游投诉和应急处理热线联系电话；旅行社可以通过合作等方式逐步跨境设立分支机构，实行网络化经营等。早在2004年7月，旨在推动两广旅游合作的“两广六市共同打造跨境无障碍旅游区”等合作协议签约仪式在桂林举行。六市经过协商确定，将实施构筑旅游信息合作平台；建立六市旅游投诉和应急事件处理热线电话；建立“黄金周”和重大节假日的旅游预警机制、重大事件通报制度；建立旅游市场质量监控机制；协调各方的执法行为，共同打击跨境扰乱市场秩序的行为，保障导游人员的跨境流动工作和带团服务工作，取消必须由当地旅行社接待的习惯做法；切实推动六市旅游车辆跨境无障碍通行，在适当地方设立醒目的旅游标志，协调政府相关部门在车辆行驶、停放时给予便利等措施，为跨境无障碍旅游区保驾护航。在推介六市精品旅游特色线路、打造区域旅游品牌方面，广东三市将利用毗邻港澳的地理优势，将到广东的海外游客引到广西。与此同时，广西三市也将发挥桂林的国际客源优势，将到桂林的国际游客推介到广东。“十一”旅游黄金周即将来临，黄金周期间，新出炉的两广六市无障碍旅游区将到底能给游客和旅游市场带来什么呢?

两广六市关于打造无障碍旅游区的共同守则

资料来源：http://www.southcn.cn.

一是给游客带来更多方便与实惠。无障碍旅游区建设主要探讨跨地区设立旅行社、旅行社导游人员可跨地区带团、旅行社组团和地接实现“一竿子插到底”的无缝衔接、自驾车旅游“路障”的扫除和给其他省的旅行社和导游人员以平等待遇等，以及逐步建立一个良好的机制。高速公路的对接是解决交通障碍的一个重要内容，六市间的高速公路交通网正在建设，一旦形成，游客往返旅游将十分方便。旅游车辆跨境无障碍通行是建立无障碍旅游区的一个重要内容，按照《无障碍旅游区共同守则》的规定，“十一”旅游黄金周期间，各市要在城市入口处设立醒目的旅游标志系统，协调政府相关部门在旅游车辆行驶、停放时给予便利，这是自驾车旅游的游客可以立即享受到的好处。无障碍旅游区搭建的平台将使广大游客在旅游投诉和突发事件应急处理中感到更安全和更便捷。

二是给旅行社带来更大机遇与挑战。无障碍旅游的重要内容之一就是导游人员可以直接带团跨境旅游，取消必须交由地接社接待的强制性规定，这对开展组团业务的旅行社来说是一大利好。同时，旅行社可以通过合作等方式逐步跨境设立分支机构，由当地地接社垄断外来旅游团的不公平竞争状况也将改变。取消“地接”之后，跨区域的旅游团到各地旅游的各个环节都处于一家旅行社的掌控之下，产生衔接疏漏的概率大大降低，这在一定程度上有利于降低成本和加强管理。但桂林的一些地接社担心“十一”旅游黄金周期间生意受到冲击，一些旅行社却认为这种冲击不会太大。因为在享受优惠方面，外来组团社是没有办法与“地头蛇”地接社相比的。

三是给旅游市场带来更大“蛋糕”。打造泛珠三角无障碍旅游区会促使更多的游客在“十一”旅游黄金周期间放心、自由地到无障碍旅游区旅游，旅游市场的“蛋糕”无疑将越做越大。尽管桂林旅行社对取消“地接”存有担心，但他们也都无一例外地认为，这一做法对整个旅游业来说还是有利的。广东、广西历来互为旅游目的地。桂林是广西旅游龙头，也是广东人出游广西的重要目的地。无障碍旅游所带来的利好，肯定会增加今年“十一”旅游黄金周广东、广西游客互相旅游的热度。

——资料来源：广西旅游在线，http：//www.gxta.gov.cn.

根据以上案例回答如下问题：

1. 泛珠三角经济区无障碍旅游区合作的主要内容是什么？

2. 你认为如何在旅游合作区中发挥自身优势，促进当地旅游业的发展？

推荐阅读

1. 田里．旅游经济学（第十章 旅游产业经济结构优化）[M]. 北京：高等教育出版社，2002.8.

2. 林南枝，陶汉军．旅游经济学（ 第七章 旅游产业结构和产业政策）[M]. 天津：南开大学出版社，2001.6.

3. 许冬梅．浅析中外旅行社业发展趋势 [J]. 中国高新技术企业 2010（7）.

4. 程锦等．旅游产业融合研究进展及启示 [J]. 旅游学刊，2011. (04).

5. 高丽敏等．旅游新业态的产生发展规律研究 [J]. 中国商贸，2012.(12).

6. 石莹等．国内旅游产业研究文献的分析与综述 [J]. 大连民族大学学报，2012(7).

7. 王晞，汪宇明．竞争与整合：中国区域旅游发展与合作态势分析 [J]. 桂林旅游高等专科学校学报，2005 (1).

第七章 旅游消费及效应

旅游消费是人类的一种高级消费方式，是在满足人们衣、食、住、行等基本物质生活需要之后，伴随着收入提高和闲暇时间的增多而产生的消费行为。本章分析了旅游消费的性质和特点、旅游者消费结构的影响因素和变化趋势，探索了旅游消费结构的优化；阐述了旅游者消费的决策过程和实现旅游消费效用最大化的条件；最后介绍了旅游消费效应的不同表现和评价原则。

学习目标

知识目标

1. 掌握旅游消费的性质与特征。
2. 理解旅游消费在旅游经济运行中的地位。
3. 理解旅游者消费结构的类型、影响因素和变化趋势。
4. 了解旅游者个人消费效用最大化的满足条件及消费的决策。
5. 掌握旅游消费效应和评价原则。

技能目标

1. 能运用旅游消费相关理论，分析旅游者消费结构。
2. 能对旅游消费效应进行简单评价。

案例

《2010年广州旅游消费者研究报告》解读

广州长隆欢乐世界

资料来源: http://www.flyker.cn.

《广州日报》委托益普索市场咨询公司撰写的《2010年广州旅游消费者研究报告》，日前已在广州国际旅游节期间对外发布。这是《广州日报》连续第三年委托第三方独立调查公司，对广州及珠三角地区的旅游消费行为进行调查。对广东旅游营销界而言，这是一件很有意义的事。了解游客的需求，是旅游营销工作的起点。广东作为国内旅游发展的排头兵，在休闲市场迅猛发展、旅游产品推陈出新、旅游产业结构转型升级的形势下，开展旅游市场专业调查不仅必要，而且及时。

一、旅游市场的发展现状

出游比例和出游次数。《2010年广州旅游消费者研究报告》认为，广州旅游消费者的出游比例2009年达到56%，略高于2008年的51%。出游次数2009年为平均8.7次，明显高于2008年的6.7次。

出游频次与消费者背景。广州消费者的出游频次与其月收入呈正向关系。全年出游次数在5次以上的，多为已婚有小孩的消费者，且个人和家庭的月收入在3600~9400元。出游次数在4次以下的，多为年轻的、未婚的消费者。

旅游总花费。广州消费者2009年的平均总花费为13000元，明显高于2008年的7000元。其中，年均总花费在6000元以上的消费者比例达到43%，同比上升了10个百分点。

省内游和省外游。在省内游方面，跟团游或自助游的平均次数为3次，跟团游的平均花费为2000元，自助游为1400元；在省外游方面，跟团游和自助游的平均次数为1.5~2次，跟团游的平均花费为4800元，自助游为4100元。

港澳游和出国游。在港澳游方面，跟团游的平均花费为800~1500元，自助游的平均花费为2800~5300元；在出国游方面，2009年占消费者比例为4%，跟团游的平均花费为7000元，自助游为14000元，跟团游比自助游的费用降低一半左右。

自驾游的意愿。广东消费者的省内自驾游意愿较强，选择“可能会”和“肯定会”的比例约占36%；省外自驾游的意愿较弱，比例约占15%。

二、旅游消费的行为分析

旅游动机。无论短线还是中长线，广州消费者的旅游动机首先都是为了休闲、放松。

时间安排。短线游（1~3 天）一般没有特别安排，大多选择在周末；中线游（4~7 天）通常以年假为主；长线游（8 天以上）大多经过长时间的准备，凑足假期，或者是蜜月旅行。

旅游伴侣。短线游只要热闹，人越多越好；中线游以三五人的亲朋好友结伴为主；长线游以家庭和情侣结伴出游为主。

目的地选择。短线游主要在省内，对目的地的特色要求较低；中线游通常选择国内游和东南亚游；长线游选择国外旅游。

旅行方式。短线游既有跟团游也有自助游；中线游以跟团游为主，自助游主要是少数喜欢探索的旅游者；国外旅行绝大多数人会选择跟团游。

旅游预算。无论哪种旅游方式，广州消费者的旅游消费意愿都很强烈，很乐意在吃、喝、娱乐方面花钱。

三、旅游目的地的选择偏好

国内旅游目的地的选择偏好，按照排序前五名为：云南（18%）、四川（16%）、上海（12%）、北京（12%）、海南（11%）。国外旅游目的地的选择偏好，前五名为：日本（30%）、韩国（13%）、泰国（13%）、美国（8%）、澳大利亚（8%）。省内游的景点类型选择偏好，前三名为：温泉、海滩和漂流。其次是宗教景点和主题公园。

——资料来源：郑泽国.《2010 年广州旅游消费者研究报告》解读［EB/OL］.
http://www.chinavalue.net/Blog/307273.aspx.2010-03-28.

案例分析

什么是旅游消费？旅游消费的特征是什么？

第一节　旅游消费概述

一、旅游消费的性质和特征

（一）旅游消费的含义

消费是社会再生产中不可缺少的经济环节，是指人们为满足自身的需要而消耗物质产品和劳务的过程和行为。

旅游消费是指人们在旅游活动中，为了满足其自身发展和享受的需要，而消耗各种旅游产品的过程和行为。随着收入提高和闲暇时间的增多，旅游消费已逐渐成为人类消费结构中的主要内容。

（二）旅游消费的性质

消费可以分成生产消费和生活消费。生产消费是直接与生产同一的消费，是指在生产产品的过程中，对劳动力和生产资料的消耗。生活消费则是指个人消费，是人们为了满足个人生活需要而消耗产品的过程和行为。

旅游消费属于生活消费的范畴。生活消费包括满足个人生存需要的消费以及满足发展与享受需要的消费两个方面。个人生存需要的消费是指为了满足个人生理需要、保证劳动力再生产必需的消费。个人发展与享受需要的消费指为了满足个人和家庭的自我发展与提高，获得生活乐趣的消费。很明显，旅游消费是属于满足发展与享受需要的消费。它是在生存需要得到满足后，人们以提高自身的文化素质，充分发展智力和体力，为实现个人社会价值为目的而产生的一种较高层次的消费需要。

（三）旅游消费的特征

旅游消费的综合性。旅游消费的综合性取决于旅游产品的组合性。旅游产品的组合性是指旅游产品是由旅游活动要素涉及的一系列服务组合而成，如景点服务、导游服务、住宿服务、饮食服务、交通服务等。旅游消费是对旅游产品的消费，因而旅游产品的组合性当然也就决定了旅游消费的综合性。一方面，作为一次旅游经历来讲，旅游者在消费旅游产品的过程中，享受到的服务可能有多有少，但不存在只享受某一种单一的服务；另一方面，虽然旅游消费满足的是旅游者发展与享受的需要，但作为一种生活方式，旅游者也需要解决在旅游过程中所必需的吃、住等基本的生存需要。

旅游消费的精神性。旅游消费是个人发展与享受需要的消费，带有明显的精神性特征。在旅游消费中，旅游者得到的精神放松、审美愉悦、情操陶冶、文化充实均体现了精神消费的特点。旅游者在旅游中需要消耗一定的物质，但这些物质只是满足旅游者精神性享受的条件。旅游者进行旅游消费的目的绝不是为了物质的摄取。

旅游消费的决策多变性。对于一般的日常消费，人们往往不轻易改变他们的消费决策，消费预算基本是固定的；与一般的日常消费不同，旅游消费由于受多种因素的影响，旅游者随时可能改变他的消费决策，调整他的消费预算，如增减停留天数或增减旅游项目、改变服务档次等，这一点在自费项目的消费中以及散客旅游的消费中表现得尤为明显。美国经济学家范伯伦将个人消费分为家内消费和家外消费，家内消费是比较节俭的，家外消费往往表现为喜欢奢华、要面子、摆阔、冲动等。家外消费的这些特点使得旅游消费在决策上呈现多变性。

旅游消费的不可重复性。旅游消费与旅游产品生产的同一性决定了旅游消费的不可重复性，也就是旅游者购买、消费旅游产品时所享受到的服务是一次性的。旅游消费始于旅游者旅游的开始，终于旅游的结束，不能像购买一般的物质商品那样重复性消费。而且由于旅游消费效用的衡量在很大程度上是以旅游者的主观感受为依据的，因此即使是同一旅游景点、同一旅游服务工作人员所提供的旅游产品也会给同一旅游者在不同的消费时段带来不一样的感受。

二、旅游消费在旅游经济运行中的地位

（一）生产与消费关系的一般原理

在社会再生产过程中，生产和消费是一对矛盾的统一体。两者之间的关系是相互依存、相互促进的辩证关系。生产是起点，消费是终点。没有生产便没有消费，生产规模、结构、内容、质量决定了消费的规模、结构、内容、质量。从一次生产过程看，生产决定了消费；生产是手段，消费是目的。没有消费，生产也就失去了最根本的目的；没有消费，生产也就无法继续进行。从社会再生产过程看，消费又决定着生产。

（二）旅游消费在旅游经济运行中的地位

旅游消费是旅游经济运行的枢纽。旅游经济的运行是旅游生产、交换、分配、消费各环节相互依赖和相互制约的运动过程。各环节协调平衡，旅游经济运行才能顺利进行；反之，就会运行不畅。其中，旅游消费在旅游经济运行中处于枢纽地位。这是因为，旅游经济的运行是一个周而复始的过程，旅游消费既是第一个运行过程的终点，又是下一个运行过程的起点。如果没有消费，或消费运行不畅，其他

环节就失去了运行的动力和保障，旅游经济的整个运行过程就不可能通畅，旅游经济周而复始的运行就会停止或受到阻碍。

旅游消费是旅游经济运行的标杆。旅游经济周而复始的运行不是一个简单的在低水平状态下的重复循环，而是一个由低水平向高水平，再向更高水平的递进发展过程。在旅游经济运行过程中，旅游消费是旅游经济递进发展的标杆。这是因为：一方面，旅游消费是评价旅游经济运行效果和水平的标准。旅游企业生产的旅游产品价值只有通过旅游消费才能最终得以实现，旅游经济运行效果的好坏、水平的高低通过旅游消费效果和水平的检测能得到集中的反映。另一方面，旅游者的消费需求变化是旅游经济运行变化的导向。旅游者的一般旅游消费需求得到满足后，就会产生更高一级的旅游消费需求，这就需要在旅游产品的规划、设计、生产、营销上百变出新，不断满足旅游消费需求的变化，从而使旅游经济运行上升到一个更高水平。旅游者的消费需求出现什么样的变化，旅游经济运行就会跟着发生什么样的变化，旅游消费引导着旅游经济运行变化的方向。

第二节　旅游者消费结构

一、旅游者消费结构及分类

（一）旅游者消费结构的含义

旅游者消费结构是指旅游者在旅游过程中所消费的各类物质和劳务产品的比例关系。研究旅游者消费结构，可以为旅游目的地国家或地区在分析旅游企业经营状况与旅游产品深度开发的过程中提供科学依据。

旅游者消费与旅游消费两者之间既有联系又有区别。旅游者消费除包含对旅游产品的消费外，还包含对旅游购物品的消费，因此在外延上要宽于旅游消费。在旅游消费统计分析中，虽然经常使用的是旅游消费结构这一概念，但实际统计和分析的对象却是旅游者消费结构。

（二）旅游者消费结构的分类

层次分类。按照满足旅游者消费需求的不同层次划分，可以将旅游者消费划分为生存消费、享受消费和发展消费。尽管旅游消费在本质上属于高层次消费，然而旅游者在旅游过程中所购买的各种产品和服务都不可能脱离基本生存、享受和发展三个方面的要求。具体来说，在旅游活动的六要素中，食、住、行主要是满足旅游者在旅游中的生存需要的消费；而游、购、娱主要是满足旅游者在游览中享受和发展需要的消费。但在实际的旅游过程中，是很难把旅游者的生存消费、享受消费和发展消费严格区分开来的。例如，旅游者在海滨度假胜地享用平日里难得一见的海鲜风味，这既可以看成是生存消费，也可以看成是为提高自身生活质量而进行的享受和发展消费；再加上旅游活动中各地风俗文化差异巨大，在满足基本生存需要的同时，不可避免地会包含满足享受和发展需要的内容。

课堂思考

旅游者在旅游过程中的食、住、行花费是满足生存需要的消费还是满足享受和发展需要的消费？为什么？

形态分类。按照消费资料存在的形态划分，可以将旅游者消费划分为实物消费和劳务消费。实物消费是指旅游者在旅游过程中所消耗的各类具有实物形态的物品，如土特产、工艺品、旅游用品等。劳务消费是指在旅途中旅游者消耗的旅游服务产品，如客房服务、餐饮服务、交通服务、景点导游服务、旅游经营企业咨询服务等。相对于能给旅游者带来直接满足的实物消费而言，劳务消费更多的是带给旅游者精神上的舒适和愉悦。

作用分类。按照消费对旅游活动的重要性划分，可以将旅游者消费划分为基本消费和非基本消费。基本消费是指为进行一次完整的旅游活动旅游者必需的开支、在旅游者消费结构中具有稳定性的消费，如景点、交通、食宿服务等方面的开支。非基本消费是指在旅游活动中可有可无，根据旅游者个人喜好进行的开支、在旅游者消费结构中具有不稳定性的消费，如购物、医疗、美容、金融消费等。

二、影响旅游者消费结构的因素

(一)影响旅游者消费结构的需求因素

旅游者收入水平。收入水平的高低不仅会影响旅游者消费的内容，同时也会影响到旅游者消费的档次，从而影响旅游者的消费结构。在一般情况下，旅游者消费需求与旅游者收入是呈同方向变动的，旅游者收入越高，旅游者消费的内容也就越丰富；反之，旅游者收入越低，则旅游者消费的内容就越单调。不同的消费内容会形成不同的消费结构。收入的高低还会影响到旅游者消费的档次。旅游者收入越高，会从提高生活质量的角度出发，选择高档旅游产品进行消费；反之，旅游者收入越低，则会转向档次较低的旅游产品进行消费。旅游者消费的档次不同，消费结构自然就不同。比如，远距离的旅游，会增加交通消费在旅游者消费结构中的比重；住高星级饭店，会增加住宿消费在旅游者消费结构中的比重；等等。

旅游者消费偏好。旅游者消费偏好是指旅游者受社会文化、生理、心理等因素的影响而形成的一种消费习惯和爱好。旅游者消费偏好会影响到旅游者消费结构。旅游者文化水平和生活阅历不同，消费偏好会存在很大反差。同一旅游资源，对于具有不同文化水平和生活阅历的旅游者所产生的吸引力的大小是不一样的。比如，面对难得一见的珍稀古玩或是独具一格的地方文化，有的人欣然向往，有的人却视而不见。旅游者性别、年龄、职业、民族、个性等生理和心理因素千差万别，必然也会体现在他的消费偏好上。有些旅游者注重游，有些旅游者注重住，有些旅游者注重吃；相较于喜欢购物的女性旅游者而言，男性旅游者更倾向于富有挑战和自我肯定的旅游活动项目；而相较于喜欢惊险、刺激性强的生存极限类旅游活动项目的年轻旅游者而言，老年旅游者更为注重旅途中的交通便利度、行程安排的平缓度、住宿的舒适度等。

产品的比价。在一般情况下，旅游者消费需求与产品价格是呈反方向变动的。旅游者在旅游过程中消费的各种产品，客观上存在一定的比价关系。这种比价关系会影响到旅游者消费结构。某种产品的价格相对便宜，旅游者就会增加对这种产品的消费；反之相反。比如，有些地方的景点门票相对贵一些，旅游者可能会适当减少参观景点的次数；香港的金银首饰、手表、摄像机等购物品相对便宜，旅游者就会增加购物的消费。

（二）影响旅游者消费结构的供给因素

产品供给结构。旅游者消费结构还取决于旅游业和国民经济其他部门能为旅游者提供什么样的供给结构。供给结构不合理，旅游者消费结构不可能合理。旅游目的地供给结构合理性不仅取决于旅游经营者的市场细分与开发，同时也取决于国民经济中其他部门的配套发展。

产品质量。产品质量表现在两个方面，一是产品的物理、化学性能，二是服务质量。产品质量会影响旅游者对产品的满意度和购买欲望，从而会影响旅游者消费结构。其中旅游服务质量对旅游者消费结构的影响最大，旅游从业人员的服务态度、服务技巧、服务方式、服务效率等会极大地调动或抑制旅游者的消费欲望。

旅游线路的安排。旅游线路的合理与否，也会对旅游者消费结构带来影响。旅游线路的针对性越强，越能满足不同游客的消费偏好；反之则相反。

三、旅游者消费结构的变化趋势及优化

（一）旅游者消费结构的变化趋势

恩格尔定律。旅游者消费结构也不是一成不变的，它会随着国民经济的发展和旅游者收入的变化发生改变。19 世纪德国统计学家恩格尔根据统计资料，对消费结构的变化提出了著名的恩格尔定律，即一个家庭收入越少，家庭收入中（或总支出中）用来购买食物的支出所占的比例就越大，随着家庭收入的增加，家庭收入中（或总支出中）用来购买食物的支出则会下降。

恩格尔定律在旅游者消费结构中的应用。按照国际经验，通常当一个国家的人均国民收入达到 1000 美元时，国内旅游开始兴旺起来，并进入一个快速发展的轨道。当人均国民收入达到 3000 美元时，将出现周边出国旅游的热潮；当人均国民收入达到 5000 美元时，洲际旅游发展加快。恩格尔定律和国际旅游业的发展经验同时表明：随着人们可支配收入的不断增加和社会进步的程度提高，其一，人们用于满足生存需要的开支将逐步减少，而用于享受和发展的开支将逐步增加，

其中用于旅游的开支将迅速增加；其二，旅游者在旅游中用于饮食、住宿、交通等基本旅游消费方面的支出比重将逐步减少，而用于娱乐和购物的比重将逐步上升。

相关链接 搜索

恩格尔定律和恩格尔系数

19世纪德国统计学家恩格尔根据统计资料，对消费结构的变化得出一个规律：一个家庭收入越少，家庭收入中（或总支出中）用来购买食物的支出所占的比例就越大；随着家庭收入的增加，家庭收入中（或总支出中）用来购买食物的支出所占的比例则会下降。推而广之，一个国家越穷，每个国民的平均收入中（或平均支出中）用于购买食物的支出所占比例就越大；随着国家的富裕，这个比例呈下降趋势。恩格尔定律的公式：

$$\text{食物支出对总支出的比率}(R_1)=\frac{\text{食物支出变动百分比}}{\text{总支出变动百分比}}$$

或

$$\text{食物支出对收入的比率}(R_2)=\frac{\text{食物支出变动百分比}}{\text{收入变动百分比}}$$

其中，R_2又称为食物支出的收入弹性。

恩格尔定律是根据经验数据提出的，它是在假定其他一切变量都是常数的前提下才适用的，因此在考察食物支出在收入中所占比例的变动问题时，还应当考虑城市化程度、食品加工、饮食业和食物本身结构变化等因素都会影响家庭的食物支出增加。只有达到相当高的平均食物消费水平时，收入的进一步增加才不会对食物支出产生重要的影响。

恩格尔系数是根据恩格尔定律得出的一个比例，是表示生活水平高低的一个指标。其计算公式如下：

$$\text{恩格尔系数}=\frac{\text{食物支出金额}}{\text{总支出金额}}$$

除食物支出外，衣着、住房、日用必需品等的支出也同样在不断增长的家庭收入或总支出中，其所占比重上升一段时期后，呈递减趋势。

——资料来源：中华人民共和国国家统计局. 恩格尔定律与恩格尔系数［EB/OL］.http://www.stats.gov.cn/tjzs/tjcd/t20020605_21533.htm，2002-06-05.

我国入境旅游者消费结构的变化趋势。从表 7-1 数据可以看出：与旅游发达国家相比，我国入境旅游者的消费结构仍存在一定失衡。在旅游发达国家非基本支出比重占 60% 以上，基本支出占比不足 40%。显然我们应加大对旅游资源和旅游产品的开发力度，更新旅游娱乐的基础设施，提高旅游购物品的品级，使旅游者的消费结构更趋合理。

表7-1　我国入境旅游者消费构成情况

单位：%

年份 / 支出项目	1995	1999	2000	2005	2007	2009	2011
市内交通	3.2	3.8	3.3	3.5	3.0	3.4	3.3
长途交通	23.1	29.6	30.1	28.3	26.6	29.6	31.2
住　　宿	21.0	14.4	13.6	12.9	14.2	11.2	10.5
餐　　饮	19.0	10.8	9.4	9.4	8.9	9.1	7.4
商品销售	18.8	19.7	19.9%	21.8	25.0	23.1	24.5
邮　　电	2.8	2.9	3.1	2.9	1.8	2.4	2.1
游　　览	4.1	5.3	4.6	4.2	4.3	5.2	5.2
娱　　乐	2.6	6.0	7.3	5.8	5.0	7.3	7.2
其　　他	5.4	7.5	8.7	11.3	11.2	8.8	8.5
合　　计	100	100	100	100	100	100	100

资料来源：中华人民共和国国家旅游局 . 中国旅游统计年鉴 [M]. 北京：中国旅游出版社，1999–2012.

课堂思考

为什么旅游者用于饮食、住宿、交通等基本旅游消费方面的支出比重将逐步减少，而用于娱乐和购物消费方面的支出比重将逐步上升？

（二）旅游者消费结构的优化

旅游者消费结构的优化是一个动态过程，它是指旅游者消费结构向合理化、高度化、均衡化发展的渐进过程。旅游者消费结构的优化，具体来说应满足下列要求：

有利于满足游客的多样化需求。旅游消费的主体是旅游者，旅游者受到自身经济、社会、生理等多方面因素的影响，其旅游需求是纷繁多变的。这也就要求旅游消费的内容必须丰富多彩，灵活多样，扩大旅游者选择旅游产品的余地，满足不同旅游者的需求。这就要求在调整旅游者消费结构中，以满足旅游者效用最大化为目标优化其内部的支出比例。

有利于增加旅游收入。旅游收入是衡量旅游目的地国家或地区旅游发达程度的重要指标，旅游者消费结构的优化还要有利于增加旅游目的地的旅游收入。旅游者消费结构不仅表现在产品的使用价值形态上，同样也表现在其价值形态上。旅游者消费结构的优化过程，从另一个角度来讲也是为旅游者提供产品的企业实现价值和增值的过程。在旅游者消费结构优化过程中，增加旅游目的地国家或地区的旅游收入是这一优化过程的必然结果。

有利于实现旅游供求平衡。均衡化是旅游者消费结构优化的重要内容。旅游供求平衡包含多方面的内容，它不仅表现为供求的总量平衡、供求的产品结构平衡，同时还表现为供求的时间平衡、供求的空间平衡等。旅游者消费结构的优化要有利于旅游供求的综合平衡。

旅游产品有别于一般物质产品，其需求易受到较多因素的影响，弹性较大。而旅游产品的供给相对需求而言，具有一定的刚性和稳定性。旅游者消费结构的优化，一方面，在空间上有利于调整“冷”和“热”点景区旅游设施利用率的高低问题；另一方面，在时间上也可以改善由于旅游淡旺季所带来的旅游经济效益的大幅度波动。

有利于旅游业的可持续发展。良好的旅游环境是保证旅游业可持续发展的首要条件。而合理的旅游者消费结构必须有利于保护环境和维持生态平衡，任何有悖于环境保护、旅游目的地区域生态平衡的消费内容都应受到限制。例如，对于有些生态环境相对脆弱的景区，应当限制游客的进入数量；对于类似狩猎、钓鱼等特定旅游活动，应以可持续发展和保护环境为原则限制其范围和周期。

第三节 旅游消费效用

一、旅游消费效用的最大化

（一）旅游消费效用的含义

效用是指人们消费物质或劳务产品时所获得的满足程度。其间人们所获得的满足程度越高，则说明效用越大；满足程度越低，说明效用越小。但效用是一种主观感受，其大小是因人而异的。

把效用这一心理现象运用到旅游经济活动中，游客必定会把旅游消费的“投入”和“产出”做一个比较。所谓的“投入”是指旅游消费需要支出一定的货币、时间和精力，而通过旅游消费，使旅游者体力和智力得到恢复和发展，精神达到愉悦和满足，这就是旅游消费的“产出”。因此，旅游消费效用，就是指旅游者在旅游经济活动中通过消费旅游产品所获得的心理感受和主观评价，是旅游消费“投入”和“产出”的比例关系。

（二）边际效用及其递减规律

1. 边际效用和总效用

边际效用是指每增加消费一单位的物质或劳务产品给消费者带来的满足程度。同样一种产品，不同的消费量给消费者带来的满足程度是不一样的。

总效用是指消费者在一定时期内，消费一定量物质或劳务产品时所得到的效用总和。

2. 边际效用递减规律

边际效用递减规律是指在一定时期内，随着消费者对某种物质或劳务产品消费量的增加，该产品的边际效用具有逐步递减的规律（见表 7–2，图 7–1）。

表7-2　总效用与边际效用关系

产品消费量	总　效　用	边际效用
1	8	8
2	13	5
3	16	3
4	18	2
5	19	1
6	19	0
7	17	–2

边际效用之所以呈递减规律，这与人自身心理和生理方面的欲望变化有关。人在消费某种物质或劳务产品的时候，一开始心理和生理欲望非常强烈，因此，在消费时较容易出现满足感；随着消费某种物质或劳务产品的数量逐步增加，人的心理和生理欲望会逐步减弱，从其中所获得的满足感也将会因为“腻”的感觉而逐步递减，甚至会给人带来一种痛苦的感觉。

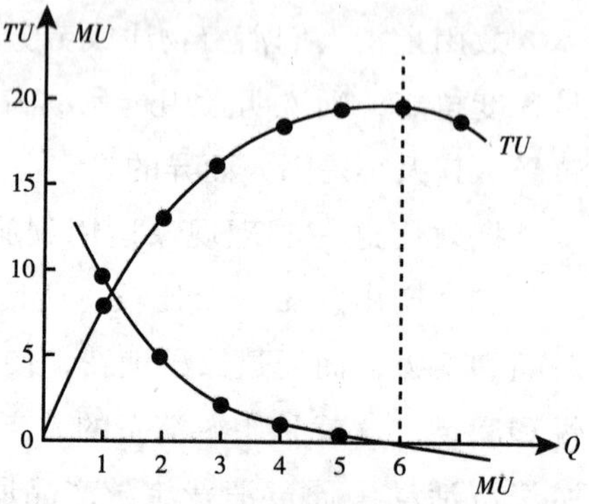

图7-1　总效用与边际效用

（三）旅游消费效用的最大化

旅游消费效用的最大化是指在一定时期内，一定价格水平条件下，旅游者通过购买、消费旅游产品，在生理和心理上所获得的最佳满足感。

旅游消费效用最大化可以通过无差异曲线和消费预算线的组合分析来揭示。

1. 无差异曲线

无差异曲线是指用来表示两种或两组产品，不同数量的组合对消费者效用的大小是相等的。

假设有 X 和 Y 两种产品，数量组合的方式有 6 种，这 6 种组合方式可以给消费者带来同样的满足（见表 7–3，图 7–2）。

表7–3　无差异表

组合方式	X 产品	Y 产品
a	5	30
b	10	18
c	15	13
d	20	10
e	25	8
f	30	7

在图 7–2 中，横轴代表 X 产品的数量，纵轴代表 Y 产品的数量，I 为无差异曲线，线上任何一点所表示的 X 产品与 Y 产品不同数量的组合给消费者所带来的满足程度是相同的。

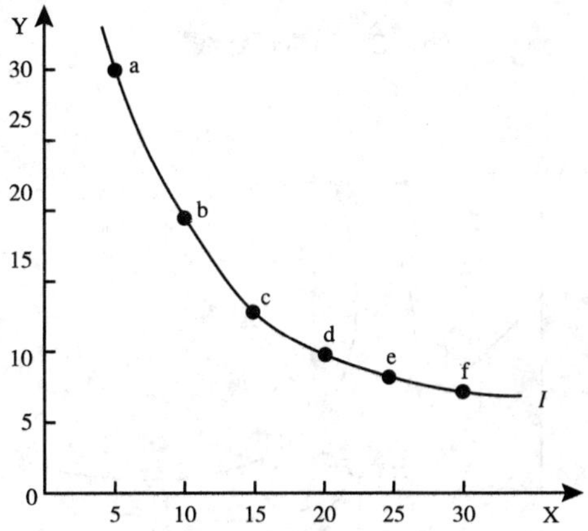

图7–2　无差异曲线

根据无差异曲线的含义及其形状，可以将无差异曲线的特征归纳如下：

（1）无差异曲线凸向原点，向右下方倾斜，斜率为负。

（2）同一条无差异曲线上的各点表示的不同产品组合产生的效用都相同，增加产品 X 就必须减少产品 Y，两种产品之间的替代性此消彼长。

（3）在同一坐标平面上有无数条无差异曲线，离原点越远的无差异曲线表示的效用越大。

（4）任何两条无差异曲线不能相交。

2. 消费预算线

消费预算线是表示消费者在收入和产品的价格既定的条件下，能够购买到的各种物质或劳务产品的最大数量组合。消费者能够得到的物质或劳务产品的组合，一方面取决于其货币收入的多寡，另一方面依赖于物质或劳务产品的价格水平的高低，这两方面结合起来就构成了消费预算线。假定货币支出为 C，X 产品的价格为 P_x，Y 产品的价格为 P_y，则 $C=P_xQ_x + P_yQ_y$。

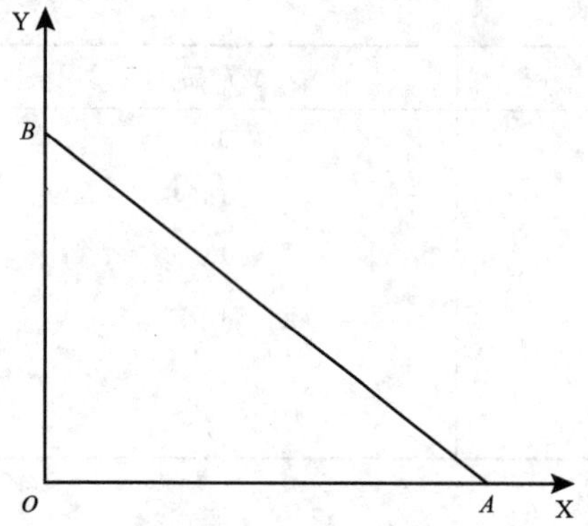

图7–3　消费预算线

假定货币支出为1000元，X产品的价格为50元，Y产品的价格为40元。若全部买X，则可购买20；若全部购买Y，则可购买25（见图7–3）。

在图7–3中，*A*点表示把1000元全部用来购买X产品的数量，*B*点表示把1000元全部用来购买Y产品的数量。连接*A*、*B*两点的直线就是消费预算线。在这条线上任何一点都表示在收入和价格既定的条件下，能购买到的X产品和Y产品的最大数量的组合。

3. 旅游消费效用最大化的满足条件

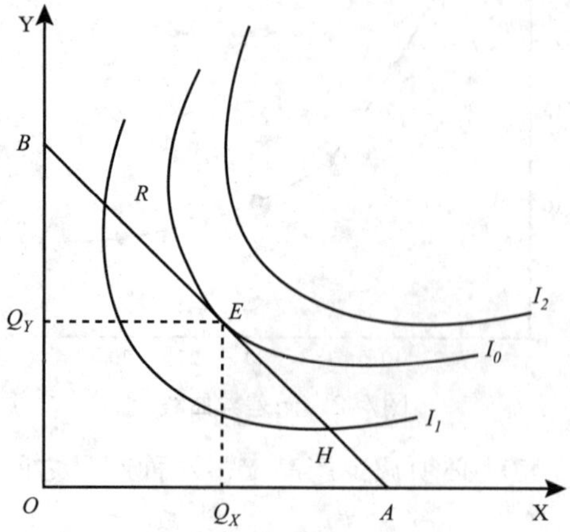

图7–4　消费效用最大化

把无差异曲线与消费预算线结合在一起分析旅游消费效用最大化的实现。无差异曲线*I*与消费预算线*AB*合并在一个图上（见图7–4），那么消费预算线必定与其中的一条无差异曲线相切于一点——*E*点，在这个切点上所对应的X产品和Y产品数量的组合既满足消费者的效用最大化要求，又符合消费者的预算开支，实现了消费效用的最大化。无差异曲线I_2上的任意一点所表示的效用都比*E*点所表示的效用要高，但超出了消费预算；*R*、*H*点虽然在消费预算内，但*E*点的满足程度大于这两点。因此，旅游消费效用最大化的满足条件，即无差异曲线与消费预算线的相切点。

二、旅游者消费决策

（一）旅游产品消费与其他产品消费的选择

假设某旅游者既渴望进行一次舒适的旅游，又希望能购买到称心如意的家具。

而家具每件平均价 1400 元，旅游每天平均消费 200 元，预算开支 5600 元。试分析在此条件下，应如何消费才能使该旅游者感到最大的满足（见表 7–4，表 7–5）。

表7–4　两种消费满足程度相同的产品组合

组合方式	A	B	C	D
家具件数	5	3	2	1
旅游天数	4	7	16	28

表7–5　旅游者预算约束下的产品组合

组合方式	A	B	C	D
家具件数	4	3	2	0
旅游天数	0	7	14	28

显然，在 5600 元的预算约束下，旅游者的最大满足是 3 件家具，7 天旅游，最佳选择是 B 组合。

（二）旅游目的地停留天数的选择

假设某旅游者希望能同时畅游上海、杭州两地，但其旅游预算支出只有 1500 元，而上海日平均费用 240 元，杭州日平均费用 150 元，试分析在这样的条件下，应如何选择停留的天数才能让该旅游者尽兴而归（见表 7–6，表 7–7）。

表7–6　两种目的地停留天数满足程度相同的产品组合

组合方式	A	B	C	D
上海旅游（天数）	1	2	3	4
杭州旅游（天数）	10	6.8	5.8	5

表7–7　旅游者预算约束下的产品组合

组合方式	A	B	C	D
上海旅游（天数）	0	2	4	6.25
杭州旅游（天数）	10	6.8	3.6	0

显然，在 1500 元的预算约束下，旅游者的最大满足是 2 天选择在上海旅游，6.8 天选择在杭州旅游，最佳选择是 B 组合。

除此之外，无差异曲线分析方法还可以根据旅游者游览天数、货币收入的边际效用大小来确定在旅行游览过程中对交通工具、住宿条件、旅游购物等多方面的选择，使旅游消费的组合最佳。

第四节　旅游消费效应

一、旅游消费效应的表现

（一）旅游消费效应的含义

旅游消费效应是指旅游消费作为一种整体的经济现象，给社会的经济、文化、环境带来积极或消极的影响。

旅游消费效用是从微观角度来探讨如何实现旅游者个人消费效用的最大化；旅游消费效应则是从宏观角度来分析旅游消费作为一个整体的经济现象，会给社会带来什么样的影响。

（二）旅游消费的经济效应

经济拉动效应。旅游消费对旅游经济乃至整个国民经济具有很强的拉动作用。首先，旅游消费是旅游经济运行的枢纽和标杆，是旅游经济增长的根本动力和主要源泉。旅游消费的运行正常，对旅游经济其他各环节的运行有着至关重要的意义，它牵引着整个旅游业的发展态势和规模。其次，旅游消费是综合性的消费，涉及国民经济许多部门直接或间接为其提供产品，由旅游消费引起的产业链是一种网状产业链，因此旅游消费对国民经济的关联带动作用和贡献率就特别明显。最后，旅游消费涉及国内和国外两大市场，不仅市场范围广，而且发展迅猛，由旅游消费引起的人流、物流、信息流拉动着世界各国国民经济的增长。旅游消费对经济的拉动效应是通过旅游乘数效应发生作用的，由旅游消费所形成的旅游收入增量会在整个国民经济中起到连锁反应，最终会通过旅游乘数效应形成数倍于这一增量的其他经济量的变化量。据世界旅游组织公布，旅游消费引起直接收入 1 美元，则带动相关收入 4.3 美元。

就业吸纳效应。旅游业是劳动密集型行业，旅游消费能大范围地吸纳劳动力。国家旅游局“十二五”人才发展规划预测，到 2015 年，旅游从业人员将达到 11490 万人，其中，直接从业人员为 1740 万人，间接从业人员为 9750 万人。除了传统的旅游领域需要吸纳大量就业人员外，旅游就业增长点将集中在乡村旅游经营、旅游景区规划、旅游工艺品纪念品设计、旅游信息技术以及不断涌现的旅游新业态领域，如旅游创意、旅游动漫设计、邮轮旅游、旅游装备制造等。旅游就业领域就业增长快、潜力大、带动性强，对解决城市下岗职工的再就业、农村劳动力转移、妇女就业、大学生就业具有十分重要的作用。同时伴随着旅游业的发展，与旅游业相关的城建、工业、农业、商贸、文化、体育、林业、水利、通信和信息、地质、海洋、环保、气象、医疗、教育等相关行业和部门也必将为社会提供数量庞大的就业岗位。据世界旅游组织测算，旅游业每增加一个直接就业人员，能为社会创造 5 个以上的就业机会。

收支平衡效应。旅游消费是平衡国内货币投放与回笼，平衡地区、城乡收入差距，平衡国际收支的重要手段。首先，国内旅游消费虽不像国际旅游消费通过创汇给国家增加外汇收入，但它可以通过旅游者的旅游消费，增加货币回笼，减轻市场压力，消除潜在的通货膨胀的威胁。其次，经济发达地区受到工业化的洗礼后，人们的生存环境和生活质量都在工业社会的挤压下逐渐降低，人们更向往原始的生活环境，向往非工业化的生活。而经济不发达地区往往是非工业化地区，自然环境和生态环境没有受到工业化的影响和破坏，旅游资源更具有原始性。发达地区的旅游者在不发达地区的旅游消费可以形成经济收入地区之间的重新分配，以此平衡地区经济差距。再次，通过在部分有条件的农村地区开展乡村旅游，城市居民到农村的旅游消费，必将很大程度上提高农民收入，可以有效平衡城乡收入差距。最后，一个国家或地区如出现国际贸易逆差、收不抵支时，可以通过入境旅游消费增加外汇收入。如出现国际贸易顺差、收大于支时，可以通过出境旅游消费来减少国际贸易摩擦，抵消本币升值的压力。自 1994 年以来，我国一直保持贸易顺差局面，加入世界贸易组织后，贸易顺差增长速度明显加快，这不仅导致我国与发达国家贸易摩擦不断升级，也使我国与出口产品结构相近的发展中国家贸易摩擦增加。目前我国外汇储备奇高，人民币升值压力巨大，如果指导性地引导我国旅游客源流向我们的主要贸易顺差国家，必然对当前的巨额贸易顺差有一定的抵消作用，从而部分改善和贸易伙伴国的关系，减轻人民币升值压力。

（三）旅游消费的环境效应

旅游消费对环境的影响是把“双刃剑”。合理的旅游消费对环境起到积极的促进作用，不合理的旅游消费对环境起到消极的破坏作用。而良好的旅游环境是旅游经营者提升旅游产品品级的基本保证，是旅游消费得以顺利进行的充分必要条件。

“无烟工业”并非没有污染，人们在购买、消费旅游产品的同时会对旅游目的地的植物与植被、动物及其栖息地、环境空间质量、地质地貌、人文环境等带来多方面的消极影响。这些影响有显性的，也有隐性的；有即时的，也有滞后的（见表7–8）。

表7–8　旅游对环境的潜在影响

自然环境	改变动植物的种群结构	1. 破坏繁殖习性 2. 猎杀动物 3. 猎杀动物以供纪念品交易 4. 动物的迁移 5. 植被因采集柴薪而遭破坏 6. 因伐除植物建成旅游设施而改变植被覆盖率 7. 野生动物保护区 / 禁猎区的建立
	污　　染	1. 水质因排放垃圾、泄漏油污而遭污染 2. 车辆排放物导致空气污染 3. 旅游交通运输和旅游活动导致噪声污染
	侵　　蚀	1. 土壤板结导致地表土进一步流失和侵蚀 2. 改变地面滑移 / 滑坡的危险性 3. 改变雪崩的危险性 4. 损害地质特征（如突岩、洞穴等） 5. 损害河岸
	自然资源	1. 地下、地表水的耗竭 2. 为旅游活动提供能量的矿物燃料的耗竭 3. 改变发生火灾的危险性
	视觉效果	1. 各种设施（如建筑物、索道滑车、停车场） 2. 垃圾

续表

人文环境	城市环境	1. 土地不再用于最初的生产用途 2. 水文特征发生变化
	视觉效果	1. 建筑物密集区的扩张 2. 新的建筑风格 3. 人及其附属物
	基础设施	1. 基础设施超负荷运行（如道路、铁路、停车场、电网、通信系统、管理设施、供水设施） 2. 新的基础设施的建设 3. 为适应旅游需要而进行的环境管理（如拦海坝、垦荒）
	城市特征	1. 居住、商业和工业用地方面的变化 2. 城市化的道路系统（如车行道和人行道） 3. 出现分别为旅游者和当地居民开发的不同区域
	古迹修复	1. 废弃建筑物的重新启用 2. 古代建筑和遗址的修缮和保护 3. 修复废弃建筑物供作别墅
	竞　　争	某些旅游区点可能因其他旅游区点的开放或旅游者兴趣的变化而贬值

资料来源：谢彦君 . 基础旅游学［M］. 北京：中国旅游出版社，1999.

旅游消费对环境的积极效应和消极效应都是通过人发生作用的。为了最大限度地消除旅游消费对环境的消极影响，一方面应规范旅游者的消费行为，重视培养旅游者对环境和资源的保护意识，使他们自觉参与到旅游目的地社会、环境、资源和谐发展的活动中去；另一方面应规范旅游经营者的开发经营行为，促进旅游业的可持续发展。

（四）旅游消费的社会文化效应

旅游消费的社会文化效应具有双重性。一方面，旅游消费有利于消除不同社会和文化之间的隔阂和误解，促进民族、地区、国家之间的交流与合作和人类文明程度的提高；旅游消费能为旅游者提供学习新知识、开阔视野、提高审美情趣的机会，促进人的素质的全面提高。另一方面，旅游消费也可能带来犯罪、娼妓的增加、价值观的冲突、文化商品化、文化多元性的丧失等。

为了消除旅游消费对旅游目的地社会文化带来的负面影响，旅游目的地政府应积极倡导健康的消费观，关注目的地居民的利益诉求，挖掘和保护好本土文化。

二、旅游消费效应的评价

（一）评价旅游消费效应的意义

对旅游消费效应进行评价，首先是为了正确处理好旅游消费过程中的各种关系。在旅游消费活动中涉及多方面、多层次的关系，从大的层面来讲，有人与人的关系，有人与自然的关系，有人与社会的关系。这些关系既相互依存又相互矛盾，利益主体既有一致性又有对立性。通过对旅游消费效应的评价，客观地分析旅游消费活动对人、自然、社会所带来的影响及影响程度，从而协调好、处理好利益各方的相互关系。其次是为了寻找旅游消费健康发展的途径和方法。旅游消费对经济、环境、社会文化的影响，有积极的一面，也有消极的一面。通过对旅游消费效应的评价，找出其积极影响与消极影响的原因及解决的途径和方法，保证旅游消费活动的健康发展。

（二）评价旅游消费效应的原则

微观评价与宏观评价相统一。微观评价是旅游者个体对在旅游经济活动中的旅游消费满足程度所做出的一种主观评价，由于旅游者个体特征（性别、年龄、职业、民族、个性、文化教育等）不同，对同一种旅游消费满意度的评价必然会有差异。因此，一方面我们要为旅游者提供多样化的选择、物美价廉的产品、个性化的服务；另一方面要培育旅游者良好的消费意识，提高其旅游消费的成熟度。宏观评价是从社会角度，把所有旅游者的旅游消费活动看成是一个整体，评价旅游消费活动对社会经济、文化、环境的影响。换句话说，微观评价是旅游消费的个体满意度评价，而宏观评价是旅游消费的社会满意度评价。微观评价和宏观评价总体上是一致的，没有大多数旅游者个体的满意度，就不会有社会满意度。但微观评价和宏观评价有时又是矛盾的，一些旅游消费活动，旅游者个体可能是满意的，但放在一个社会整体去评价，却是不好的。因此，在评价旅游消费效应时，一定要将两者统一起来。只有从微观和宏观两个角度去评价旅游消费效应，才能保证旅游消费的健康发展。

旅游产品的使用价值与价值相统一。旅游产品作为消费资料进入消费领域，它是以商品交换的形式来满足旅游者的需要的。因此，它不仅要在使用价值形态上最大限度地满足旅游者的需要，而且还必须在价值形态上满足交换双方的需要。对旅游者而言，要物有所值；对经营者而言，要产有所得。旅游产品作为商品，其价值量与其他物质产品一样，需要以社会必要劳动时间来衡量，在国际旅游产品的交换中，旅游产品的价值量则要以国际社会必要劳动时间来衡量。所以，在评价旅游消费效应时，不仅要看旅游者在旅游产品的使用价值形态上得到多大程度的满足，也要看旅游者用货币购买旅游产品过程中是否感到值得，还要看经营者在生产旅游产品过程中的各种耗费是否得到了补偿。

旅游消费的经济、环境、社会文化效应相统一。旅游消费效应不仅表现在旅游消费对经济的影响上，也表现在对环境、社会文化的影响上。因此，对旅游消费效应的评价应当将三者统一起来。旅游消费不仅仅是一种经济行为，同时也是一种社会行为，不能单纯为了追求旅游消费的经济效应，而忽视了旅游消费对于环境和社会文化生活的影响。片面追求旅游消费的经济效应，其结果必然给环境带来难以恢复的破坏，给社会带来风气的颓废、文化的迷失。

? 复习与思考

一、名词解释

旅游消费　　旅游者消费结构　　恩格尔定律

旅游消费效用　　旅游消费效应

二、填空题

1. 生活消费包括满足个人______需要的消费以及满足发展与______需要的消费两个方面。

2. 旅游消费既是第一个旅游经济运行过程的______，又是下一个旅游经济运行过程的______。

3. 按照消费对旅游活动的重要性划分，可以将旅游者消费划分为______和______。

4. 影响旅游者消费结构的供给因素包括______、产品质量、______。

5. 边际效用递减规律是指在一定时期内，随着消费者对某种物质或劳务产品______的增加，该产品的______具有逐步递减的规律。

三、选择题

1. 旅游消费结构的变化趋势是随着人们可支配收入的不断增加，旅游者用于基本旅游消费方面的支出比重将逐步减少，而用于______的比重将逐步上升。

A. 娱乐和度假　　B. 娱乐和购物　　C. 度假和休闲　　D. 度假和购物

2. ________与消费预算线的相切点是个人最佳的购买行为。

A. 无差异曲线　　B. 等收入曲线　　C. 等产量曲线　　D. 等成本曲线

四、判断题

1. 旅游消费是个人发展与享受需要的消费，带有明显的物质性特征。(　)

2. 无差异曲线是指用来表示两种或两组产品，不同数量的组合对消费者效用的大小是不等的。(　)

3. 一个国家或地区如出现国际贸易逆差、收不抵支时，可以通过入境旅游消费增加外汇收入。(　)

五、简答题

1. 为什么说旅游消费是旅游经济运行的标杆?

2. 旅游者消费结构的优化体现在哪些方面?

3. 为什么说旅游消费对旅游经济乃至整个国民经济具有很强的拉动作用?

4. 评价旅游消费效应应贯彻什么原则?

六、案例分析

旅游者人均停留天数和人均天花费：引人深思的数字

作为国际知名的旅游城市——桂林以其独特的山水文化吸引了八方来客，并在30多年的旅游发展中取得了不俗的成绩。2011年桂林旅游总收入突破200亿元，达218.34亿元，增长29.7%；接待游客2788.17万人次，增长24.1%，其中入境游客

164.39 万人次，增长 10.6%。旅游业质量效益明显提升。然而就在我们对桂林旅游业的发展欢欣鼓舞的同时，也应当正视其存在的困境和问题，以下是部分主要旅游城市入境游客平均停留天数的一些基本情况。

表1　部分主要旅游城市入境游客平均停留天数

单位：天

年份＼城市	北　京	杭　州	广　州	桂　林
1990	4.00	2.10	1.70	2.10
1995	3.92	2.06	2.14	1.98
1999	4.49	2.09	2.07	1.72
2000	4.28	2.15	2.19	1.62
2005	4.13	2.62	2.14	1.41
2007	4.18	2.67	2.24	1.65
2009	4.19	2.87	2.25	1.77
2011	4.2	2.96	2.58	1.86

资料来源：根据历年《中国旅游统计年鉴》整理 .

广州是我国经济和旅游都非常发达的城市，地处珠三角。2011 年，广州市实现地区生产总值（GDP）12303.12 亿元，按可比价格计算，比上年（下同）增长 11.0%。全年城市接待过夜旅游人数 4594.85 万人次，比上年增长 2.0 %。旅游业总收入 1630.80 亿元，增长 30.0 %。旅游外汇收入 48.53 亿美元，增长 3.5 %。但是，广州市入境过夜游客的人均天花费并不高。以下是入境过夜旅游者在部分主要旅游城市人均天花费构成的一些基本情况。

表2　2010年部分主要旅游城市入境过夜旅游者人均花费构成

城市＼项目	人均天花费（美元 / 人天）	人均天花费构成（%）								
		长途交通	住宿	餐饮	景区游览	娱乐	购物	市内交通	邮电通信	其他
北京	245.49	28.1	14.4	8.7	4.7	5.0	25.1	3.4	3.2	7.4
杭州	204.53	37.1	15.0	9.0	4.2	7.5	19.0	1.7	2.4	4.1
广州	184.25	38.2	16.0	7.8	4.6	6.4	16.1	2.3	1.7	6.9
桂林	185.47	25.4	10.6	7.4	7.3	6.6	28.7	2.6	1.9	9.5

资料来源：中华人民共和国国家旅游局 . 入境游客抽样调查资料（2011）[M]. 北京：中国旅游出版社，2011.

请根据以上资料回答如下问题：

1. 从表 1 我们可以看出长期以来桂林入境游客的人均停留天数在四城市排列中处于最低水平，但 1990 年桂林的入境游客人均停留天数并不低，与杭州持平，以后逐年下滑，到 2005 年降到最低点，后又逐年回升。请分析一下其中可能的原因。

2. 从表 2 我们可以看出广州入境过夜旅游者的人均天花费在四城市中处于最低的水平，这与广州经济和旅游的地位似乎并不相称。请分析其中可能的原因，并从完善旅游者消费结构的角度提出改善的途径。

推荐阅读

1. 中国旅游信息网，http://www.cthy.com/.
2. 魏小安. 旅游是块大蛋糕，越做越大，越做越有味道［EB/OL］. http://www.china.com.cn/travel/txt，2009-10-20.
3. 席建超. 旅游者旅游消费结构及潜力分析——以入境旅游者旅游消费为例［J］. 桂林旅游高等专科学校学报，2003（2）.
4. 李一玮，夏林根. 国内城镇居民旅游消费结构分析［J］. 旅游科学，2004（2）.
5. 王镜，马耀峰. 消费主义与我国旅游消费的异化［J］. 生态经济，2007（2）.
6. 黄璜. “消费城市”兴起对城市旅游发展的影响［J］. 经济问题探索，2010（1）.

第八章 旅游收入及分配

旅游收入与分配是旅游经济活动的重要内容。旅游收入一方面反映了旅游者的旅游需求通过旅游经营者的旅游供给而不断得到满足；另一方面又体现了旅游产业部门在生产经营活动的价值运行与价值实现过程中自身不断得到的发展。本章从收入和分配两个方面入手，对旅游收入的概念、分类、指标及影响因素进行了阐述，介绍了旅游收入的初次分配和再分配的过程，分析了旅游收入漏损的形式及如何防止外汇漏损等问题。

学习目标

知识目标

1. 理解旅游收入的含义、构成、分类。
2. 了解旅游收入的统计口径、指标及其影响因素。
3. 掌握旅游收入的初次分配和再分配过程。
4. 理解旅游收入漏损的含义、形式和漏损的治理原则和途径。

技能目标

能运用旅游外汇收入漏损原理，分析旅游企业在旅游外汇使用过程中存在的问题，并能针对性地提出解决方案。

案例

中国旅游研究院：2013年旅游经济运行相对乐观

2013年1月9日上午，由中国旅游研究院主办的“2012年旅游经济运行分析与2013年发展预测暨《中国旅游经济蓝皮书（No.5）》成果发布会”在成都举行。中国旅游研究院就2012年我国旅游经济运行状况和2013年发展形势等内容发布了相关研究成果。

中国旅游研究院最新研究成果表明，2012年虽然全球经济复苏受阻，但在国内经济企稳回升的背景下，通过全行业和全社会的共同努力，我国旅游经济继续保持平稳较快增长，全面完成了年初制定的工作目标。预计2012年全年旅游业总收入为2.59万亿元，同比增长15.1%。三大旅游市场呈“两增一平”格局，国内、出境旅游保持较快增长，入境旅游基本持平。预计国内旅游人数达到30.0亿人次，同比增长13.6%，国内旅游收入2.3万亿元，同比增长19.1%；出境旅游人数8200万人次，同比增长16.7%，出境旅游花费980亿美元，同比增长35.2%；入境旅游人数1.33亿人次，同比下降1.7%，入境旅游外汇收入483亿美元，同比下降0.3%；旅游服务贸易逆差进一步扩大，预计近500亿美元。旅游产业运行总体较为景气，2012年前三季度旅游产业景气指数分别为125.86、128.45和128.59，旅游企业家信心指数分别为135.65、128.93、123.58，均处于“景气”或“较为景气”水平。旅游产业融合向纵深推进，旅游产业体系更为完善；地方特别是城市发展旅游业的积极性高涨，已经成为旅游业创新发展的重要推动力量；人民群众对旅游业的发展更加满意，2012年全国旅游满意度指数为80.66，首次达到“满意”水平。

中国旅游研究院认为，良好的经济社会基本面为旅游业持续健康发展奠定了坚实的基础，加上“收入倍增”“新四化”和“美丽中国”建设等政策刺激，2013年我国旅游经济运行相对乐观。预计2013年我国旅游业总体上仍将平稳较快增长，其中，国内旅游稳定

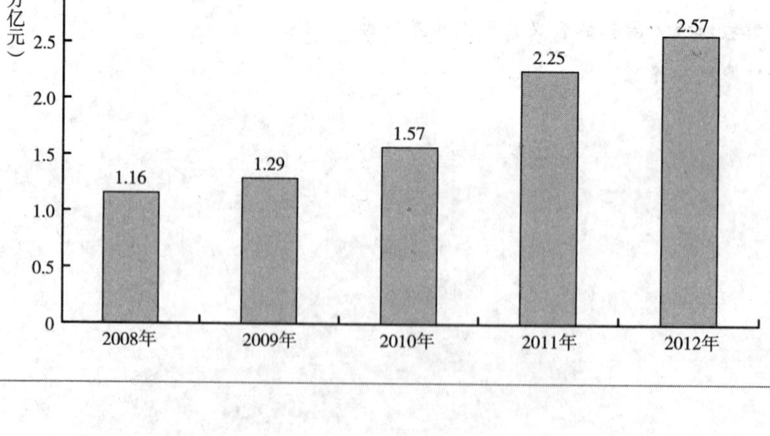

增长，出境旅游快速增长，入境旅游小幅增长，旅游服务贸易逆差进一步扩大。预计全年旅游总收入 2.96 万亿元，同比增长 14.2 %。国内旅游人数 33 亿人次，同比增长 10%；国内旅游收入达 2.65 万亿元，同比增长 15%。入境旅游人数 1.37 亿人次，同比增长 3%；入境旅游外汇收入 493 亿美元，同比增长 5%。出境旅游人数 9430 万人次，同比增长 15%；出境旅游花费 1176 亿美元，同比增长 20%。在政策建议方面，中国旅游研究院提出在扩大旅游消费的同时加快改革创新的步伐，将全面贯彻落实党的十八大精神和推动旅游业科学发展相结合，盯住“国民经济的战略性支柱产业和人民群众更加满意的现代服务业”两大战略目标，推动旅游业发展上新的台阶。

资料来源：http://www.ctaweb.org/html/2013-1/2013-1-9-14-45-23752.html.

案例分析

什么是旅游总收入？什么是国内旅游收入？什么是旅游外汇收入？

第一节　旅游收入概述

一、旅游收入的构成和分类

（一）旅游收入的含义

旅游收入是指一定时期内旅游目的地国家或地区通过向旅游者销售旅游产品及其他产品和劳务所获得的货币收入。旅游收入不仅包括旅行社向旅游者销售旅游产品所获得的收入，也包括其他旅游企业向旅游者提供交通、住宿、饮食、游览、娱乐等单项产品要素所获得的收入，还包括其他企业为旅游者提供物质产品和劳务所获得的收入。

旅游收入是衡量某一地区旅游业发展程度和旅游经济效益的重要指标，它对平衡国际收支、促进经济发展亦有重要的作用。

需要指出的是，严格意义上的旅游收入，只能是旅游目的地国家或地区向旅游者销售旅游产品而获得的货币收入。但在现实旅游收入统计中，人们往往习惯上将旅游者在旅游目的地国家或地区所有的消费支出，包括对旅游产品以外的其他劳务和物质产品的支出均作为旅游收入进行统计。

（二）旅游收入的分类

1. 地域分类

国际旅游收入。国际旅游收入指旅游目的地国家或地区通过经营国际旅游业务，向国际旅游者提供旅游产品所取得的外国货币收入，通常也称为旅游外汇收入。国际旅游收入来源于外国游客在旅游目的地国家或地区境内的旅游消费支出，是其他国家国民收入流入旅游目的地国家或地区用于补偿旅游产品价值的部分。因此，对于旅游目的地国家和地区而言，国际旅游收入是外来经济对本国经济的"注入"，是国民生产总值（GNP）的增加。国际旅游业从外国游客那里获取的外汇收入，扣除物化劳动和活劳动价值后的余额就是国际旅游经营活动的利润，因而国际旅游经营活动和其他生产行业一样，为社会创造了新价值，这部分价值就构成了国民收入的一部分。

国内旅游收入。国内旅游收入是指旅游目的地国或地区通过经营国内旅游业务，向国内旅游者提供旅游产品而取得的本国货币收入。国内旅游收入来源于本国居民的旅游消费支出，国内旅游产品同样为社会创造了新的价值，国内旅游收入与国际旅游收入一样是国民收入的重要部分。

在分析国内旅游收入和国际旅游收入的特征时，需要注意以下两点：

第一，国内旅游收入与国内旅游者的消费支出是相等的。国际旅游收入与国际旅游者的消费支出是不相等的，是国际旅游者支出减去国际交通费和外国旅行商利润后的余额，用公式表示为：

国际旅游收入 = 国际旅游者的支出 − 国际交通费 − 外国旅行商的利润　　　公式（8–1）

第二，国内旅游收入是以本国货币计算的，国际旅游收入是以外国货币计算的。在不同的时期，由于汇率的变化，同量的旅游外汇收入用本国货币计算后就会出现较大的差额。

2. 作用分类

基本旅游收入。基本旅游收入是指旅游目的地国家或地区的旅游相关部门和企业向旅游者提供旅游交通、食宿、游览景点等基本旅游服务所获得的货币收入的总和。通常，基本旅游收入比较刚性，大多数旅游者都离不开基本旅游服务。

非基本旅游收入。非基本旅游收入是指旅游目的地国家或地区的旅游相关部门和企业向旅游者提供购物、电信、保险、汇兑等服务所获得的货币收入的总和。非基本旅游收入具有较大的弹性，它既取决于旅游者的支付能力，也取决于他们的兴趣和爱好。

基本旅游收入的刚性特点和非基本旅游收入的弹性特征，使我们可以通过两者的比例关系来了解某一地区的社会经济水平和旅游业的发达程度。一般来说，非基本旅游收入所占的比重越大，说明该国或该地区的社会经济水平和旅游业的发达程度越高。二者在旅游收入总量中所占的比重的大小，就成为衡量一个国家或地区旅游业发展水平的重要指标之一。

3. 来源分类

实物性旅游收入。实物性旅游收入是指旅游目的地国家或地区的旅游相关部门和企业为旅游者提供实物形态的产品而得到的收入。主要包括销售各种旅游生活用品、旅游纪念品、旅游土特产品等而得到的收入。

劳务性旅游收入。劳务性旅游收入是指旅游目的地国家或地区的旅游相关部门和企业为旅游者提供各种劳务性旅游服务而获得的收入。主要包括：①旅行社旅游业务收入。指旅行社在包价旅游收入中扣除支付给有关部门的住宿费、餐费、交通费等费用后余下的翻译费、导游费、各项手续费及其他服务性收入。②食宿费。指为旅游者提供餐饮、住宿服务而得到的收入。③交通费。指为游客提供地区间的交通服务而得到的收入。④文化娱乐费。指为游客提供观光游览、文艺表演等各种文化娱乐服务而得到的收入。⑤邮电通信费。指为游客提供邮寄信件、包裹、电话、电报等服务而得到的收入。⑥其他。指除上述各项服务以外的其他服务，如提供医疗、美容等服务而得到的收入。

值得注意的是，实物性收入与劳务性收入只是一种相对的区分。在一些场合，劳务性收入中包含着实物性收入，如餐饮服务收入中包含着加工材料的实物性收入，住宿服务收入中也包含着饭店用品的实物性收入；在另一些场合，实物性收入中包含着劳务性收入，如旅游生活用品、旅游纪念品、旅游土特产品这些实物收入中包含着购物服务的劳务性收入。

二、旅游收入的统计指标

旅游收入指标是用货币单位计算和表示的，反映旅游经济发展的水平、规模、速度和比例关系的价值指标。它反映了旅游产品价值的实现和劳动消耗补偿的状况，也是旅游目的地国家或地区政府和旅游企业掌握和分析旅游经济活动的重要工具。旅游收入指标不是单一的，而是由若干相关指标组成的指标群或指标体系。在旅游统计工作中，通常把旅游收入的衡量指标归纳为两大类：旅游收入总量指标和旅游收入水平指标。

（一）旅游收入总量指标

1. 旅游总收入

旅游总收入是指在一定时期内旅游目的地国家或地区向国内外旅游者提供旅游产品及其他产品和劳务所获得的，以本国货币计算的国际、国内旅游收入的总和。这一指标反映了旅游目的地国家或地区旅游经济总体规模和旅游业的总体经营成果。旅游总收入亦可称为旅游总产值，是已经实现的旅游总产值。旅游总收入可用公式表示如下：

$$RT=R+Pe=(NP)+Pe \qquad \text{公式（8-2）}$$

式中，RT 为一定时期的旅游总收入；R 为基本旅游收入；Pe 为非基本旅游收入；N 为旅游总人次；P 为人均基本旅游消费支出。

2. 旅游外汇收入

旅游外汇收入是指一定时期内旅游目的地国家或地区向入境旅游者提供旅游产品及其他产品和劳务而获得的外国货币收入的总额。这一指标反映了旅游目的地国或地区入境旅游的发展水平和经营成果。其计算公式可以套用旅游总收入公式的形式，但表示内容有所不同。

$$RT=R+Pe=(NP)+Pe \qquad \text{公式（8-3）}$$

式中，RT 为一定时期旅游目的地国家或地区的旅游外汇总收入；R 为入境游客的基本旅游消费支出；Pe 为入境游客的非基本旅游消费支出；N 为一定时期内接待入境游客总人次；P 为入境游客入境后的人均基本旅游消费支出。

旅游外汇总收入是反映旅游目的地国家或地区旅游创汇能力的一项综合性指标。在国际旅游业中，它常被用于同外贸商品出口收入和其他非贸易外汇收入进行比较，以说明一国或地区国际旅游收入在全部外汇收入中的地位和对实现国家外汇收支平衡所做的贡献。该指标一般以美元为计量单位。

3. 旅游增加值

旅游增加值是指旅游总收入（总产值）扣除中间消耗（旅游耗材、外购的物品和服务）的价值。由固定资产折旧费、旅游资源的损耗价值、工资和税利组成。旅游总收入（总产值）包含了对中间投入的重复计算，不能真实地反映旅游产业的产出与贡献。为了避免重复计算，在计算时应排除中间产品的收入，只计算旅游最终产品的收入。

旅游增加值 = 旅游总收入（旅游总产值）- 中间消耗　　　　公式（8–4）

社会所有产业的增加值之和就是国内生产总值（GDP）。

4. 旅游净收入

旅游净收入是指旅游总收入扣除各种转移的价值后的余额，即新创造的价值。它包括工资和税利。

转移的价值 = 固定资产折旧 + 旅游资源的损耗价值 + 中间消耗　　　　公式（8–5）

旅游净收入（净值）= 旅游总收入（总产值）- 转移的价值　　　　公式（8–6）

（二）旅游收入水平指标

1. 人均旅游收入

人均旅游收入是指在一定时期内旅游目的地国家或地区平均接待每一个国内外游客所获得的货币收入。该指标反映了国内外游客的平均消费水平，一般以本国货币计量表示。人均旅游收入指标可以用某一时期内旅游总收入与同期接待的旅游总人次之比来计算，其公式如下：

$$RU=\frac{RT}{N}$$　　　　公式（8–7）

式中，RU 为人均旅游收入；RT 为旅游总收入；N 为旅游总人次。

2. 人均旅游外汇收入

人均旅游外汇收入是指在一定时期内，旅游目的地国家或地区平均每接待一个境外旅游者所获得的旅游外汇收入额。人均旅游外汇收入也是每一个境外游客在旅游目的地国家或地区境内的人均外币支出，反映了境外游客的平均消费水平。一般以美元为计量单位。其计算是用一定时期内该国或地区旅游外汇收入总额与其接待的境外旅游者人次相除而得。计算公式可以套用人均旅游收入计算公式：

$$RU=\frac{RT}{N} \qquad \text{公式（8-8）}$$

式中,RU为人均旅游外汇收入；RT为旅游外汇总收入；N为接待的境外游客总人次。

3. 人均天旅游（外汇）收入

人均天旅游（外汇）收入是指旅游目的地国家或地区平均每天从接待每一个旅游者那里所获得的旅游（外汇）收入额。它等于一定时期内旅游目的地国家或地区的旅游总收入与游客停留总天数之比，或是一定时期内旅游目的地国家或地区人均旅游（外汇）收入和人均停留天数之比。用公式表示：

$$RD=\frac{RT}{N\times Da} \qquad \text{公式（8-9）}$$

式中，RD 表示人均天旅游（外汇）收入；Da 表示旅游者在旅游目的地国家或地区的平均停留天数；RT、N 同上。

人均天指标主要用于分析和比较不同时期旅游目的地国家或地区平均每天每位旅游者的开支状况，以表明该国或地区在旅游市场上的竞争地位。

4. 旅游换汇率

旅游换汇率是指旅游目的地国家或地区向境外旅游者提供用本国货币表示的旅游产品所能获取外国货币的数量比例。旅游换汇率指标反映了旅游外汇收入对一个国家或地区国际收支平衡作用的大小，又是反映该国旅游换汇成本的综合性指标。其计算公式如下：

$$H_r=\frac{R_f}{R_s}\times 100\% \qquad \text{公式（8-10）}$$

式中，H_r 为旅游换汇率；R_s 为单位旅游产品本币价格；R_f 为单位旅游产品外汇收入。

旅游换汇率通常与该国或地区同期的货币的兑换率一致。在不同时期，外汇比价不同，旅游换汇的数量值也就不同。在国际经济交往中，国际旅游的换汇成本明显低于对外贸易中物质产品的换汇成本，也就是说，以一定数量货币表示的出售给国际游客的旅游产品，要比同量货币表示的出口一般物质产品换取到更多的外汇收入。因而各个国家或地区特别是发展中国家非常重视这一指标。

5. 旅游收汇率

旅游收汇率亦称旅游外汇净收入率，是指一定时期内旅游外汇纯收入与旅游外汇总收入的比率。旅游外汇纯收入等于旅游外汇总收入减去旅游外汇支出总额。旅游收汇率的高低同一个国家或地区的经济总体状况紧密相关，在一定程度上反映了某国或某地区旅游业的自主生产能力和水平。用公式表示为：

$$RE=\frac{RT-E}{RT} \quad \text{公式（8-11）}$$

式中，RE 为旅游收汇率；RT 为旅游外汇收入总额；E 为旅游目的地国家或地区旅游外汇支出总额。

6. 旅游创汇率

旅游创汇率是指在一定时期内，旅游目的地国家或地区非基本旅游外汇收入与基本旅游外汇收入之比。其公式如下：

$$C=\frac{R_o}{R_a} \quad \text{公式（8-12）}$$

式中，C 为旅游创汇率；R_o 为非基本旅游外汇收入；R_a 为基本旅游外汇收入。

公式（8-12）表明旅游创汇率与非基本旅游外汇收入成正比，与基本旅游外汇收入成反比。这个指标反映了旅游目的地国家或地区旅游产业结构的完善程度和创汇的能力与潜力。因此，要提高旅游创汇率就应不断扩大外国游客对非基本旅游产品的消费支出。

三、旅游收入的影响因素

旅游业是由众多部门组成，以旅游经济活动为中心，以提供旅游产品为职能的综合性行业。旅游业的这种特性，使得旅游收入的增多或减少会受到多种因素的影响。具体来讲，影响旅游收入的因素主要有：

（一）旅游需求因素

旅游者人次。旅游目的地国家或地区接待旅游者人次的多少，直接影响旅游目的地国家或地区旅游收入的高低。一般而言，旅游收入与接待的游客人次成正比例关系，虽然游客个体之间的旅游消费水平差别很大，但一个国家或地区接待的游客人次增加，其旅游收入一般也会随之增加。

旅游者人均消费能力。在旅游接待人次既定的条件下，旅游者的旅游消费水平是决定旅游收入增减变化的另一个重要因素。游客平均消费水平与旅游目的地国家或地区的旅游收入也成正比例关系。

旅游者人均停留天数。在接待旅游者人次、旅游者消费水平既定的情况下，旅游者在旅游目的地的停留时间长短对旅游收入也有着直接的影响。游客停留时间越长，其消费支出就越多，旅游目的地的旅游收入也就会增加，反之则会减少。

（二）旅游供给因素

旅游产品结构。合理的旅游产品结构是保证旅游产品销售量稳定的前提，是增加旅游收入的保障。此外，休闲、保健、体验型的旅游产品有较高的旅游附加值，可以给旅游经营者以高额回报，开发高附加值的旅游产品能提高整体旅游消费水平，刺激旅游收入的增长。

旅游产品的供给能力。旅游产品的供给能力决定旅游产品价格，直接影响着旅游收入。旅游产品的供给在数量、方式、季节、地域空间等方面与旅游需求适应时，就能带来稳定的旅游收入。

（三）其他经济因素

价格与价格弹性。旅游产品价格也是影响旅游收入的重要因素，因为旅游收入等于旅游产品价格与旅游销售数量的乘积，这一公式表明了旅游价格与旅游收入存在着密切的依存关系。在销售数量不变的前提下，旅游产品价格越高，旅游收入越多，反之旅游收入越少。但是，旅游价格的提高，可能会使旅游产品销售量减少，总收入却不一定增加；旅游价格的降低又会使销售量增加，总收入也不一定会减少。因此，这里就涉及旅游收入与旅游需求价格弹性的关系问题。当旅游需求价格弹性系数小于 1 时，旅游产品需求量的变化幅度小于旅游产品价格的变化幅度。如果降低旅游产品价格，旅游产品的需求量增加不足以弥补价格下降所导致的损失，将导致旅游总收入下降；反之，如果适当提高旅游产品价格，则旅游需求量的减少是有限的，旅游收入反而可能增加。当旅游需求价格弹性系数等于 1 时，由于旅游产品需求量的变化幅度与旅游价格变化的幅度相同，因而价格变动对旅游收入影响不大。当旅游需求价格弹性系数大于 1 时，旅游产品需求量的变化幅度大于旅游产品价格的变化幅度。此时如果适当降低旅游产品价格，将使旅游需求量大幅增长，不仅可以抵消因价格下降而导致的损失，而且可以增加旅游收入；反之，如果提高旅游产品价格，则旅游收入会减少（见表 8–1）。

表8–1　价格、旅游需求价格弹性与旅游收入的关系

Ep / P	$Ep < 1$	$Ep = 1$	$Ep > 1$
上升	旅游收入增加	旅游收入基本不变	旅游收入减少
下降	旅游收入减少	旅游收入基本不变	旅游收入增加

通货膨胀。通货膨胀指物价水平的持续普遍的上涨。通货膨胀会直接影响货币购买力。通货膨胀造成虚假的繁荣，名义上会增加旅游收入。但通货膨胀率高于旅游收入增长率，实际上意味着旅游收入减少。旅游目的地国家或地区出现通货膨胀，游客购买力下降，直接导致该国或该地区旅游收入的减少；如果客源国出现通货膨胀，则会促使其居民积极出境旅游。

汇率。外汇汇率与币值变动对旅游目的地国家的旅游外汇收入有重要的影响。一般而言，当旅游目的地国家的货币贬值、汇率下降时，用外币表示的旅游产品卖价相对降低，旅游收入有可能减少；但与此同时，较低的旅游价格有利于刺激国际入境旅游的需求，旅游收入反而会有所增加。当旅游目的地国家货币升值、汇率上升时，表面上有可能增加旅游收入，但较高的旅游价格会抑制国际入境旅游的需求，旅游收入反而会减少。

（四）统计因素

遗漏。旅游统计是一项十分复杂困难的工作。受诸多因素的影响，旅游统计往往并不能真实全面地反映旅游目的地国家或地区所取得的旅游收入，统计遗漏的情况时有发生。例如，游客支付的小费；游客直接向小商贩购买物品支付的费用；统计对象瞒报旅游收入等。

重复计算。旅游业涉及若干直接旅游部门及相关部门，导致在旅游统计上常会出现重复统计现象，而使统计的旅游收入不能完全如实地反映旅游目的地国家或地区实际所获得的旅游收入。

相关链接　搜索

旅游收入的实用统计方法研究（节选）

一、旅游收入的统计存在以下困难

（1）因涉及行业及经济实体广泛、涉及经济成分复杂、统计依据（包括标识与指标、台账与报表、方法与口径等）设置太乱而难于统计旅游收入；（2）因某些行业（如客运、食宿及其他接待服务业）从其营业总收入中剥离出涉旅收入的可能性太小而难于统计旅游收入；（3）因部分经济实体统计的涉旅收入的可信程度太低而难于统计旅游收入；（4）因旅游监管力度太弱导致旅游统计报表中的数据资料不全或失真而难于统计旅游收入；（5）因旅游收入的决定因素的全面调查统计难度太大而难于统计旅游收入。研究旅游收入的实用统计方法的目的就是要解决上述困难，使旅游收入指标的统计与分析具有较强的可行性。

二、现行制度规定的旅游收入统计方法的缺陷

现行的《旅游统计调查制度》（以下简称《制度》）规定：

城市旅游收入 x= 本市国际旅游（折合本币）收入 x_1+ 本市国内旅游收入 x_2，

x_1= 本市一日游国际旅游收入 x_{11}+ 本市过夜游国际旅游收入 x_{12}，

x_{11}= 本市接待一日游海外游客人数 k_{11}× 一日游海外游客在本市的人均消费 r_{11}，

x_{12}= 本市接待过夜游海外游客人天数 k_{12}× 过夜游海外游客在本市的人均日消费 r_{12}，

x_2= 本市一日游国内旅游收入 x_{21}+ 本市过夜游国内旅游收入 x_{22}，

x_{21}= 本市接待一日游国内游客人数 k_{21}× 一日游国内游客在本市的人均消费 r_{21}，

x_{22}= 本市接待住旅馆过夜的国内游客人数 k_{22}× 其人均消费 r_{22}+（本市接待住亲友家过夜的国内游客人数 k_{23}/ 平均游览景点数）× 其人均消费 r_{23}，

现行《制度》规定的旅游收入统计方法的缺陷主要表现为：

（1）统计全国国际旅游收入时，还能依出入境验证关卡提供的资料很方便地确定入境的海外游客人数，可是，统计旅游城市国际旅游收入时，海外游客却因不一定始终组团旅

游即存在海外游客分散于国内游客中搭乘客运工具或自己驾车独自旅游的现象而难以由国际旅行社确定其人数。

（2）海外游客中的华侨并非都住旅馆，其中不少华侨甚至部分非华侨外国人是住亲友家。因此，海外游客人数也无法由涉外旅馆比较准确地统计出来。

（3）除非保证海外游客始终组团完成一日游，或被调查旅游城市设置了海外游客一日游专用景点门票，否则，一日游海外游客很难从海外游客群体中区分出来，更难从一日游的国内外游客群体中区分出来。也就是说，一日游海外游客人数 k_{11} 较难由国际旅行社或出售景点门票的旅游公司单独统计，当然，一日游海外游客人数占海外游客总人数的比重 ω 也就难以算出。

（4）除非保证过夜游的海外游客始终组团，或保证过夜游的海外游客始终都住涉外旅馆，或被调查旅游城市设置了海外游客多日游专用景点门票，否则，因海外游客总数和 ω 难以算出而较难单独统计过夜游海外游客人数 k_{12}。

（5）综上所述可知旅游城市国际旅游收入 x_1 很难单独统计。

（6）类似于（3）和（4），一日游和过夜游国内游客人数都较难统计（后面的缺陷更能说明该问题）。

（7）由于种种原因（包括漏报或误报或瞒报、虚报等原因），星级旅馆统计的住旅馆过夜的国内游客人数一般都有较大误差甚至严重失实。至于越来越多的在非星级旅馆和民房过夜的国内游客人数则更难统计。也就是说，k_{22} 及其占过夜游国内游客总人数的比重 μ 都很难真实统计出来。

（8）由于直接调查统计 k_{23} 十分困难，加之 μ 也难以得出，所以 k_{23} 也很难统计。

（9）《制度》没有具体设定游客人均游览景点数和国内游客人均消费的调查方法。

（10）综合最后 4 点缺陷可知，按照该方法旅游城市国内旅游收入很难得到真实统计。

资料来源：郭庆广．旅游收入的实用统计方法研究 [J]. 浙江大学学报，2010（5）.

第二节　旅游收入分配

旅游收入分配是旅游收入在直接经营旅游业务的部门、企业以及全社会范围内的分配。旅游收入的分配状况在很大程度上决定着旅游业发展的速度、规模和水平，它反映了一国或地区的政府部门、旅游部门和企业以及旅游从业人员各自的利益与义务，也反映了旅游部门与其他相关的物质生产部门、非物质生产部门的交换关系。旅游收入分配作为国民收入的一部分，其分配形式也和国民收入的分配形式类似，通过初次分配和再分配两个过程来实现。

一、旅游收入初次分配

（一）旅游收入初次分配的含义

旅游收入的初次分配是直接经营旅游产品的旅游企业和部门得到的营业收入根据一定的经济原则在其内部进行的分配。这些旅游企业和部门包括旅行社、旅游景点、饭店、交通部门、餐饮部门等。

（二）旅游收入初次分配的过程

旅游收入的价值补偿。旅游收入初次分配中并非是旅游企业和部门所获得的营业收入全部参与初次分配过程，仅仅是这些企业和部门获得的旅游净收入参与初次分配。如前所述，旅游净收入是旅游总收入扣除各种转移的价值后的余额。各种转移的价值不用于扩大再生产和职工的消费，因此不存在分配问题。

旅游收入初次分配的流向。旅游净收入在初次分配后分解为职工工资、政府税费和企业利润留存三大部分，这使得国家、旅游企业和部门、旅游从业人员都得到了各自的初次分配收入。初次分配的过程如图8-1所示。

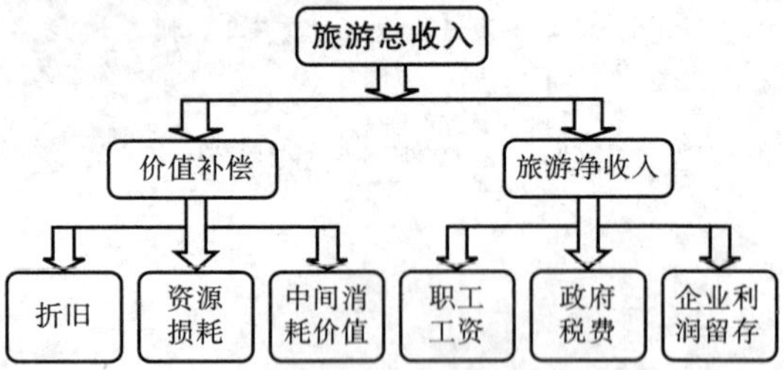

图8-1　旅游收入初次分配的过程

（三）旅行社在旅游收入初次分配中的作用

旅行社是包价旅游收入来源的组织者。在包价旅游中，旅游收入的初次分配是通过旅行社实现的。旅行社根据市场需求，首先向住宿、餐饮、交通、游览、娱乐等其他旅游企业和部门预订产品要素，经过加工组合形成不同的包价旅游产品出售给旅游者，由此获得包价旅游收入。这种包价旅游收入首先表现为旅行社的营业收入。

旅行社是包价旅游收入初次分配的支配者。与住宿、餐饮、交通部门等旅游企业不同的是，旅行社的营业收入中，很大一部分成本项目是其他旅游企业和部门的营业收入，旅行社要根据这些与提供单项产品要素的旅游企业和部门签订合同，按合同规定支付分配其应得的营业收入。这些企业和部门获得营业收入后才按照前述方式进行旅游收入的初次分配。

二、旅游收入再分配

（一）旅游收入再分配的含义

旅游收入再分配指在旅游收入初次分配的基础上，形成国家、旅游企业和部门、旅游从业人员的原始收入，然后通过国家预算（财政收入与支出）、投资、部门之间的交换形成旅游收入的再次分配。

（二）旅游收入再分配的过程

旅游收入再分配主要是在间接从事旅游服务的部门或企业间进行。旅游收入再分配的过程主要有：

政府税费形成的再分配流向。在旅游收入的初次分配中，旅游核心部门或企业上缴政府的税费构成了国家财政收入的一部分，国家通过财政预算和支出的方式实现了旅游收入的再分配，其中的一部分又用于旅游基础设施建设和旅游资源开发，进一步促进了旅游业的扩大再生产。

企业利润留存形成的再分配流向。在旅游收入的初次分配中，旅游企业的纯利润分为公积金、公益金和投资者的回报三个部分。公积金主要用于企业的追加投资以及新产品的研制或新技术的改造等；公益金主要用于提高职工的福利待遇或发放奖金等；投资者的回报是投资者投资风险的补偿。这样，在初次分配中以利润形式存在的那一部分旅游收入就转移到了供应生产资料和生活资料的有关部门或企业。

职工工资形成的再分配流向。旅游企业为了进行再生产，还必须补偿活劳动的耗费，即职工工资。企业职工要购买各种生活资料，以满足他们的物质和文化需求。这样，直接从事旅游业务的部门或企业与那些供应生活资料的部门也发生了经济关系，在初次分配中以工资形式存在的那一部分旅游收入就转移到了供应生活资料的有关部门或企业。旅游企业职工个人消费之后的剩余部分，如存入银行、购买保险、债券等，又形成了金融、保险、购买证券部门的收入。

旅游收入在初次分配的基础上，在全社会范围内又进行了再分配，使全社会相关部门都获得了相应的收入，这是旅游业再生产过程的客观结果，同时也体现了旅游业对整个国民经济的促进和带动作用。旅游收入再分配的过程如图 8–2 所示。

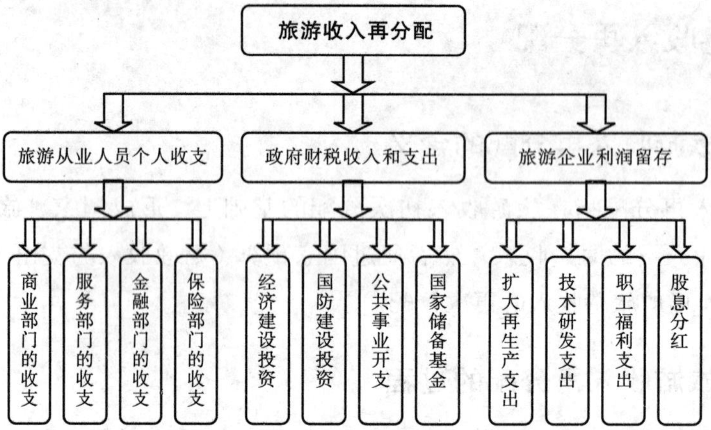

图8–2　旅游收入再分配过程

（三）旅游收入再分配的作用

公共产品的提供需要旅游收入的再分配。公共产品是指政府向社会提供的各种服务，包括国防、警察、司法、教育、卫生、基础建设、城市建设、社会保障、科技研究、经济和社会调节等。公共产品是面向不特定的公众的，不具有排他性，人们在享受这些公共服务的时候一般是不需要缴纳任何费用的，这些服务的提供只有旅游收入的再分配形成的政府税收转化为财政支出才能实现。

全社会的综合发展需要旅游收入的再分配。旅游业这样一个综合性产业通过再分配过程，不仅使旅游业自身得到不断投入和开发，还会带动交通运输业、建筑业、工农业等物质生产部门，以及金融、文化、教育、卫生、体育等非物质生产部门的投入与发展，从而促进整个社会的繁荣和发展。这种发展是相辅相成的，旅游业的发展也离不开社会其他部门的支持，旅游业发展的成果也应由全社会来分享。

缓和社会的分配不公需要旅游收入的再分配。国民收入在初次分配过程中，由于种种原因，客观上存在分配不公或收入差距悬殊的现象，通过收入的再分配可以在一定程度上缓和这些现象。经过旅游收入再分配的过程形成的政府转移支出、提供社会保障等，是缓和社会分配不公的重要手段。衡量社会分配是否公平，差距是否过大，可以用洛伦茨曲线和基尼系数来说明。

为了研究国民收入在国民之间的分配问题，美国统计学家 M.O. 洛伦茨（Max Otto Lorenz）提出了著名的洛伦茨曲线。图 8-3 中横轴表示人口（按收入由低到高分组）的累计百分比，纵轴表示收入的累计百分比，弧线为洛伦茨曲线，虚线为完全平等线，90° 实线为完全不平等线。

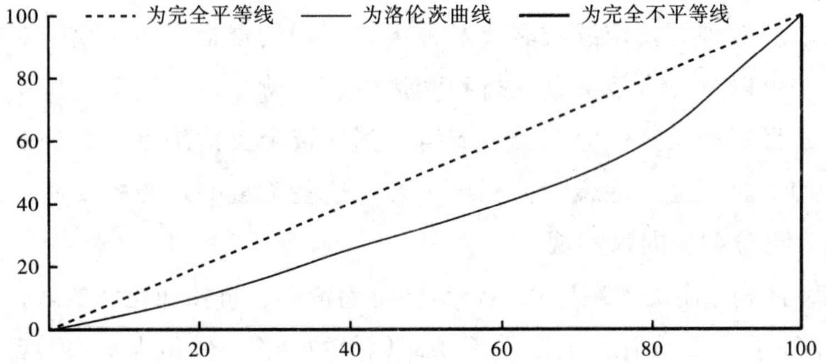

图8-3 洛伦茨曲线

图 8-3 中虚线代表绝对平均状态下，低收入人群所占人口百分比和总收入百分比之间的关系，弧线代表实际情况，90° 实线代表绝对不平均（所有收入被唯一一个人占有）的情况。图中弧线和虚线中间的面积越小，收入分配越平等。

洛伦茨曲线的弯曲程度有重要意义。一般来讲，它反映了收入分配的不平等程度。弯曲程度越大，收入分配越不平等，反之亦然。特别是，如果所有收入都集中在一人手中，而其余人口均一无所获时，收入分配达到完全不平等，洛伦茨曲线成为 90° 实线。另外，若任一人口百分比均等于其收入百分比，从而人口累计百分比等于收入累计百分比，则收入分配是完全平等的，洛伦茨曲线成为通过原点的 45° 虚线。

1912 年意大利经济学家基尼根据洛伦茨曲线，设实际收入分配曲线（弧线）和收入分配绝对平等曲线（虚线）之间的面积为 A，实际收入分配曲线右下方的面积为 B。并以 A/（A+B）表示不平等程度。这个数值被称为基尼系数或称洛伦茨系数。如果 A

为零，基尼系数为零，表示收入分配完全平等；如果 B 为零，则系数为 1，收入分配绝对不平等。基尼系数为 0.2 以下表示收入分配平均；0.2 ~ 0.3 表示收入分配比较平均；0.3 ~ 0.4 表示收入差距比较正常；0.4 ~ 0.5 表示收入分配差距较大；0.5 以上表示收入差距悬殊。基尼系数是判断分配平等程度的指标，用于定量测定收入分配差异程度。

为保障低收入人群的旅游权利，缓和社会分配不公带来的社会矛盾，世界上许多国家推出了“福利旅游”的做法。“福利旅游”这一概念源自英文的 Social Tourism，西方的学者以及各种组织提出了很多有关这方面的具体的定义，最著名的是 1996 年的社会（福利）旅游国际组织（ISTO）的关于社会旅游的蒙特利尔宣言，将社会（福利）旅游定义为“参与旅游所产生的现象和关系的综合，特别是那些低收入的社会阶层参与旅游，通过一个定义良好的社会措施使这种参与成为可能或者推动”。

福利旅游的实现需要依靠政府及各种组织机构的资金支持，政府对福利旅游的资金支持主要可以分为直接资金支持和间接资金支持。直接资金支持是指政府直接给予福利旅游目标和设施供应方资金支持；间接资金支持是指政府补助福利旅游的主要组织机构，如工会、健康和福利组织等。这些资金的来源主要通过政府税费形成的旅游收入再分配流向来实现。

在我国，福利旅游的实现形式主要是旅游消费券、折扣和免费景区，这两种形式都是通过政府补贴，给予旅游者享受折扣或免费的价格，使得大众旅游者特别是低收入人群参与到旅游中，实现旅游对个人和社会的福利价值。

第三节　旅游外汇收入漏损

一、旅游外汇收入漏损及形式

（一）旅游外汇收入漏损的含义

旅游外汇收入漏损指为了启动和维持旅游部门的正常营运而支付的外汇成本或其他原因造成的外汇收入的流失。

在旅游目的地国家或地区的旅游外汇收入中，必然要有一部分外汇收入用于购买进口商品、支付国际经济活动中需要支付的费用等。一般情况下，经济不发达的国家或地区为了发展国际旅游业务，需要从国外进口所需要的原材料和物资设备，引进国外先进技术、管理人才和高档商品等，从而形成了旅游外汇收入流失的现象。此外，旅游者所需物品及服务的进口、本地居民从旅游收益中进口消费品或者由于海外旅游者示范效应影响而增加的本地居民进口消费等其他一些原因也会造成旅游外汇收入的流失。

（二）旅游外汇收入漏损的形式

进口漏损。进口漏损指为购买旅游开发建设与经营运转所需要的各种进口物资的外汇支出。具体包括政府或旅游企业为购买旅游开发建设与经营运转所需要的各种进口物资的外汇支出，以及为进口这些物资用外汇支付的负债本息和利润分配；旅游企业雇佣外国雇员的薪金和其他外籍人员的劳务费用；政府部门、各旅游团体或旅游企业在国外进行旅游推销宣传所支付的各种费用成本等。

黑市漏损。黑市漏损指外国旅游者在旅游目的地国家或地区购买旅游产品时，没有用其所携带的外币通过合法渠道汇兑得到当地货币来支付，而是通过当地外汇黑市非法套汇得到当地货币来进行部分支付。黑市交易使一部分外汇流入个人手里，脱离了官方的统计与管理，这部分外汇就从本国正常经济系统中流失了。

先期漏损。先期漏损指旅游经营商向旅游者销售某一国家或地区的旅游产品所获得的全部收入中未进入这一旅游目的地国家或地区的那部分收入。如在客源地预付的国际交通费、客源地旅游代理商的佣金等都是旅游先期漏损发生、变化的原因。

后续漏损。后续漏损是指旅游从业人员个人生活消费中所涉及的外汇外流。旅游从业人员为了自己及家人的需要，有时要用薪酬收入购买各种进口物品，旅游接待国为进口这些物品而支付的外汇便形成了旅游外汇的后续漏损。

二、旅游外汇漏损的治理途径和原则

（一）旅游外汇漏损的治理途径

由于旅游外汇漏损会使旅游外汇收入大量流失，不利于旅游目的地国家或地区的经济发展，因此必须采取切实可行的途径减少旅游外汇漏损。其治理的途径主要有：其一，发展本国优质产品，努力培育高质量的自主品牌，以自主品牌的产品吸引更多的旅游者。其二，着力开发低漏损产品，如生态旅游、探险旅游等。这类产品投入的人力、物力相对较少，支付的外汇成本少，相应的旅游外汇漏损就低。其三，制定完善的法规和外汇管理制度，控制外汇流失和不合理使用，建立良好的市场秩序，使旅游市场不断走向规范化、秩序化。其四，加强对外资、外来项目的审批，对引进项目的收益、成本、风险及先进性、急需性、可行性进行认真分析评估，避免盲目引进。其五，培养本国的高级管理人员和技术人员，认真学习现代化管理方法，不断提高管理水平，并逐步减少引进外方管理人员，减少相应的外汇支出。

（二）旅游外汇漏损的治理原则

为了减少旅游外汇收入流失，旅游目的地国家必须对旅游外汇漏损的现象进行治理，治理旅游外汇漏损必须遵循以下原则：

合理漏损原则。为了发展国际旅游业务，旅游目的地国家或地区或多或少都要将一部分外汇收入用于引进国外先进技术、管理人才等，这个过程产生的外汇收入流失是不可避免的，也是相对合理的。

发展优先原则。虽然旅游外汇收入漏损会给企业和国家带来一定的经济损失，但绝不能为避免漏损而置国家发展于不顾。发展是硬道理，以发展为第一要务才能推动整个社会经济实现新跨越。

国际收支平衡原则。在保证国家有一定外汇储备的前提下，外汇的收支应保持大致平衡。国际收支平衡是我国政府宏观经济调控的主要目标，如果一国国际收入长期收大于支出，外汇储备就会不断增加。一定的外汇储备是一国进行经济调节、实现内外平衡的重要手段。但过多的外汇储备会使大量外汇资金闲置，不能在生产中发挥实际效用，还会增加国内通货膨胀的压力，同时还面临因外币汇率贬值而产生的损失。

? 复习与思考

一、名词解释

旅游收入　　旅游外汇收入　　旅游增加值

旅游净收入　　旅游换汇率　　旅游外汇收入漏损

二、填空题

1. 旅游收入按地域分类可以分为________和________。

2. 影响旅游收入的需求因素主要有__________、__________、旅游者人均停留天数。

3. 旅游收入再分配的过程包括：__________的再分配流向、__________的再分配流向、职工工资形成的再分配流向。

4. 旅游外汇漏损治理的原则包括：__________原则、__________原则、国际收支平衡原则。

三、选择题

1. 旅游收入按作用分类可以分为______。

A. 基本旅游收入和非基本旅游收入　　B. 实物性收入和劳务性收入

C. 国际旅游收入和国内旅游收入　　D. 旅游总收入和人均旅游收入

2. 当旅游需求价格弹性系数小于 1 时，此时适当降低旅游产品价格，______。

A. 旅游收入会增加　　B. 旅游收入保持不变

C. 旅游收入会减少　　D. 旅游收入先增后减

3. 旅游净收入经过初次分配后分解为______。

A. 固定资产折旧、职工收入、政府税费

B. 职工收入、政府税费、企业利润留存

C. 固定资产折旧、政府税费、企业利润留存

D. 职工收入、政府税费、公积金

4.______是指旅游从业人员个人生活消费中所涉及的外汇外流。

A. 进口漏损　　B. 后续漏损　　C. 先期漏损　　D. 黑市漏损

四、判断题

1. 国际旅游收入与国际旅游者的消费支出是不相等的。(　)

2. 一般来说，基本旅游收入所占的比重越大，说明该国或该地区的社会经济水平和旅游业的发达程度越高。(　)

3. 旅游总收入（总产值）包含了对中间投入的重复计算，不能真实地反映旅游产业的产出与贡献。(　)

五、简答题

1. 简述旅行社在旅游收入初次分配中的作用。

2. 旅游收入再分配有什么作用？

3. 旅游外汇漏损治理的途径有哪些？

六、案例分析

生态旅游地的收入与分配分析

一、生态旅游地的旅游收入、分配构成

生态旅游地的收入来源一般由以下几部分构成：旅游区门票收入；政府拨款；社会捐赠投资；旅游区内旅游企业上缴税收及特许经营费；旅游产品收入和专利使用收入。

生态旅游地的收入通常通过以下几种途径在主体间分配：上缴上级政府机关；经营者提取利润；社区居民收入；用于景区的进一步开发建设；用于景区的资源环境保护。

旅游者带来的所有花费构成了生态旅游地的直接旅游收入，直接旅游收入扣除漏损额之后，剩下的旅游收入可以称为二次旅游收入。只有这一部分收入才可能在旅游地内进行分配，进一步产生旅游间接收入。

二、生态旅游地的旅游收入分配障碍

生态旅游地收入障碍有以下几种：(1) 经济与环境的矛盾。这集中体现在门票收入与可容纳游客量的矛盾上，大量旅游者的介入必然对旅游地的生态环境造成威

丽江木家寨生态旅游合作社

资料来源：http://61.151.247.4.

胁，控制游人数量又会使经济收益受限。（2）经济水平和产业结构的局限。即在经济发达地区，旅游业促动其他行业部门而产出的间接经济效益远远大于旅游直接收入，而生态旅游地通常位于生态条件优越、人工干扰程度低的地区，这些地区大多经济落后、交通不便，生态旅游地由于受经济发展水平和地区产业结构的局限，对于旅游的强拉动力的反馈水平低，最终间接收入低。（3）旅游收入漏损。生态旅游地的旅游产品经营实体同样会为了启动和维持正常营运而支付外汇成本，或者由于其他原因造成外汇收入流失。世界上优秀的生态旅游地多位于发展中国家和地区，而发展中国家和地区由于自身的局限，旅游收入的漏损现象尤为普遍。

生态旅游地分配障碍：生态旅游地的诸多收入障碍必然进而导致分配障碍，造成各利益主体间的矛盾。任何一方利益得不到保障都会带来负面影响：对经营者、服务者分配不足会导致决策不合规范、服务质量下降、欺诈宰客行为增加，破坏旅游地的形象等；对景区分配不足会造成资源环境保护得不到物质保障，进一步的开发建设无法实施；社区居民参与分配的不足会使旅游地达不到预期的经济发展目标，而旅游者进入旅游地对自然人文生态的干扰，造成居民与旅游者之间的矛盾纠纷不断增加。此外，由于生态旅游地居民生活水平低，可能出现伐木、偷猎等现象，造成对旅游资源环境的压力。

三、生态旅游地旅游收入、分配优化

（1）资源导向的定价原则。大众旅游产品的定价通常是市场导向或称为消费导向的，生态旅游产品由于其特殊的生态环境背景与脆弱易损的特性，必须遵从供给导向或称资源导向的定价原则，参照资源环境的生态脆弱性和承载能力，确定其所能承受的最大游客量，并根据季节性做必要的调整和引导。

（2）门票的梯度收费制。梯度收费制为生态旅游地的环境保护提供了经济支持。提高团队门票价格，可以限制过多的旅游者在同一时刻涌入旅游区，避免因客流超载而产生生态环境损害。降低本地居民门票，可以减少资源利用上的冲突和矛盾。

（3）政策倾向，减少漏损。为了避免收入大量流出区域经济系统，应该树立强烈的品牌意识和专利意识，对当地产业可以给予政策优惠或经济扶持，逐渐完善旅游目的地和旅游依托地的服务经济体系和旅游产业结构，真正实现以旅游发展带动

整个地区经济发展的目标。

（4）收入途径的多元化。大力发展特色旅游商品，尤其是知识含量高和有地方特色的商品。以相关产品和服务扩大收入来源，生态旅游者一般对住宿、餐饮、娱乐等的要求不高，他们更注重精神上的追求和提高，开发配套的产品和服务既满足了其消费需求又增加了收入来源。

（5）资源环境保护费用单独列项。资源环境保护费用不能过分依赖门票收入，以免资源环境保护工作受到经济收入冲击而无法持续和系统地进行。资源环境保护费用应单独列项，从稳定收入中单独划拨。

（6）扩大居民的参与分配额。通过为居民创造就业机会，提高居民对旅游的参与程度，扩大他们对旅游收入的分配额，提高其生活水平。具体可行的参与途径有：为旅游者提供向导服务、停留场所、特色食品、手工艺品和旅游纪念物，种植地区特有的花卉、药材、食用菌类等。

——资料来源：孙春华，何佳梅．生态旅游地收入分配问题初探——热点研究与解析［J］．山东省农业管理干部学院学报，2003（3）．

根据以上案例回答如下问题：

生态旅游地旅游收入分配障碍的原因及其控制旅游收入漏损的途径。

推荐阅读

1. 中国旅游信息网：http://www.cthy.com/.
2. 刘桂玉，张战仁．国际旅游收入与地方经济增长动态关系的实证分析——以桂林市为例［J］．旅游论坛，2008（4）．
3. 向云波．中国大陆省级行政区国际旅游收入的时空差异分析［J］．旅游论坛，2009（1）．
4. 李仕柯．对国内旅游收入影响的实证分析［J］．江西农业学报，2009（6）．
5. 赵琪，冯学钢．社会旅游发展模式研究：欧洲经验和中国模式［J］．现代经济信息，2013（21）．

第九章 旅游经济效益及评价

旅游经济效益是旅游目的地国家或地区、旅游企业竞争力高低的重要体现。提高旅游经济效益，对提高旅游目的地国家或地区、旅游企业在竞争中的地位，争取获得更多利益具有重要意义。本章分析了旅游经济效益的含义、类型及影响因素；介绍了旅游企业经济效益的评价指标和分析方法；分析了旅游宏观成本和收益的含义、构成；探讨了旅游宏观经济效益在评价和统计上的特殊性；介绍了评价旅游宏观经济效益的相关指标。

学习目标

知识目标

1. 掌握旅游经济效益的含义及分类。
2. 理解影响旅游经济效益的各项因素。
3. 掌握旅游企业成本和利润的含义及构成。
4. 了解旅游微观经济效益的评价指标。
5. 理解旅游微观经济效益的分析方法。
6. 掌握旅游宏观成本和收益的含义及构成。
7. 理解旅游宏观经济效益评价的特殊性。
8. 了解旅游宏观经济效益的主要评价指标。

技能目标

能运用旅游经济效益的相关理论和方法，对微观旅游经济效益和宏观旅游经济效益作简单分析。

案 例

广西滨海旅游经济效益分析

北海银滩

资料来源:http://www.guilin3s.com.

广西滨海旅游资源富集于北海、钦州、防城港三市，旅游业起步于新中国成立初期，初步发展于20世纪80年代，快速发展于20世纪90年代，目前，已经形成了丰富的旅游产品体系、宽广的旅游市场体系、良好的旅游环境体系，旅游业正在向纵深发展。

一、广西滨海旅游经济效益的衡量指标

衡量旅游经济效益的指标众多，鉴于数据的可获得性、完整性和可比性，通过比较与筛选，本文选定的宏观经济指标包括旅游人次、旅游业总收入、旅游业总收入占GDP的比重、旅游创汇、旅游消费、劳动生产率；微观经济指标包括接待总人数、营业总收入、营业税和利润总额。

二、广西滨海旅游宏观经济效益分析

近三年来，北海、钦州、防城港旅游总收入呈增长态势，增幅大，增长速度很快，平均增幅达到18%以上，快于GDP的增长速度。北海市在2006年、2007年、2008年三年中旅游业的增长速度远超当年GDP的增长速度；钦州市旅游业平均增长速度最快，以高于20%的增幅增长，其中2007年呈“井喷式”爆发，高达48.82%。三市中，北海的旅游总收入远高于钦州、防城港，每年的旅游总收入高于钦州和防城港两市旅游总收入的总和。通过对北海、钦州、防城港市旅游总收入的比较分析，说明广西滨海旅游区旅游业发展速度快，对经济的贡献大，发展前景好，发展潜力大。

旅游总收入占GDP的比重指标，直接体现出旅游业对经济发展的贡献。相比之下，北海市旅游业对当地经济发展的贡献最大，2007年高达12.45%，但2008年略有下降；从目前情况看，钦州市旅游业对当地经济的贡献虽然比率最小，但其增长的速度最快，特别是2008年，其增长幅度超过了北海和防城港；防城港GDP增长速度最快，从而影响了该市旅游业总收入占当地GDP的比重。但一个比较严重的问题是，2006~2008年三年间，防城港市旅游业总收入占当地GDP的比重逐步下降，说明旅游业对当地经济贡献率逐步降低。

旅游创汇直接反映着一个国家的国际收支情况，也体现了旅游业对当地经济发展的重要推动作用。从旅游创汇的总量上看，北海、钦州、防城港三市中，北海的旅游创汇能力最强，钦州最小，防城港凭借其优越的区域位置，旅游创汇能力逐步增加；从增长率来看，北海、钦州、防城港三市旅游创汇逐年递增，增速快，增幅大，其增长的速度跟幅度

均超过了旅游总收入、国内旅游收入的增长速度和幅度。但从另一个侧面来看，三市的旅游创汇呈现出波动状态，这种波动建立在旅游创汇收入逐年增加的基础上，只是在增加比例上体现出来的一种正向波动，但这种现象说明旅游创汇的多少取决于入境旅游者人数的多少及他们的消费能力、消费结构。

三、广西滨海旅游企业经营效益分析

年接待总人数及同比状况揭示了旅游宾馆饭店的市场发展状况。广西滨海旅游区旅游宾馆饭店2005—2007年年接待游客的总量呈缓慢上升的趋势，但其中的波动比较大，其中，北海市旅游宾馆饭店的年接待总人数远高于钦州和防城港市。

营业总收入及同比状况反映了宾馆饭店自身的财务状况及对经济的影响。广西滨海旅游区宾馆饭店的营业总收入随着接待总人数的变化而变化，其变化的趋势与旅游接待人数的变化趋势大体一致。北海旅游宾馆饭店的营业总收入最高，说明北海旅游业相对比较发达，但同比之下，北海营业总收入的增长速度慢于钦州和防城港，增长幅度小于钦州和防城港。

利润总额体现了企业的赢利能力和竞争实力。2005—2007年，北海、钦州、防城港旅游宾馆饭店利润总额呈下滑趋势，其中，北海市旅游宾馆饭店的下滑速度最快，钦州市在2006—2007年出现了小幅反弹。这种状况说明，广西滨海旅游区旅游宾馆饭店的赢利能力较弱，综合竞争实力较弱。

广西滨海旅游区旅游宾馆饭店总体来说集中度高，主要集中于北海市，这种过度集中的局面不利于行业经营效益的整体发挥；接待总人数总量不高，同比之下整体呈增长态势，但具有较大的波动性；营业总收入随旅游接待总人数的变化而变化，但行业整体收入不高；创税能力较弱，远不能跟工业企业相比；企业利润总额连年下降，赢利能力较弱，综合竞争实力不高。总之，广西滨海旅游行业经济效益与旅游业的快速发展、当地经济的飞速发展不相适应，因此，北海、钦州、防城港旅游企业的当务之急是加快发展，增强实力。

广西滨海旅游聚集于北海、钦州、防城港三市，是广西重要的旅游产品之一。经过20多年的发展，广西滨海旅游对当地经济的贡献比较大，北海、防城港的旅游业已经发展成为当地的支柱产业。但是，由于广西滨海旅游高度集中在北海市，因此存在发展不平衡、起伏较大的状况，这就要求北海、钦州、防城港三市要加强合作，共同提高广西滨海旅游经济效益。

——资料来源：人民论坛网，http://www.rmlt.com.cn/qikan/2010-07-28/7622.html.

案例分析

什么是旅游经济效益？什么是旅游微观经济效益？什么是旅游宏观经济效益？

第一节　旅游经济效益概述

一、旅游经济效益的比较和类型

（一）旅游经济效益的含义

经济效益一般是指在社会经济活动中，投入与产出之间的数量对比关系。投入指为保障经济活动的顺利进行，而对物化劳动和活劳动的耗费和占用，即生产要素的费用（资金、生产资料、劳动力、管理等）。产出是指将投入运用到生产经营中所获得的有效成果，即以货币表示的和不以货币表示的经济收益。如收入、利润、税费、人次、就业、经济结构优化等。一般来说，投入的要素越少，产出能满足社会需求，经济效益就越好；反之，经济效益则越差。

旅游经济效益指在旅游经济活动中投入与产出之间的数量对比关系。旅游经济活动不仅涉及旅游行业各部门，还会随着旅游经济活动主体的行为变化与国民经济各部门间保持密切的联系，它是一种包含经济、社会、文化、政治等多种因素的活动。这里的投入是指旅游经济活动中物化劳动和活劳动的耗费和占用，即生产要素的费用（资金、生产资料、劳动力、管理等）。产出是指投入获得的有效成果，即以货币表示的和不以货币表示的经济收益。如旅游收入、旅游外汇收入、利润、税费、旅游人次、就业、经济结构优化。因此，旅游经济效益与产出成正比，与投入成反比。下面的公式可以反映这一关系：

$$\text{旅游经济效益}=\frac{\text{旅游经济活动中的产出}}{\text{旅游经济活动中的投入}} \qquad \text{公式（9-1）}$$

（二）旅游经济效益的比较

一般情况下，在收益一定时，费用小，经济效益就好；或者在费用一定时，收益大，经济效益就好。

整体比较与局部比较。整体比较是指全部要素的投入与全部产出之比，如利润与全部成本之比；局部比较是指个别要素的投入与全部产出之比，或全部要素的投入与个别产出之比，如利润与劳动力成本之比、旅游人次与员工人数之比。不管是微观经济效益还是宏观经济效益均可以进行整体比较和局部比较。

绝对比较和相对比较。绝对比较是指旅游收益与投入费用之间的差额，如利润的绝对额；相对比较是将旅游收益与投入费用之间的差额除以投入费用，如利润与费用之间的比率，以此来比较经济效益的大小。公式如下：

$$\text{绝对比较} = \text{旅游收益} - \text{投入费用} \qquad \text{公式（9–2）}$$

$$\text{相对比较} = \frac{\text{旅游收益} - \text{投入费用}}{\text{投入费用}} \qquad \text{公式（9–3）}$$

短期比较和长期比较。短期比较，是指短期费用与短期收益的比较。长期比较，是指长期费用与长期收益的比较。短期比较在于说明经济投入行为的当前效果，长期比较是经济投入行为带来的长期影响。任何经济活动都不能把目光仅定位在短期效益上，更要有战略眼光，注重长期效益，把两者结合起来，这样才能实现旅游业可持续发展的内在要求。

（三）旅游经济效益的类型

旅游直接经济效益和间接经济效益。根据旅游经济活动中生产要素投入与产出之间联系的密切程度来看，旅游经济效益可以划分为直接经济效益和间接经济效益。旅游直接经济效益是指旅游业或旅游企业的自身投入与自身产出的比较。这是发展旅游业所追求的重要目标，也是考核旅游产业的主要指标。旅游间接经济效益是指旅游业或旅游企业的自身投入与其为国民经济其他部门带来的产出的比较。由于旅游业本身的行业关联性极强，因此在评价旅游经济效益时，不仅要评价旅游直接经济效益，同时也应该评价旅游间接经济效益，这样才能实现对旅游经济效益的全面考核。

旅游经济的正效益和负效益。从旅游经济活动所取得的有效成果来看，旅游经济效益可以划分为旅游经济的正效益和负效益。旅游经济的正效益与负效益有两层含义：其一，旅游的产出大于投入称为旅游经济的正效益；旅游的产出小于投入称为旅游经济的负效益。其二，经济活动中与人类社会的最终目的相一致的效果称为正效益，与其相反的则称为负效益。人类历史的发展让我们认识到，为获取人类生存和发展，罔顾生态平衡和环境污染等社会问题，最后人类不得不投入更多的人力和物力去恢复被破坏的家园。

旅游短期经济效益和长期经济效益。从旅游经济效益所取得的时间上可以将旅游经济效益分为旅游短期经济效益和旅游长期经济效益。旅游经济效益如果不引入时间概念，可能会得出错误的结论。有些经济活动，从短期看是有效益的，但从长期看，是没有效益的，甚至是负效益。片面追求短期经济效益很容易造成对旅游资源的掠夺式开发，因此要正确处理好两者的关系。一方面，忽视旅游短期经济效益，将会导致旅游企业因失去发展的基础而无法生存；另一方面，只注重眼前的利益，无视资源的有效使用和环境保护的问题，也必然导致旅游企业失去未来生存发展的基本条件而缩短其经营周期。因此在旅游经济效益的分析过程中，应当将旅游短期经济效益和长期经济效益结合起来，运用生态学和经济学的原理，把社会、自然界的平衡发展与旅游企业自身经济效益三方面问题综合考虑，确保三方实现可持续发展。

旅游微观经济效益和宏观经济效益。从旅游经济效益分析的对象层面看，可以划分为旅游微观经济效益和旅游宏观经济效益。前者指旅游企业自身的经济效益，后者是整个社会对旅游的投入与旅游业及全社会产出的比较。投入不仅包括旅游企业自身的投入，还包括政府、其他部门对旅游业的投入，如城市基本建设、旅游基础设施、环境整治、市场监管、市场促销；产出不仅包括旅游企业的产出，还包括旅游业对国民经济的带动效应。旅游微观经济效益和旅游宏观经济效益之间是相互制约、相互影响的，体现着局部和全局的辩证关系。旅游微观经济效益是旅游宏观经济效益的基础，旅游宏观经济效益以旅游微观经济效益为前提和条件。当二者发生矛盾时，旅游微观经济效益必须要服从旅游宏观经济效益。

二、旅游经济效益的影响因素

（一）影响旅游经济效益的直接因素

旅游者数量及构成。旅游者数量的增加，一方面会带来更多的旅游收入（产出增加），另一方面会使成本尤其是固定成本相对减少（投入减少），因此会提高经济效益。旅游者的构成不一样，决定了消费和支出水平的不一样，因而会影响到旅游经济效益的高低。

旅游物质技术基础及其利用率。旅游活动的顺利开展在很大程度上取决于各项物质技术的广泛应用和实施。先进的物质技术基础，一方面可以吸引更多的旅游者，旅游收入也随之提高；另一方面可以提高服务效率，降低单位产品的劳动耗费，旅游经济效益就会提高。因此，旅游业应在加强旅游基础设施建设的同时，尽可能配备现代化程度较高的设备，以提高劳动效率，减少劳动消耗，增加经济效益。

相关链接 搜索

全球分销系统

Global Distribution System，缩写为GDS，译为“全球分销系统”，也可译为“国际代理人分销系统”，是应用于整个旅游业的大型计算机信息服务系统。这种代理人分销系统，专门用于国际航空、旅游产品的预订和销售。通过GDS，遍及全球的旅游销售机构可以及时地从航空公司、旅馆、租车公司、旅游公司获取大量的与旅游相关的信息，从而为顾客提供快捷、便利、可靠的服务。比如，旅行社（占代理人比例的90%）等代理人接入GDS终端，获得GDS产品的分销权；旅游消费者则通过旅行社等代理人直接预订、购买GDS中的旅游产品。

国际GDS是在国际航空预订系统（CRS系统）的基础上发展起来的，其前身可以追溯到20世纪60年代国际大航空公司为自己建立的数据库。现在的GDS不但将诸多大航空公司的数据库连接起来，销售多家航空公司的中性票，而且已经将业务从航空预订拓展到旅游预订。和单一的旅游预订系统相比，GDS优势非常明显：首先是功能完善，所提供的产品囊括所有的旅游产品类型，游客还能通过GDS预订到自己需要的特别服务产品；其次是网络众多，涵盖全球，信息丰富，服务快捷。从GDS的发展过程看，GDS是由于旅游业的迅猛发展而从航空公司订座系统中分流出来的面向旅行服务的系统。如今，GDS已经发展成为服务于整个旅游业的一个产业，除了原有的航空运输业外，旅馆、租车、旅游公司、铁路公司等也纷纷加入GDS中来。经过技术与商务的不断发展，GDS已经能够为旅游者提供及时、准确、全面的信息服务，并且可以满足消费者旅行中包括交通、住宿、娱乐、支付及其他后继服务的全方位需求。因为航空预订，现在的GDS系统仍然由西方主要的大航空公司控股，但系统本身却以企业化的形式进行市场运作，为获取利益而在不断拓展网络。GDS在激烈竞争中，逐渐形成SABRE、GALILEO、AMADEUS、WORLDSPAN等巨头。其中，最为突出的SABRE已经拥有代理人28451家，连接终端118270个，1998年实现航空订座量3.26亿、非航空订座量1956万，现在能够销售的酒店达220家（连锁35000处），可销售470家航空公司的机票。

中国的旅游、航空市场潜力巨大，这对彼此竞争激烈的国际GDS极具诱惑力，其在中国市场外围逡巡已久，虎视眈眈。未雨绸缪，积极应对，已经是摆在我们面前的迫切任务。

发达国家是非常注意对相关市场进行保护的，如欧洲在美国GDS进入之前斥巨资联合组建AMADEUS和GALILEO，日本建立AXESS、INFINI，东南亚建立了AMADEUS，等等。

目前，中国GDS也在紧锣密鼓的建设中，建成后，中国GDS将成为一个覆盖全国、具有国际竞争力的旅游信息服务的航空母舰。

——资料来源：迈点百科，http://baike.meadin.com/view/7325.htm.

旅游生产规模。旅游生产规模可以分为行业规模和企业规模。旅游生产规模的大小对旅游经济效益也有很重要的影响。在一定时期、一定的技术条件下，旅游行业或企业要保持一个合适的规模，自觉地选择和控制生产规模，使生产要素得到最合理的配置，求得生产量的增加和成本的降低，从而取得最佳经济效益，规模过大或规模过小，均有可能造成旅游经济效益的降低。

旅游活动的组织和安排。旅游活动中旅游者对食、住、行、游、购、娱等多方面的需求是相互联系，相互影响的。因此，在旅游活动中能否合理制定游览行程表、能否有效地提供高质量的旅游服务、能否有效地组织和安排旅游者的旅游活动，这直接影响着旅游的经济效益。因此，旅游活动的组织和安排，应当做到有的放矢，灵活多样，这样才能迎合旅游需求者多样化的要求，并能适应纷繁多变的市场，最终实现旅游经济效益的提高。

旅游产业的管理水平。旅游经济效益的变化与劳动生产率的高低联系密切。而劳动生产率的提高离不开科学的管理。这里的管理从管理者的角度可以区分为微观管理和宏观管理。前者是指旅游企业管理，即旅游企业内部的产、供、销、人、财、物管理。在众多管理因素中，劳动者的管理是最关键的，也决定了企业的劳动生产率能否真正实现提高，因此要加大对劳动者的培训，充分调动其劳动积极性，提高劳动生产率。后者是指旅游行业管理，即旅游行业管理体制和行业的分工与协调。其中，最重要的是行业管理体制。一个国家的旅游管理体制对本国的旅游经济效益有比较大的影响，体制不完善必然出现推诿、扯皮、管理效率低下。我国当前旅游管理体制有诸多不足之处，具体表现在权责不明、政出多门、法规不健全等方面。因此有必要通过建立科学高效的旅游经济管理体制来推进旅游产业内各部门经营活动的正常进行，也为旅游业在经营过程中实现最佳的旅游经济效益提供坚实的体制保证。

（二）影响旅游经济效益的间接因素

旅游产业是一个综合复杂的系统，因此旅游经济效益除了受直接因素的影响外，也会受到社会文化、环境等多方面因素的间接影响。一个社会的政治法律制度、社会风气、人际关系、文化历史、风俗习惯、自然环境等对旅游经济效益都会带来一定的影响作用。

三、旅游经济效益与社会文化效益、环境效益的统一

旅游经济效益，只是从经济角度来考察旅游效益。如果从社会文化角度、环境角度来考察旅游效益，又可以形成社会文化效益、环境效益。

旅游社会文化效益指随着旅游经济活动的开展，对旅游目的地的社会文明、文化传承、价值体系、生活质量和人口素质等方面带来的一种效果。旅游环境效益指由于旅游经济活动的开展，对旅游目的地环境所带来的正负两方面的效果。

旅游经济效益应与社会文化效益、环境效益统一。经济效益虽然很重要，但不能只讲经济效益，不讲其他效益，应当在经济、社会文化、环境的统一中去追求旅游经济效益。追求旅游经济效益可能会带来旅游收入的增加、旅游人次的增多，但它不能以破坏社会文化、牺牲环境为代价。如果旅游经济效益的提高是建立在社会价值体系的倒退、民族文化的消失、生态环境的污染基础之上的，则这样的经济效益也是不可取的。

第二节　旅游微观经济效益

一、旅游企业成本和利润

（一）旅游企业成本的含义

旅游企业成本指旅游企业在经营管理过程中发生的各种支出和耗费。旅游企业的成本按照不同的标准，可以分为不同的构成。

（二）旅游企业成本的构成

1. 企业费用的经济用途划分

从企业费用的经济用途划分，旅游企业的成本由营业成本、营业费用、管理费用和财务费用四大类构成。

营业成本。营业成本指旅游企业在经营中能直接计入旅游产品中去的各项费用。如饭店、餐馆食品中的原材料、调料、配料等，客房使用的一次性用品等；旅行社计入营业收入的住宿费、交通费、陪同费、行李托运费、签证费、门票费等代收、代付费。

营业费用。营业费用指旅游企业在经营活动中发生的但不能直接计入产品成本、需要分摊的各项经营性支出。如员工工资福利、折旧费、燃料费、公用消耗品、水电费、广告费、运输费等。

管理费用。管理费用指旅游企业在管理中发生的费用。如行政管理人员工资福利、办公费、差旅费、工会活动费、职工教育费、劳动保险费、待业保险费、董事会费用等。

财务费用。财务费用指旅游企业在筹集和使用资金过程中所发生的各类费用。具体包括利息支出、汇兑损失、金融机构手续费等。利息本质上属于利润的一部分。但企业在计算成本时，通常也将利息看成是使用资金的成本，列入成本支出范畴。

2. 企业成本与产量的关系划分

从企业成本与产量的关系划分，旅游企业成本由固定成本和变动成本构成。

固定成本。固定成本指在一定产量范围内，不随产量的增减而变化的成本。具体包括固定资产折旧、修理、租赁费、行政办公费、管理人员工资等。固定成本也称为不变成本。

变动成本。变动成本指随着业务量的增减变化而发生相应变化的成本。具体包括原材料消耗、生产用的水电费用、燃料、低值易耗品、员工的工资以及为旅游者提供服务的相关费用等。变动成本也称为可变成本。

对旅游企业成本构成的分析，其意义在于帮助企业认识不同性质的产品成本构成，制定出正确的成本控制策略和体系，以达到提高企业经济效益的目的。

（三）旅游企业利润的含义

旅游企业利润指旅游企业在一定时期经营过程中各项收入和各项支出相抵后的余额，包括营业利润、投资（净）收益和营业外收支净额。而旅游产品的价格、产品的单位变动成本、产品的固定成本和产品销售量都将会引起旅游企业利润的变化。

（四）旅游企业的利润构成

1. 营业利润

营业利润指旅游企业生产销售旅游产品获得的收入扣除各种耗费后的余额。用公式表示为：

营业利润 = 营业收入 –（营业成本 + 营业费用 + 管理费用 + 财务费用）　　　　公式（9–4）

营业利润又可以分为税前利润和税后利润。

2. 营业外收支净额

营业外收支净额指旅游企业营业外收入扣除营业外支出的余额。营业外收入指与营业无关的收入，如固定资产的盘盈或变卖的净收益，无法支出的应付款等；营业外支出指固定资产的盘损或变卖的净损失、赔偿金、违约金、罚息、捐赠等。用公式表示为：

营业外收支净额 = 营业外收入 – 营业外支出　　公式（9–5）

3. 投资净收益

投资净收益指旅游企业对外投资收益扣除投资损失的余额。投资收益是指获得的利息、股息、本金增值额；投资损失指本金减值额。用公式表示为：

投资净收益 = 投资收益 – 投资损失　　公式（9–6）

通过对企业利润的分析，可以使企业掌握利润的不同种类和影响利润的各种因素，以便进行正确的利润（经营）决策，从而达到提高企业的经济效益的目的。

二、旅游企业经济效益的评价指标

（一）营利性评价指标

旅游企业通常需要借助营利性指标来评价自身的获利能力。营利性评价指标主要有资金利润率、销售利润率、成本利润率。三项指标从不同的侧面反映企业的经营获利能力。

1. 资金利润率

资金利润率指一定时期旅游企业的利润与固定资金和流动资金的比例。说明了企业资金占用的效益状况。固定资金指企业经营中的固定资产占用资金。流动资金指企业经营中的周转资金，包括现金、应收账款、预付款和易变现的存货（材料、在制品、成品）、有价证券等。用公式表示为：

$$资金利润率 = \frac{利润}{固定资产额 + 流动资金额} \times 100\%$$　　公式（9–7）

2. 销售利润率

销售利润率指旅游企业在一定时期内利润与销售总额之间的比例。说明的是企业经营规模的效益水平。用公式表示为：

$$销售利润率 = \frac{利润}{销售总额} \times 100\%$$　　公式（9–8）

3. 成本利润率

成本利润率指旅游企业在一定时期内利润与经营成本之间的比例。说明的是企业劳动耗费的效益状况。用公式表示为：

$$成本利润率 = \frac{利润}{经营成本额} \times 100\% \qquad 公式（9-9）$$

（二）人均产出性评价指标

人均产出性评价指标反映劳动力要素的产出能力，是旅游企业劳动生产率高低的集中体现。主要指标有人均接待量、人均产值、人均收汇额、人均利税。

1. 人均接待量

人均接待量指一定时期旅游企业旅游接待量与企业员工数量之比。用公式表示为：

$$人均接待量 = \frac{旅游接待量}{企业员工数} \qquad 公式（9-10）$$

2. 人均产值

人均产值指一定时期旅游企业营业收入（或增加值）与企业员工数的比例。用公式表示为：

$$人均产值 = \frac{营业收入（或增加值）}{企业员工数} \qquad 公式（9-11）$$

3. 人均收汇额

人均收汇额指一定时期旅游企业外汇净收入与企业员工数的比例。用公式表示为：

$$人均收汇额 = \frac{旅游外汇净收入}{企业员工数} \qquad 公式（9-12）$$

4. 人均利税

人均利税指一定时期旅游企业税后利润与税金之和与企业员工数的比例。用公式表示为：

$$人均利税=\frac{税后利润+税金}{企业员工数}$$　　公式（9–13）

（三）消耗性评价指标

消耗性评价指标是从生产要素消耗的角度来评价企业经济效益的指标。在产出一定的情况下，消耗水平越低，说明经济效益越好。主要有单位产品的原材料消耗、单位产品的能耗、单位产品的工资费用支出、单位产品的管理费用支出等。

（四）设施利用性评价指标

设施利用性评价指标是从旅游设施接待能力、利用水平来评价旅游经济效益的指标。主要有客房出租率、车船使用率等。客房出租率是指一定时期旅游企业客房的实际出租数与客房拥有数的比例。其合理范围在 0.6 ～ 0.9。车船使用率是指一定时期旅游车船实际载客量与载客能力的比例。

（五）投资效果评价指标

投资效果评价指标是从投资角度来评价企业经济效益的指标。衡量项目投资效益好坏的指标主要有投资收益率、投资回收期、资金的时间价值和净现值。

1. 投资收益率

投资收益率指一定时期内旅游投资项目所获得的利润额与投资总额的比值，反映了项目投资的赢利水平。用公式表示为：

$$投资收益率=\frac{投资所获利润总额}{投资总额}\times 100\%$$　　公式（9–14）

公式（9–14）的计算结果与当地旅游企业的平均投资收益率对比，若大于或等于当地旅游企业的平均投资收益率，则说明该投资项目的经济效益是好的。

2. 投资回收期

投资回收期指旅游投资总额全部收回的时间，即投资总额与年均利润额之比。

$$投资回收期=\frac{投资总额}{投资获得的年均利润额} \qquad 公式（9-15）$$

该指标小于或等于投资者期望的回收期时，则该投资项目经济效益是好的。

3. 资金的时间价值和净现值

投资收益率和投资回收期既可以从静态来分析，也可以从动态来分析。动态分析就是考虑了货币资金的时间价值。所谓货币资金的时间价值指资金在使用及其循环周转过程中，随着时间的推移而增值。在利用项目贷款的情况下，银行会把货币资金的时间价值作为还本付息的依据。因此用动态评价能更好地反映资金使用的效益和成本。

净现值是一项投资所产生的未来净现金流量的折现值与项目初始投资额之间的差值。净现金流量是投资所产生的未来现金收入扣除现金支出的余额。净现值用公式表示为：

$$NPV=\sum_{t=1}^{n}\frac{C_t}{(1+r)t}-C_0 \qquad 公式（9-16）$$

式中，NPV 为净现值；C_0 为初始投资额；C_t 为 t 年净现金流量；r 为折现率；n 为投资项目的寿命周期。

净现值是评价投资效益的一种指标。该指标利用净现金流量的折现值与初始投资额进行比较，然后根据净现值的大小来评价投资效益。根据对投资效益不同的评价角度，折现率可以取银行的同期利率，也可以取期望收益率或标准收益率。如果是银行的同期利率，则 NPV 等于 0，意味着投资刚够还本付息；NPV 大于 0，意味着投资有净收益；NPV 小于 0，意味着还不够还本付息。如果是期望收益率或标准收益率，则 NPV 等于 0，投资方案是可以接受的；NPV 小于 0，从理论上来讲，投资效益不理想。当然净现值越大，投资效益就越好。

三、旅游企业经济效益分析方法

（一）盈亏平衡分析法

盈亏平衡分析法，又称保本点分析法或损益平衡分析法。该方法要求在既定的价格水平下，旅游产品的销售量要达到多少，才能使企业不亏不盈。

其计算公式为：

$$Q=\frac{FC}{P(1-T_s)-V_c}$$ 公式（9–17）

式中，Q 为保本销售量；P 为产品单价；FC 为固定成本总额；V_c 为单位变动成本；T_s 为企业应纳营业税率。

通常，如图 9–1 所示，企业在销售量未达到一定数量（Q_e）时亏损，达到一定数量（Q_e）后赢利，E 点为盈亏平衡点，对应这一点的产量为保本销售量。

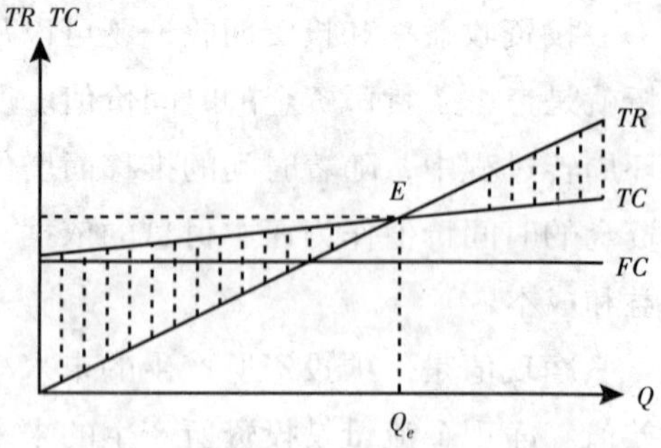

图9–1　盈亏平衡

例：某旅游饭店客房部有客房 250 间，房价为 200 元，每天应分摊的固定成本总计为 18000 元，每间客房的消耗品及员工工资、间接管理费等占销售价的 15%，营业税率为 5%，则每天客房出租量为多少间时企业不亏本？每天企业的保本销售额是多少？该客房部的出租率是多少？

按公式计算可得：

客房出租量 =18000 ÷［200 ×（1–5%）–200 × 15%］≈ 113（间）

保本销售额 =200 × 113=22600（元）

客房出租率 =113 ÷ 250=45.2%

（二）目标利润分析法

目标利润分析法，是指旅游企业在既定价格条件下，确定了企业在一定时期内的目标利润，并据此计算出为获得此目标利润的最低销售量。

其计算公式为：

$$Q=\frac{FC+P_r}{P(1-T_s)-V_c}$$ 公式（9–18）

式中，Q 为销售量；P 为产品单价；FC 为固定成本总额；V_c 为单位变动成本；P_r 为目标利润；T_s 为企业应纳营业税率。

例：某旅游饭店客房部有客房 250 间，房价为 200 元，每天应分摊的固定成本为 18000 元，摊销的变动成本为房价的 15%，全年按 360 天计算，营业税率为 5%，若全年的目标利润为 200 万元，则全年的销售量、销售额各是多少？

按公式计算可得：

全年客房销售量 =［(18000×360)］+2000000÷［200×（1–5%）–（200×15%）］
=8480000÷160=53000（间）

全年客房销售额 =53000×200=10600000（元）

（三）最大利润分析法

最大利润分析法，是为实现旅游企业的经营目的而对企业的增量收入、增量成本与利润的变动关系所做的分析。企业生产经营的目的，从短期看，都是希望利润极大化，即在可能的条件下，获得最大限度利润，使总利润最大。如何才能使企业的利润最大化？或者换句话说，旅游企业利润最大化实现的条件是什么？这里我们将引入边际的概念。

边际收入指每增加一单位产量或每增加一位游客使总收入相应增加的收入量，我们用 MR 表示。边际成本指每增加一单位产量或每增加一位游客使总成本相应增加的成本量，我们用 MC 表示。比较边际收入和边际成本的变动可以有三种情况：$MR>MC$；$MR<MC$；$MR=MC$。

假设 $MR>MC$，说明多增加接待一位游客后还能增加利润，旅游企业总利润还未达到最大化，所以应该继续扩大经营规模。

假设 $MR<MC$，说明多增加接待一位游客后已出现亏损，旅游企业增加产量后出现了收入小于支出的情况，从而使总利润减少，所以应该缩小经营规模。

假设 $MR=MC$，说明多增加接待一位游客后利润为零，再增加就会出现边际亏损，总利润减少。换句话说，说明该得到的利润都已得到，增加或减少产量都会使总利润减少。

根据以上的分析，可以得出结论：利润最大化的条件就是 $MR=MC$。

（四）边际贡献分析法

边际贡献分析法是指旅游企业当经营发生亏损时，应当停业还是继续维持生产的分析方法。这里涉及边际贡献额和边际贡献率两个概念。

边际贡献额指每增加一单位产品销售量所得的收入扣除单位产品变动成本后的余额。边际贡献的计算公式为：

$$\text{边际贡献额} = \text{单位产品销售收入} - \text{单位产品变动成本} \qquad \text{公式（9-19）}$$

当边际贡献额大于零时，说明有贡献。分为三种情况：边际贡献额若大于固定成本，说明有利润；边际贡献额若等于固定成本，说明刚保本；边际贡献额若小于固定成本，说明虽亏本但可以部分地补偿固定成本的开支，倘若不生产，亏损会更大；因此生产仍应进行，等待市场环境改善或机遇出现。

当边际贡献额等于或小于零时，说明无贡献。此时每增加一单位产品的销售所获得的收入只能刚好弥补单位变动成本或连单位变动成本都无法弥补，更别说对固定成本的补偿了，企业这时应当考虑停业。无贡献对生产经营是没有任何意义的。

边际贡献既可以用绝对数表示，也可以用相对数表示。用相对数表示就是边际贡献率。边际贡献率是指单位产品的边际贡献额与单位产品销售收入的比例。

边际贡献率的计算公式为：

$$\text{边际贡献率} = \frac{\text{边际贡献额}}{\text{单位产品销售收入}} = 1 - \frac{\text{单位产品变动成本}}{\text{单位产品销售收入}} \qquad \text{公式（9-20）}$$

边际贡献率与变动成本率之和为 1。在其他条件不变的情况下，变动成本率越低，边际贡献率就越高；反之相反。

例：假设某一饭店单间客房销售收入为 100 元，每间客房的变动成本为 40 元，则边际贡献率为 60%；如果市场环境不景气，单间客房的销售收入降到了 80 元，则边际贡献率下降到 50%；如果市场环境持续不景气，单间客房的销售收入降到了 40 元，则边际贡献率降为零。

第三节　旅游宏观经济效益

一、旅游宏观成本

（一）旅游宏观成本的含义

旅游宏观成本指一个国家或地区为开展旅游活动而发生的社会总成本。除却旅游企业在旅游经营管理过程中所发生的成本以外，还包括国民经济相关部门发生的与旅游相关的成本、政府为开展旅游活动而发生的成本。

（二）旅游宏观成本的分类

1. 从成本发生的形态来分，可以分为宏观有形成本和宏观无形成本

旅游宏观有形成本指全社会为开展旅游活动而支出的、能以货币进行计算和衡量的成本。主要包括为发展旅游业而修建的道路、机场、水电、排污、码头等基础设施的投入；国家、地方、集体、个人等对旅游景点、接待设施等方面的投入；用于旅游方面的市场调研、宣传促销、考察交流、科学研究以及对旅游行业的管理等方面的支出等；旅游企业日常经营的支出。

旅游宏观无形成本指旅游活动对社会的经济、文化、环境产生的负面影响，难以用货币计算和衡量的成本。如旅游活动造成的环境污染；旅游活动对传统文化、文物古迹等造成的破坏等。虽然旅游业素有“无烟工业”和“绿色产业”的美誉，但是它对旅游目的地地方文化、产业结构、社会经济及社会生活带来的消极影响也是不容忽视的。为解决上述问题就需要投入大量的资金，因此无形成本最终还是要转化为有形成本。社会为消除旅游活动对社会的经济、文化、环境产生的破坏，在未来将投入更多的费用进行补偿。

2. 从成本是否得到补偿来看，可以分为旅游经营成本和旅游附加成本

旅游经营成本指由旅游相关企业投入并通过为旅游者提供服务而得到补偿的成本。如旅游企业投入的住宿、餐饮、交通设施；旅游企业购买的办公用品、原材料、燃料；旅游企业员工的工资福利等。这些成本通常计入旅游产品的价格，并在产品出售后得以补偿。

旅游附加成本指由政府投入、由旅游或游客造成但转嫁他人和社会的成本。一般来说，附加成本并不计入旅游产品的价格中，并非需要游客进行补偿。旅游宏观成本中，有相当一部分成本属于附加成本。这些成本一般由政府的财政负担，如公共基础设施、自然与文化旅游资源保护、环境整治、市场监管、产品促销、城市建设支出、社会治安等。而政府的财政支出来源于国民的税负收入，每一项附加成本都有对应的财政成本（见表 9–1）。

表9–1　旅游附加成本及相关财政成本项目

附加成本	财 政 成 本
交通拥挤	建设高速公路、警察服务、交通港口和终点站设施
犯罪	警察服务、司法部门
火灾	消防
水污染	供水及污水处理
空气污染	警察服务、公共交通、车辆管理部门
乱扔杂物	警察服务、垃圾收集和处理
噪声污染	警察服务、分区
毁坏野生动植物	警察服务、公园和娱乐设施、森林保护、渔猎管理
破坏自然环境	公园和娱乐设施、警察服务、环保
毁坏社会 / 文化遗产	维护博物馆和历史古迹、警察服务
疾病	医院及其他保健设施、卫生设施、餐饮服务管理
交通事故	警察服务、司法部门

资料来源：《WTO：旅游统计数字的收集和编纂》.

二、旅游宏观经济收益

（一）旅游宏观经济收益的含义

旅游宏观经济收益指一个国家或地区开展旅游活动给社会带来的总的经济产出。包括旅游业自身的经济产出、旅游业给其他部门带来的产出，旅游业对国民经济就业、经济结构改善等方面的贡献。

（二）旅游宏观经济收益的构成

旅游宏观有形经济收益。旅游宏观有形经济收益指社会开展旅游活动而产生的各项直接收入。如旅游总收入、旅游外汇收入、国民经济其他部门因旅游活动而增加的收入、旅游实现的财政收入等。

旅游宏观无形经济收益。旅游宏观无形经济收益指旅游活动给国民经济带来的、无法用货币计算和衡量的收益。如经济结构得到改善、就业增加等。

课堂思考

"旅游微观经济效益的总和是旅游宏观经济效益"这种说法对吗？

三、旅游宏观经济效益的评价

评价旅游微观经济效益的指标通常也适用于评价宏观经济效益。如利润率指标、人均产出性指标、消耗性指标等。不同的是两者评价的对象不一样，前者是以单个企业为评价对象，后者是以整个社会的旅游经济为对象；两者评价的侧重点不一样，前者评价的重点是效率的高低，后者评价的重点不仅是效率，同时也要评价经济公平、国民福利水平以及经济的可持续发展，如经济结构的改善指标、就业率提高指标等。除此之外，评价旅游宏观经济效益在技术和手段上也带有自己明显的一些特征。

（一）评价旅游宏观经济效益的特殊性

1. 货币量化上的特殊性

评价旅游微观经济效益的指标，一般均可货币量化，容易进行对比和分析。而旅游宏观经济效益的评价是一个复杂的系统，有许多收益无法或很难货币量化。如经济结构的改善、经济的公平、经济的可持续发展等。因此，评价宏观经济效益，除了需要借助一定的经济手段外，还需要借助社会的手段、文化的手段、生态的手段等。

2. 成本和收益统计上的特殊性

由于旅游微观经济效益的评价对象是一个企业，因此在统计该旅游企业的成本支出和收益大小时相对比较简便，但旅游宏观经济效益评价对象是一个国家和地区的旅游经济系统，系统内部与外部存在着错综复杂的联系，因此在统计宏观旅游成本和收益时比较复杂。在旅游宏观成本中，有相当一部分是政府的财政支出。能不能把这些财政支出都计为旅游宏观成本呢？显然是不能的。如政府投资 1000 万元建了一条公路，不能把这 1000 万元都计为旅游宏观成本，因为公路不光是为游客服务的，这时候就要按一定标准进行分摊，以区分公路的总投资中有多大的比例属于旅游宏观成本。在分摊财政成本中的旅游宏观成本时，首先需确定因旅游而产生的财政成本不同类别的分摊变量（见表 9–2）；然后用变量乘以不同类别财政成本的支出额，得出在该类财政成本支出中旅游宏观成本数额。同样，在统计旅游宏观收益时也要区分哪些是游客带来的，哪些是非游客带来的。因为旅游宏观收益不是来自国民经济的某一个部门，而是来自国民经济的许多部门，如交通、住宿、饮食、电信、社会零售等。在这些部门的收入中，并非都是由旅游者消费而产生的收入，因此需按照一定的剥离系数进行剥离。所谓剥离系数是指为旅游者提供服务的相关行业在它们的产出中旅游者消费部分所占的比重。剥离系数不是一个固定的值，不同的旅游目的地国家或地区、同一旅游目的地国家或地区在不同的年份，剥离系数都可能是不一样的。

表9-2 财政支出中的旅游宏观成本

财政成本类别（1）	财政成本支出（2）	估计变量（3）	旅游宏观成本（4）=（2）×（3）
高速公路建设与维护	—	车辆—里程	—
渔猎管理	—	售出的许可证	—
公园与娱乐设施	—	游客人天数或人次	—
博物馆与历史古迹	—	游客人数（门票）	—
港口和车站设施	—	抵离人数	—
森林保护	—	游客人天数或人次	—
公共交通补贴	—	游客数量	—
警察服务	—	日平均人口统计	—
消防	—	日平均人口统计	—
医院和其他保健设施	—	日平均人口统计	—
环境保护	—	日平均人口统计	—
清洁卫生服务	—	日平均人口统计	—
供水和污水处理	—	日平均人口统计	—
垃圾和废弃物处理	—	日平均人口统计	—

资料来源：《WTO：旅游统计数字的收集和编纂》.

相关链接 搜索

旅游增加值的测算

一、旅游服务增加值

为了行文简洁、清楚，避免误解，本文用旅游业增加值和旅游增加值分别表示狭义和广义旅游业提供的增加值。旅游业增加值是指狭义旅游业提供的增加值，主要包括旅行社业、旅馆业、娱乐业（为旅游者服务的部分）等行业提供的增加值。旅游增加值是指广义旅游业提供的增加值，主要包括交通、通信、游览、住宿、饮食、娱乐、商业等行业中为旅游者服务的部分所提供的增加值。

从理论上说，旅游活动涉及"食、住、行、游、购、娱"六要素，旅游是游客消费由交通通信服务、游览服务、娱乐服务、饮食服务、旅店服务、商业服务、生活服务等服务产品，以及食品、旅游用品和其他实物产品组成的产品综合体的过程。游客在旅游中消费的服务和实物产品的总产值等于旅游总收入。旅游总收入中的实物产品以及生产服务产品所消耗的中间产品，不是旅游业生产的，而是第一产业、第二产业或第三产业其他部门生产的。为了准确、客观地区分国民经济各产业部门的经济贡献，旅游增加值不应该统计广义旅游业以外的其他产业所提供的增加值。所以，应该从旅游总收入中扣除实物产品和中间消耗的价值，仅统计广义旅游业所提供的增加值，即旅游增加值。在经济活动中，统计旅游业增加值比较容易，统计旅游增加值有一定难度。因为广义旅游业不是一个单独的行业，旅游中发生的诸如乘飞机、打电话、购物、用餐、娱乐等活动的经济价值，是被统计在作为独立行业存在的交通、通信、商业、餐饮和其他社会服务业的增加值中的。这些部门并不清楚其顾客是不是旅游者，不可能也不会按顾客类别，将提供给顾客消费的各种产品的增加值分为本部门增加值和旅游增加值。同时，由于统计制度的问题和统计困难等原因，我国和世界旅游组织部没有单独统计旅游业的增加值。人们一般理解的旅游业是仅包括旅馆业和旅行社业的狭义旅游业，如果将这两个行业的增加值当作旅游增加值，那实际上只统计了游览服务和住宿服务的增加值，旅游“食、住、行、游、购、娱”六要素的很大部分被漏算了。

二、旅游增加值的测算方法

为了客观评价旅游业在国民经济中的地位，有必要界定并计算旅游增加值。按我国统计口径，旅游主要涉及交通、邮电、商业、饮食业和社会服务业这五个第三产业部门。因为这些部门的产品只有一部分投入旅游消费，所以其增加值需要按一定的比例剥离出旅游者消费的部分，计入旅游增加值中。我们把含游客消费的服务行业提供的增加值中旅游者消费部分所占的比重称为该行业的旅游消费剥离系数。据笔者测算，1997 年广东的旅游消费剥离系数是：商业为 3.0%，饮食业为 19.5%，交通运输业为 24.5%，邮电通信业为 7.2%，社会服务业为 54.1%。我们测算旅游消费剥离系数的方法是：根据相应行业的增加值率把旅游总收入中的购物、饮食、交通、邮电通信、社会服务（含住宿、娱乐和其他服务）的总产值数折为增加值数，再把这些增加值与该行业全部增加值的比例作为旅游消费剥离系数。具体步骤为：

（1）根据广东统计年鉴 1996 年数据，求出商业销售额增加值率（商业增加值占商业销售额的百分比），饮食业、交通运输业、邮电通信业、社会服务业的总产值增加值率（增加值占总产值百分比）分别为：商业 10.00%，饮食业 36.88%，交通运输业 45.65%，邮电通信业 52.45%，社会服务业 45.04%。其中，因商业增加值为 482.2 亿元，商业销售额为 5695.6 亿元，故商业销售额增加值率为 8.46%，考虑到游客光顾的商品销售利润率较高，故把其销售额增加值率提高到 10%。假定以上增加值率在其行业内部是匀质分布并稳定的。（2）据广东省旅游局的调查统计，广东省 1997 年旅游业总收入（总产值，单位：亿元）为 812，内部构成为：旅游购物 145.93，饮食 130.17，交通 198.22，邮电18.19，社会服务319.49。（3）按增加值＝总产值（或商业销售额）×增加值率，把第（2）项的总收入额（总产值，亿元）折为增加值，求出相关行业增加值中被游客消费的部分：商业服务增加值14.60，饮食业增加值48.00，交通业增加值90.48，邮电业增加值9.54，社会服务业增加值143.90。（4）根据广东统计年鉴数据，求出相关行业用于游客消费部分的增加值占该行业全部增加值之比，得广东省1997年旅游消费剥离系数，分别为：商业3.0%，饮食业19.5%，交通业24.8%，邮电业7.2%，社会服务业54.1%。

因为不少省市没有旅游总收入及其内部构成的抽样调查统计，故无法按上述方法计算该省市的旅游增加值。为简化计算，假定广东省1997年的旅游剥离系数适用于广东省各市和全国各地，且不随时间变化，这就可按此系数从相应行业的增加值中剥离旅游增加值，估算各地广义旅游业的增加值。应当指出的是，这一假定存在一定的局限性：其一，各地经济发展水平、旅游资源的丰度、旅游发展状况和消费水平存在差异，这使交通、邮电、商业、餐饮和社会服务业中旅游消费所占的比重有一定差别。例如，广东社会服务业大约每两个顾客中有一个旅游者，在外省可能仅为0.5个。故旅游剥离系数存在着地区差异。其二，旅游消费在相关行业增加值中的比重是动态变化的，会随着经济发展水平的发展而提高，这使旅游消费剥离系数存在着时间差异。因此，若考虑空间和时间差异作相应的技术性调整，就会更逼近客观。

因此，旅游剥离系数不变的假定包含着不尽合理的因素。不过，按现行统计体系和目前人们可以收集到的资料，要全面估算旅游增加值，这可能还是较为接近客观实际的一种假定。当然，若各地年鉴直接统计旅游增加值，事情就简单多了。

笔者1998年主持完成的广东旅游产业定位课题按旅游消费剥离系数估算了1996年全国19个省市区的旅游增加值（详见附表）。从表中可知，河北旅游增加值占GDP的1.89%，居末位。广东旅游增加值占GDP的4.53%，仅小于新疆和海南0.32、0.15个百分点，在被统计的19个省市中居第三位。考虑到同一的旅游消费剥离系数对经济发展水平相对低的新疆和海南的旅游增加值的高估因素，广东旅游增加值比重与这两省区的差距应更小。在广东GDP占全国GDP 9.65%的背景下，广东旅游增加值占全国旅游增加值的比重高达16.03%。1997年，广东旅游增加值为336.53亿元，占广东GDP 7315.51亿元的4.6%，比全国平均值3.21%高近1.4个百分点。广东旅游增加值占全国旅游增加值（2472亿元）的13.61%，远高于当年广东GDP占全国GDP的9.51%的水平。换言之，全国旅游服务产品（增加值）的1/7是由广东提供的。

测算旅游增加值有利于客观、真实地把握旅游业在国民经济中的地位及其发展趋势，分析旅游业的产业关联与产业波及关系，采取相应的措施进一步扩大以旅游需求为重要内容的内需，推动旅游业这一新的经济增长点的发展。因此，有必要根据实际情况在旅游界普遍测算或统计旅游增加值。

附表　1996年19省市区旅游增加值的构成和比重

单位：亿元；%

地　区	交通	邮电	商业	餐饮	社会服务	旅游增加值	GDP	旅游增加值占GDP的比重
新　疆	13.45	0.89	2.51	147.90	9.46	44.24	912.15	4.85
海　南	4.95	0.55	1.46	1.38	9.90	18.24	389.53	4.68
广　东	90.48	9.56	14.94	36.86	143.99	295.85	6519.14	4.53
福　建	50.17	3.12	6.79	6.62	40.89	107.61	2606.92	4.12
辽　宁	42.46	1.68	7.76	27.46	46.23	125.60	3157.69	3.97
上　海	28.80	5.33	9.16	4.00	51.98	100.28	2902.20	3.45
陕　西	18.87	1.22	1.22	5.52	13.27	40.33	1175.38	3.43
江　西	23.78	1.15	5.20	6.47	21.03	57.59	1869.62	3.08
江　苏	67.16	3.17	18.09	7.26	71.30	167.00	6004.21	2.78
河　南	46.84	1.96	5.96	8.55	39.64	102.97	3683.41	2.79
吉　林	17.54	1.11	3.31	1.33	13.28	36.58	1337.16	2.73
山　西	19.90	0.55	2.25	2.41	10.57	35.69	1305.50	2.73
湖　北	30.54	1.09	8.77	3.53	36.19	80.14	2970.20	2.69
宁　夏	2.42	0.13	0.47	0.31	1.57	4.92	193.62	2.54
贵　州	4.08	0.55	1.63	0.42	11.34	18.05	719.83	2.50
安　徽	21.97	1.14	4.41	7.99	21.25	56.78	2339.25	2.42
湖　南	31.41	3.03	1.88	0.36	17.91	54.62	2647.16	2.06
浙　江	44.27	4.05	16.89	4.42	9.16	78.82	4146.06	1.90
河　北	50.92	1.46	8.85	4.19		65.43	3452.97	1.89
19省市合计						1490.74	48332.0	3.08
全国合计						1845.19	67559.70	2.73
广东占全国的比重						16.03	9.65	

注：1. 表中交通、邮电、商业、餐饮和社会服务业增加值均指旅游者消费部分；

2. 全国合计数是按《中国首次第三产业普查资料》中的有关部门增加值比例数，对《1998年中国统计年鉴》中1996年全国国内生产总细项的相关数据进行分割求出的.

资料来源：据有关年份相关省市和《中国统计年鉴》《中国首次第三产业普查资料》估算.

——资料来源：李江帆，李美云. 旅游产业与旅游增加值的测算［J］. 旅游学刊，1999（5）.

（二）旅游宏观经济效益评价的主要指标

1. 旅游劳动生产率

旅游劳动生产率指在一定时期内，旅游目的地国家或地区旅游总接待人次或旅游总收入与旅游从业人员数的比值。用公式表示为：

$$旅游劳动生产率 = \frac{旅游总接待人次或旅游总收入}{旅游从业人员数}$$ 公式（9–21）

旅游劳动生产率用来反映一个国家或地区旅游从业人员的劳动产出能力，该指标可以比较不同国家或地区（横向比较）、同一国家或地区的不同年份（纵向比较）旅游的生产能力，用以说明旅游业的经济效益状况。

2. 外汇收入能力

外汇收入能力指在一定时期内，旅游目的地国家或地区的旅游外汇收支净额与规定时期的旅游投资成本的比值。投资成本指的是用本国货币表示的成本。用公式表示为：

$$外汇收入能力 = \frac{一定时期外汇收入 - 同期外汇支出}{规定时期的投资成本}$$ 公式（9–22）

旅游外汇收入能力，表明了在国际旅游活动中旅游目的地国家或地区旅游投资项目对境外游客的吸引力。

3. 就业机会

就业机会指在一定时期内，旅游目的地国家或地区旅游就业人数增长量与旅游经济增长量的比值。用公式表示为：

$$就业机会 = \frac{旅游就业人数增长量}{旅游经济增长量}$$ 公式（9–23）

就业人数既可以是直接就业，也可以是间接就业，还可以是两者的加总。

由于旅游产业是劳动密集型产业，对劳动力的吸纳力极强，旅游从业人数的变化，不仅反映了旅游业自身的发展情况，也反映了旅游业对国民经济发展的贡献。

4. 经济结构调整

经济结构调整通常通过系列指标来反映。如旅游对国民经济的贡献率、旅游增加值占 GDP 的比重、旅游增加值占第三产业的增加值比重等。

复习与思考

一、名词解释

旅游经济效益　　旅游微观经济效益　　旅游宏观经济效益

固定成本　　资金的时间价值　　旅游附加成本

二、填空题

1. 旅游经济效益的比较可以分为________与局部比较、________和相对比较、________和长期比较。

2. 影响旅游经济效益的直接因素包括________、旅游物质技术基础及其利用率、________、________和旅游产业的管理水平。

3. 旅游企业成本，按企业费用的经济用途划分可以分成营业成本、________、管理费用和________四大类。

4. 营利性评价指标主要有________、销售利润率、________。三项指标从不同的侧面反映企业的经营获利能力。

5. 旅游企业经济效益分析方法包括________、目标利润分析法、最大利润分析法、________。

6. 旅游宏观成本，除却旅游企业在旅游经营管理过程中所发生的成本以外，还包括________发生的与旅游相关的成本、________而发生的成本。

三、选择题

1. 根据旅游经济活动中生产要素投入与产出之间联系的密切程度来看，旅游经济效益可以分为________。

A. 短期经济效益和长期经济效益　　B. 直接经济效益和间接经济效益

C. 旅游经济的正效益和负效益　　D. 微观经济效益和宏观经济效益

2.________指旅游企业在经营中能直接计入旅游产品中去的各项费用。

A. 管理费用　　B. 营业成本　　C. 营业费用　　D. 财务费用

3. 从企业成本与产量的关系划分，旅游企业成本由________构成。

A. 生产成本与销售成本　　B. 营业成本与营业费用

C. 生产成本与管理成本　　D. 固定成本和变动成本

4. 当________的情况下，旅游企业一般应考虑停业。

A. 边际贡献额等于或小于零　　B. 边际贡献额大于零

C. 边际贡献额大于固定成本　　D. 边际贡献额小于固定成本

四、判断题

1. 不管是微观经济效益还是宏观经济效益均可以进行整体比较和局部比较。(　)

2. 旅游企业利润包括营业利润、营业外收支净额和投资净收益。(　)

3. 旅游企业利润最大化要满足的条件是 MR > MC。(　)

4. 旅游宏观成本是指旅游活动对社会的经济、文化、环境产生的负面影响，难以用货币计算和衡量的成本。(　)

五、简答题

1. 如何理解旅游经济效益与社会文化、环境效益的统一？

2. 旅游经济的正效益与负效益的含义是什么？

3. 简单分析旅游微观经济效益与旅游宏观经济效益的关系。

六、案例分析

分析数据　展望发展

21 世纪以来，我国旅游业接连遭受了“非典”疫情、金融危机和各种突发事件、不利因素的冲击，经受了前所未有的考验。面对严峻的旅游市场形势，全国旅游行业

北京故宫

资料来源：http: //www.aitiupian.com.

众志成城、克服困难，总体上保持了平稳发展。现将各主要城市旅游企业主要经济指标变化汇总如下表：

主要城市旅游企业主要经济指标

年份	固定资产（万元）	营业收入（万元）	税金（万元）	利润（万元）	利润率（%）	全员劳动生产率（万元/人）	人均实现利税（万元/人）	人均实现利润（万元/人）	从业人员（人）	企业数（户）
2000	1408028.14	9178145.69	356767.17	82469.56	0.90	8.49	0.41	0.08	1081136	6383
2002	15061701.15	9821478.67	367763.64	205322.40	2.09	11.02	0.64	0.23	890943	6420
2004	17207892.51	8677331.01	260587.26	50881.17	0.59	12.06	0.36	0.07	719683	7003
2006	19051534.29	11104095.06	360058.53	185860.52	1.67	15.35	0.75	0.26	723566	7976
2008	19988154.47	13232290.24	539814.06	257684.11	1.95	19.34	1.17	0.38	684196	9537
2011	1525721.12	18667159.56	477845.65	427265.00	2.56	39.71	1.02	32.45		

资料来源：由2001年、2003年、2005年、2007年、2009年、2012年《中国旅游统计年鉴（副本）》整理.

请根据以上案例回答如下问题：

1. 请用学过的经济学理论知识试分析表中各经济指标间的相互联系。
2. 请从表中的指标变化简单分析我国宏观旅游经济效益的发展趋势。

推荐阅读

1. 中华人民共和国国家旅游局：http://www.cnta.com/.
2. 桂林旅游网：http://www.guilin.com.cn/cn/.
3. 袁铁象. 从桂林旅游业看旅游宏观经济效益［J］. 桂林旅游高等专科学校学报，2000（4）.
4. 刘立秋，赵黎明，段二丽. 我国旅游上市公司经济效益评价［J］. 旅游学刊，2007（4）.
5. 丁缘媛，李源. 生态旅游及其经济效益初探［J］. 理论与当代，2007（5）.
6. 刘静肖. 循环型旅游经济发展的新思路［J］. 东方企业文化，2013（22）.
7. 黄得意. 打造中国旅游经济升级版的思考［N］. 中国旅游报，2013.10.09.

第十章 旅游经济发展及模式

21 世纪以来，世界各国和地区都十分重视旅游经济发展，它具有能够带动相关产业发展的重要作用。本章阐述了旅游经济增长与旅游经济发展的区别，探讨了旅游经济科学发展的基本要求；阐述了旅游乘数效应；分析了旅游发展战略的含义、内容、依据、原则，并在此基础上探讨了我国旅游发展战略；分析了旅游发展模式的类型和影响因素；阐述了我国旅游发展模式选择的原因，并初步介绍了新形势下我国旅游发展模式的演变。

学习目标

知识目标

1. 了解旅游经济增长和发展的含义。
2. 理解旅游经济发展中的乘数效应。
3. 掌握旅游发展战略的含义和内容。
4. 了解旅游发展战略制定的依据和原则。
5. 掌握我国的旅游发展战略。
6. 理解旅游发展模式的含义、特征和类型。
7. 掌握我国的旅游发展模式及其演变。

技能目标

1. 具备旅游经济发展现状的初步分析能力。
2. 能运用可持续发展的相关理论，分析我国旅游实行可持续发展战略的必要性和可行性。
3. 能对新形势下我国旅游发展模式进行简单概括和提炼。

案 例

美国旅游业发展状况

美国自由女神像

资料来源：http://jq.zjol.com.cn.

美国作为世界上最重要的发达国家，同时也是一个旅游大国、强国。美国旅游资源极其丰富，其幅员辽阔，地貌多姿多彩，气象万千，是集森林、湿地、湖泊、河流、草原、沙漠、高山、火山、峡谷、冰雪、海洋于一体的国家，风光旖旎，美不胜收。美国还有现代化的大都会、现代的科学和文化、现代的生活方式，加上快捷方便的海、陆、空交通服务。因此，美国的旅游收入已多年稳居世界第一，2005 年达到 13000 亿美元，相当于每天产生 34 亿美元、每小时 1.48 亿美元、每分钟 240 万美元、每秒钟 40 万美元。其中国际旅游收入达 930 亿美元，国际旅游人数达 4940 万人次，而每年美国人出国旅游消费也有 890 亿美元，旅游顺差 40 亿美元，出境国际旅游人数达 2700 多万人次。每年给联邦、州、市各级政府上交的税收达 1000 多亿美元。如果没有旅游对税收的贡献，美国每个家庭要多负担 924 美元的税收。直接旅游从业人员达 730 万人，占全美非农就业人数的 1/8，每年旅游业员工的工资额达 1630 亿美元。前几年由于受“9·11”恐怖袭击事件的影响，美国旅游业发展停滞不前，但经过美国政府和旅游行业的共同努力，到 2006 年已全面恢复到历史最高水平。

美国从联邦政府到各州政府以及旅游城市政府等都十分重视旅游产业发展，早在 20 世纪 70 年代，联邦政府就制定了一系列政策措施促进和扶持旅游业发展。1995 年，还专门召开了研究旅游工作的白宫会议。由国会批准的免签政策（VWP）使美国入境旅游者的 68% 由此获益，美国也从这些免签证的旅游者身上获得了全部国际旅游收入的 60%。享有此项优惠政策的国家有 27 个，来自这些国家的游客赴美旅游或商务可以在 90 天内免签证手续。

综合以上分析，美国旅游业发展有如下特点：

第一，旅游总量大，效益好。良好的旅游目的地形象，使得国际入境游规模超过出境游，呈现旅游贸易顺差，并且美国国内游发展迅速，保持多年增长的势头，多年稳居世界第一的旅游收入对美国经济起到了重要的作用，成为继汽车、食品销售之后的第三大产业，在美国有 32 个州，旅游业成为第一、第二或第三大雇主，以至于许多民选官员也越来越关注旅游业在国民经济中的作用。不可否认旅游业在美国已成为最重要的经济力量，其所扮演的角色与承担的责任必将引起全社会深刻的思考。

第二，管理体制高效。主要表现在以下几个方面：首先，旅游业是高度关联性的产业，各级政府的协调必不可少，从联邦到州再到地方城市均建立有相应的政府机构负责旅游业的发展，与此同时，各级非政府组织发挥了积极重要的作用，从行业咨询、宣传促销、人力资源培训、行业调研、标准制定等都为政府决策起到了重要的参考依据。美国具有多个国际权威的行业协会，如美国旅游协会（TIA）、国际游乐园与旅游景区协会（IAAPA）、美国旅行社协会（ASTA）、美国饭店与住宿业协会（AH&MA）等，它们的研究成果在国际上具有绝对的权威性与科学性。这同时与旅游企业对非政府组织的大力支持是分不开的。其次，建立各方利益的协调机制，如旅游决策理事会。在旅游决策，尤其是目的地旅游开发时，要有各方利益代表，如当地社区、旅游企业、自然资源管理等部门的参与。最后，推动旅游业持续发展的动力之一的旅游研究全面、有深度，各级旅游管理机构和旅游业各类协会都有专门的研究部门，对其范畴内的基本情况和热点难点都有连续不断的、细致的研究。

第三，雄厚的经济实力为旅游业的发展奠定了坚实的基础。首先，旅游业的基础设施完善且发达先进，交通设施世界一流。其次，自然环境与资源保护全球领先，大量的国家公园、森林公园、步游道系统成为目的地重要的吸引物之一；人文历史资源更是渗透到旅游业的每一个细节中。大量的公益设施如博物馆、展览馆、纪念馆等既很好地宣扬了美国的历史与文化，又为旅游业增加了文化的底蕴。最后，旅游业的信息化程度高，无论在旅行代理业还是饭店业及相关服务业都充分显示出高科技的优势与强大的竞争力。

第四，旅游业发展以先进的理念为指导，可持续发展、生态旅游、文化尊重等在各方利益的制约与平衡下得到了很好的实现，并且正逐步在旅游者的行动中得到实现。

第五，旅游活动深入社会每一个阶层，真正成为提高人类生活品质的一部分，旅游使人们更加热爱自己的生存环境，更加尊重文化的异同，更加珍惜旅游的经历，发挥着重要的教育职能，每年在美国的各类国家公园与自然保护区内有大量的义工在默默地奉献着自己的劳动。

——资料来源：美国旅游业发展状况［EB/OL］.http://cctvenchiridion.cctv.com2009_11_3.

案例分析

什么是旅游经济发展？什么是旅游经济发展模式？

第一节 旅游经济发展概述

一、旅游经济发展

（一）旅游经济增长和旅游经济发展的含义

1. 旅游经济增长

在宏观经济学中，经济增长被定义为一个经济体内产出或人均产出的增加。表示经济增长的指标通常有国内生产总值、国民生产总值、社会总产值、国民收入或人均产值、人均收入等。衡量经济增长的速度一般用百分数或倍数表示，如报告期比基期增长了 20%、报告期是基期的 1.5 倍等。

旅游经济增长指一个经济体内旅游产出的增加。一般用旅游总收入、旅游外汇收入、旅游人次表示。其计算公式为：

增长率 = 报告期旅游收入（或旅游人次）– 基期旅游收入（或旅游人次）/ 基期旅游收入（或旅游人次）× 100%　　公式（10–1）

为了使不同年份的增长率有可比性，在比较国内旅游收入增长率时，应剔除通货膨胀因素；在比较旅游外汇收入增长率时，应剔除汇率变动因素。

2. 旅游经济发展

旅游经济发展指一个经济体内旅游经济规模的扩大和内涵的提升。一方面，旅游规模的扩大包括旅游收入的增加、旅游人次的增加、旅游企业的增加、旅游固定资产的增加等。另一方面，旅游经济的发展要依靠旅游经济内涵的提升，这包含优化旅游经济结构，如产品结构、消费结构、产业结构、地区结构等；提高旅游劳动生产率和旅游竞争力；改善旅游生态环境，并最终实现旅游对经济、社会、文化的可持续发展。

从以上可以看出，旅游经济增长与旅游经济发展两者既有联系，又有区别。旅游经济增长强调的是量的扩张、规模的扩大；而旅游经济发展更强调质的改变、内涵的提升。旅游经济发展这一概念比旅游经济增长更能全面地揭示旅游经济演变的全貌。在实际生活中，片面追求旅游经济增长，可能会掩盖在经济增长中人类所付出的代价，如高投入、高消耗，环境污染，思想文化的侵蚀等。

（二）旅游经济的科学发展

以人为本的全面发展。旅游经济发展的出发点和归宿点都必须坚持以人为本。这里指的人，不光是指旅游者，还包括目的地国家或地区的居民。旅游是人的主观感受和体验，是旅游者在花费一定的时间、金钱、精力后所获得的整体游览经历，只有旅游者感到满意，旅游目的地国家或地区的旅游经济才有可能得到发展。因此，研究旅游者的旅游习惯、方式、倾向、喜好、特点，为旅游者提供更多更好的旅游产品，最大可能满足旅游者的精神愉悦需求，是旅游经济发展首先必须考虑的问题。同时，旅游经济发展的根本目的是为目的地国家或地区的居民造福，使目的地国家或地区的居民在旅游发展中得到实在的利益。因此，促进旅游业科学发展，必须牢牢把握以人为本这个核心，处理好旅游业发展中的各种关系。不仅要强调量的增长，也要强调内涵的提升；不仅要注重设施设备的投入，也要强调服务质量的提高；不仅要满足高端旅游者的需求，也要满足普通旅游者的需求；不仅要积极发展国际旅游，也要大力发展国内旅游；不仅要满足旅游者的需求，也要关注目的地国家或地区居民的利益。在以人为本的前提下，促进旅游经济的全面发展。

速度和效益、数量和质量的统筹发展。在旅游经济发展中要统筹好两种关系：一是速度与效益的关系。一个产业的发展，没有一定的速度不行，没有一定的发展速度就不可能迅速提升我国旅游业的战略性支柱产业的地位。但是，光有速度没有良好的效益，旅游经济的发展会付出太大的代价，甚至会走弯路。我们需要的发展速度，是以效益为基础的发展速度，没有效益的速度从一定意义上讲是无效速度。当前，我国旅游业的发展正处于快速发展和转型升级的重要阶段，必须统筹好速度与效益的关系，全面贯彻速度和效益相统一的原则。二是数量与质量的关系。旅游经济发展需要一定的数量指标，但更重要的是质量指标。只求数量、不求质量的发展是一种低水平的发展。正确处理好数量与质量的关系，在发展中始终把质量放在第一位，是旅游经济科学发展的必然要求。

科技应用的内涵发展。一个经济体内，经济增长取决于多种因素的影响。其中投资、消费和技术创新对经济增长的速度、成效起着主要的决定作用，而技术创新在现代经济增长中的作用显得越来越突出。有资料显示，现代经济增长 2/3 归功于技术进步[①]。科技创新能力不足，旅游经济增长就会过于依赖物质资源的增加和简单劳动的投入，这种粗放型增长方式需要付出的能源、资源、环境的代价过大。相比之下，科技创新能力强，科技成果转化为现实的生产力，可减少资源投入和污染排放，这不仅提高了旅游经济效益，而且降低了资源消耗，改善了生态环境。因此，只有技术创新和进步才能实现旅游经济的内涵发展。

人与自然的和谐发展。人与自然的和谐发展是可持续发展的核心内容。我们与自然的关系既不是“自然界是主人，我们是仆人”的关系，也不是“我们是主人，自然界是仆人”的关系，而是共同前进的伙伴关系，是共同发展的朋友关系。由于旅游业是根植于自然环境的产业，旅游业中的掠夺性开发、白色污染、超容量接待都将引起环境污染和自然旅游资源的损毁。因此发展旅游业更应该注重人与自然的和谐发展，以实现可持续发展的长远目标。

课堂思考

结合本地区情况，谈谈如何实现区域旅游经济的科学发展？

二、旅游经济发展中的乘数效应

（一）乘数和旅游乘数含义

乘数。乘数（Multiplier）亦称倍数，是指某一经济量与由其引起的其他经济量变化的最终量之间的关系。这一概念起源于 19 世纪 80 年代，当时的一些经济学家已经注意到某个行业的发展变化可能导致其他相关行业发生变化，进而造成整个经济活动中出现一种“倍增”效应。1931 年，英国经济学家卡恩在《国内投资与失业的关系》这篇论文中，首次提出了乘数理论，后经凯恩斯的投资乘数理论的发展而

① 刘伟，张辉．中国经济增长中的产业结构变迁和技术进步［J］．经济研究，2008（1）．

得到普遍推广。乘数概念告诉我们，一个行业得到的一笔投资或收入不仅能增加本行业的收入，而且会在整个国民经济中产生一系列连锁反应，最终带来数倍于最初投资或收入的国民收入增加量，这就是乘数效应。

旅游乘数。旅游乘数指用来测定外来单位旅游消费对旅游接待地区各种经济现象的影响程度的系数。1955 年，意大利经济学家特罗伊西发表了《旅游及旅游收入的经济理论》一文，首开西方经济学界研究旅游乘数的先河。在诸多研究旅游乘数效应的学者中，当数英国旅游经济学家 B. H. 阿彻尔最为著名。

（二）旅游乘数效应的发生阶段

入境旅游者的旅游消费对于目的地国家或地区是作为无形贸易的收入，“注入”到接待国家或地区的经济体内，形成有关部门的营业收入。其中一部分又重新流出国外，一部分在国内经济体内逐渐渗透，依次发挥直接效应、间接效应和诱导效应，刺激本国或地区经济的扩张和整体经济水平的提高。

第一阶段：直接效应阶段。外来旅游消费首先对旅游目的地国家或地区的旅游企业（如旅行社、饭店、旅游景点等）的产出、收入、就业等方面发生效应。我们把外来旅游消费对旅游目的地国家或地区的旅游企业在产出、收入、就业等方面造成的影响称为旅游消费的直接效应。

第二阶段：间接效应阶段。上述直接受益的旅游企业为了经营与扩大再生产，需要向员工支付工资和向有关部门购买设备和原材料等，于是形成了这些有关部门的营业收入。这些有关部门也要向员工支付工资和向另外一些部门购买设备和原材料，于是形成了另外一些部门的营业收入。依次渗透和推进，于是旅游目的地国家或地区的产出总量、就业机会和国民收入便会提高。这就是间接效应。

第三阶段：诱导效应阶段。由外来旅游消费导致旅游目的地国家或地区居民收入的增加，意味着目的地国家或地区消费总额的增加，这种增加会成为目的地国家或地区经济发展的又一推动力。我们称此种效应为诱导效应。间接效应与诱导效应可统称为“继发效应”。

（三）旅游乘数效应的计算

旅游乘数效应的计算公式：

$$K=\frac{1}{1-MPC+MPM}=\frac{1}{MPS+MPM}$$ 公式（10–2）

式中，K 为旅游产出乘数；MPC 为边际消费倾向；MPS 为边际储蓄倾向；MPM 为边际进口倾向。

假设边际消费倾向为 80%，边际进口倾向为 0，则：

$$K=\frac{1}{1-80\%}=\frac{100}{20}=5$$

如果是 100 万元的外来旅游消费，则可以带来 500 万元的国民经济产出。上述公式表明，储蓄与进口为经济体系中的“漏出”，不会刺激经济的发展。

（四）旅游乘数类型

外来单位旅游消费对旅游接待地区的影响不仅表现在对产出的影响，同时还表现在对国民收入、对就业、对财政收入等经济现象的影响。因此形成了不同的旅游乘数，如旅游产出乘数、旅游收入乘数、旅游就业乘数等。各种旅游乘数之间具有内在的联系，但所测定的内容却不尽相同。因此，只有准确地运用各种旅游乘数的具体内容及彼此之间的区别，才能根据实际情况客观地评价旅游业的经济影响，更好地发挥乘数理论对旅游政策和旅游规划制定的指导作用。

（五）旅游投资乘数

旅游投资乘数指一定的投资增量同由此直接或间接引起的收入增量之比。该乘数表明一个经济体内向国内外进口物资、设备等数额的增加量与旅游收入增量的关系。与旅游消费一样，旅游投资对国民经济的增长也有一种乘数效应。旅游业是一个关联性极强的产业，旅游投资的增加会引起国民经济中一系列部门收入的增加。各国政府十分重视对旅游业的投入，重视旅游基础设施建设，努力通过各种途径筹集资金，发挥旅游业在国民经济中的龙头带动作用。旅游投资的乘数作用在国民经济发展中极其重要。

第二节 旅游发展战略

一、旅游发展战略的含义和内容

（一）旅游发展战略的含义

旅游发展战略指一个国家或地区对其旅游产业在较长时期的发展所做的带有根本性、全局性、纲领性策略。随着旅游业的迅速发展和激烈竞争的需要，旅游发展战略问题已成为各级政府和众多学者关注的热点问题。制定科学、明确的旅游发展战略，就可以把握旅游发展的主动权，从而促进区域旅游业实现快速、持续、健康的发展。

（二）旅游发展战略的主要内容

战略目标和定位。战略目标是制定旅游经济发展战略的首要问题，主要包括旅游产业发展所要达到的数量指标、质量指标、增长速度、产业结构的变化、技术进步，以及提高旅游经济效益、社会效益和环境效益的要求等。

战略目标是旅游产业发展的核心，是旅游产业整体发展战略的主线。旅游产业战略目标是指在一个较长时期里，旅游产业发展所要达到的最佳程度。一般来说，旅游产业发展战略目标具有质量、数量、时间和空间四个方面的规定性。旅游产业战略目标的质量规定性表现为旅游产业发展应达到什么水平、什么程度，在世界旅游产业以及国民经济中应处于什么地位；旅游产业战略目标的数量规定性是通过一系列总量指标说明并反映战略目标的质量规定性；旅游产业战略目标的时间规定性是指在不同的时期或不同的发展阶段内，旅游产业发展所达到的程度；旅游产业战略目标的空间规定性是指旅游产业战略目标在不同地区或区域内的表现形式以及发展程度。

战略重点和布局。旅游产业战略重点是旅游产业发展战略的一个重要内容。所谓战略重点，是指旅游产业在特定时期内，具有关键性作用的战略布署和战略行动。目前，我国的旅游交通网，如航空港的布局建设、旅游区域布局、旅游产业组织建设以及旅游资源开发等，都属于旅游产业发展的战略重点。

一定时期内的旅游产业发展战略在空间上的体现便是战略布局。旅游产业战略布局是为实现战略目标而进行的旅游产业空间配置、结合及部署，其核心是旅游生产要素在空间的合理布局和旅游经济区域分布问题。旅游生产要素的战略布局要充分依据优位经济效益[①]的原则，合理选择战略布局的点与面，不断优化旅游产业的空间组织系统，努力形成一个完整的旅游产业空间组织体系。另外，旅游产业区域分布也是旅游产业战略布局的一个重要问题。根据旅游流量与流向、旅游类型以及各区域内社会经济和自然等客观条件而形成的旅游区域特征，是旅游经济区域分布的重要依据，通过旅游区域合理分布，形成各具特色、各具风格的旅游区域体系。

战略措施、途径和手段。旅游产业发展战略目标、战略重点和战略布局的实施，是以旅游产业发展战略措施来保证的，因此，战略措施也是旅游产业发展战略的重要组成部分。战略措施通常是对实现战略目标、战略重点和战略布局的政策性与对策性研究，其中心内容是旅游产业政策。实现旅游发展战略目标的对策、途径和手段主要是旅游产品的发展、旅游资源的开发、旅游设施的建设、旅游市场的开拓、旅游产业结构的调整、旅游人才的培养以及资金的筹措等。

二、旅游发展战略制定的依据和原则

（一）旅游发展战略制定的依据

社会经济发展水平。一方面，旅游经济是国民经济的一部分，它的发展必须以整个国民经济的发展为依托，因此，旅游发展战略的制定，最主要的就是要符合社会经济发展水平，还要符合旅游业的发展，实事求是，一切从实际出发，不能脱离社会实际，不然就会导致战略的错误定位，无法实施。另一方面，旅游业发展可以带动内需，扩大消费，从而推动社会经济整体向前发展，旅游业可以适度超前，但并不意味着旅游业可以脱离社会经济发展水平单方面推进。

旅游资源的丰度与潜力。旅游发展战略的制定，要充分考虑本国、本地区的旅

① 优位经济效益是指优越的地理位置所带来的“额外”经济效益；其中包括地理优位效益、交通优位效益和资源优位效益。参见：谢文蕙，邓卫．城市经济学［M］．北京：清华大学出版社，1996.

游资源丰度。资源种类丰富、品质高的国家和地区，可以制定更高的战略发展目标和定位，可以将旅游业培育成国民经济的战略性支柱产业；如果资源不够丰富，过高的发展战略目标和定位就难以实施，导致战略落空。

旅游发展战略的制定还需要从旅游资源是否具有开发潜力的角度来考虑。具有开发潜力的资源，可以通过战略的制定，逐步开发，形成一定规模效应；反之，资源不具有开发潜力或开发难度很大，则旅游发展战略的制定需要慎之又慎。

旅游产业的现状。旅游发展战略要根据实际情况、充分依据旅游产业发展的状况来制定，旅游产业的现状是旅游发展战略制定的根本依据。我国的旅游业是在党的十一届三中全会实行改革开放政策以后才起步的新兴产业。虽然我国旅游资源十分丰富，但由于过去几十年的闭关锁国，加上国家财政困难，对旅游业长期缺乏投资，以致当时我国旅游产业的状况极为落后。选择什么样的旅游发展战略对能否迅速改变旅游产业的落后状况关系极为重大。经过 30 多年努力，我国旅游产业已经发生了翻天覆地的变化，但旅游产业的经济效益、竞争实力与世界旅游发达国家相比还有比较大的差距。如何制定今后的旅游发展战略，也是我们需要认真考虑的问题。

（二）旅游发展战略制定的原则

旅游发展战略作为指导我国旅游产业总体发展目标、发展方向、发展模式的大政方针，无论制定战略的主体是谁，在其制定过程中都必须遵循以下三项原则：

从基本国情出发。在制定旅游发展战略时，必须立足本国国情，借鉴国际经验。从基本国情出发，一是要从本国、本地区社会经济的现状和未来发展趋势出发；二是要从有关旅游发展的各种条件和环境因素出发。在我国，立足本国国情，就是要坚持走中国特色的旅游发展道路。具体表现在以下方面：一是坚持改革开放，破除体制机制性障碍，充分发挥市场配置资源的决定性作用，走内涵式发展道路，实现速度、结构、质量、效益相统一；二是坚持以人为本，安全第一，寓管理于服务之中，不断满足人民群众日益增长的旅游消费需求；三是坚持以国内旅游为重点，积极发展入境旅游，有序发展出境旅游；四是坚持因地制宜，突出优势，推动各地旅游业特色化发展；五是坚持节能环保，合理利用资源，实现旅游业可持续发展。①

服从国民经济发展战略。旅游发展战略的制定，要从根本上服从国民经济发展

① 国务院．关于加快发展旅游业的意见（国发〔2009〕41 号）．

战略。旅游业是一个综合性的产业，它的发展有赖于国民经济其他部门的配合和支持。因此，必须根据整个国民经济的发展水平所能提供的物质条件及其他条件的多少来制定旅游发展战略。旅游发展战略是国民经济发展战略的一个有机组成部分。

灵活性与稳定性相结合。旅游发展战略的实施是一个长期的过程，坚持稳定性原则，是确保旅游发展战略得以实施的基本保证，而由于不同地区的实际情况不同，因此，在制定旅游发展战略时还需要注意把握灵活性的原则，要把地区经济的特点和全国经济的统一性结合起来，把旅游产业大局和地区特点结合起来，做到因地制宜、适度灵活、稳定第一、抓放结合，以促进地区旅游经济快速、稳定、健康地发展。

三、我国旅游发展战略

（一）我国旅游发展战略组合

我国旅游发展战略是一组战略的组合，它们之间相互配合、相互促进，共同作用于我国的旅游经济发展，形成有中国特色的旅游经济发展战略体系。

适度超前发展战略。从旅游业的形成、发展及其与国民经济的关系出发，为旅游业优先安排基础设施建设和资源开发项目，为加快发展旅游业创造外部条件，而且我国具有得天独厚的旅游资源优势，所以抓住历史机遇，适度超前发展旅游业，并使之成为全国经济战略中优先重点开发的产业之一和新的经济增长点，从而带动第三产业的全面发展，这是我国旅游发展战略的优先考虑之一。适度超前包含三个方面的含义：首先，指在与国民经济发展相适应的前提下，在与旅游发展密切相关的其他产业（如民航、铁路等）协调发展的基础上，旅游业的发展速度略高于国民经济的发展速度。其次，指在相当长的一段时间内，旅游业的总体发展水平适度超前，即在旅游资源丰富、配套设施相对完备、可进入性强、商业价值高、经济效益比较好、发展旅游获利比较显著的城市和地区超前发展，而那些暂时不具备这些条件的地方不能盲目超前。最后，指在相当长的一段时间的整个阶段的适度超前，并不排除在个别年度发展速度相对滞后的情况。

政府主导型战略。政府主导型战略是指在一定时期内，通过政府来推动旅游发展的战略，以加大旅游发展的力度、加快旅游发展的速度、提高旅游发展的质量。政府为确保旅游业健康有序发展，需要委托或授权旅游行政管理部门对全国旅游业进行统一的管理，这是我国旅游业持续高速发展的保证之一。政府主导型战略要注意两个方面：一是在以市场为主配置资源的基础上，充分发挥政府的导向作用，争取旅游业更好更快地发展；二是政府不是要代替旅游企业直接从事旅游经营活动，而是要在政策法律上引导、计划管理上引导、资金投向上引导，并在制定旅游发展规划、完善目的地旅游基础条件、完善目的地旅游形象、规范旅游市场方面发挥政府特有的作用。

旅游强国战略。根据国家旅游局公布的数据显示，我国已成为世界第三大入境旅游接待国和第一大出境旅游消费国、全球最大的国内旅游市场。我国已是旅游大国，但与世界旅游强国相比还有一定差距。旅游强国的“强”体现在国际旅游接待和创汇水平，接待入境过夜旅游者人数，国内旅游人均消费和总产出水平，出境旅游的规模，以及旅游资源开发、旅游基础设施配套建设、旅游交通、旅游管理、旅游人才培训、科技对旅游产业发展的贡献率等方面，核心就是要提高我国的旅游综合竞争实力。国务院在《关于加快发展旅游业的意见》中进一步明确提出：“旅游服务质量明显提高，市场秩序明显好转，可持续发展能力明显增强，力争到2020年我国旅游产业规模、质量、效益基本达到世界旅游强国水平。”

可持续发展战略。可持续发展战略是以可持续发展观来指导我国旅游业的发展，它包括以下内容：经济发展的根本目的是造福人类，提高人类的福利水平和生活质量；经济的发展要与自然、文化、社会发展相统一，形成整体的、全面的发展；经济的发展不能以牺牲资源与环境为代价，危及后代人需求的满足。在可持续发展观指导下旅游业发展具有以下特征：第一，政府主导下的循序渐进发展；第二，资源得以永续利用的发展；第三，经济效益、社会效益、环境效益相统一的发展。

515战略。2015年，国家旅游局在全国旅游工作会议上提出了“515战略”，即紧紧围绕“文明、有序、安全、便利、富民强国”5大目标，推出旅游十大行动，开展52项举措，推进旅游业转型升级、提质增效，加快旅游业现代化、信息化、国际化进程。“515战略”是社会主义精神文明和物质文明在旅游领域的高度体现，也是把旅游业建成国民经济的战略性支柱产业和人民群众更加满意的现代服务业的重大战略。

课堂思考

实施政府主导型战略是否意味着可以忽略市场的作用，你认为呢？

（二）我国旅游业可持续发展战略的选择

可持续发展是人类发展的共同基础。可持续发展是一种注重长远发展的经济增长模式，可持续发展理念在1980年被首次提出，1992年联合国环发组织将它定义为：既满足当代人的需求，又不对子孙后代满足其自身需求的能力构成危害的发展。换句话说，就是指经济、社会、资源和环境保护协调发展，它们是一个密不可分的系统，既要达到发展经济的目的，又要保护好人类赖以生存的大气、淡水、海洋、土地和森林等自然资源和环境，使子孙后代能够永续发展和安居乐业。可持续发展与环境保护既有联系，但又不等同。环境保护是可持续发展的重要方面。可持续发展的核心是发展，但要求在严格控制人口、提高人口素质和保护环境、资源永续利用的前提下进行经济和社会的发展。

我国在1994年制定了可持续发展战略《中国21世纪议程》。1995年联合国教科文组织、环境规划署和世界旅游组织在西班牙通过了《可持续旅游发展宪章》，制定了《可持续旅游发展行动计划》。

可持续发展是旅游业自身发展的内在要求。旅游业的发展与环境、资源利用密切相关，目标是一致的。因此，要坚持节能环保，合理利用资源，实现旅游业可持续发展。国务院在《关于加快发展旅游业的意见》中提出："实施旅游节能节水减排工程。支持宾馆饭店、景区景点、乡村旅游经营户和其他旅游经营单位积极利用新能源、新材料，广泛运用节能节水减排技术，实行合同能源管理，实施高效照明改造，减少温室气体排放，积极发展循环经济，创建绿色环保企业。五年内将星级饭店、A级景区用水用电量降低20%。合理确定景区游客容量，严格执行旅游项目环境影响评价制度，加强水资源保护和水土保持。倡导低碳旅游方式。"按照统筹人与自然和谐发展的要求，在加快发展旅游业这一国民经济新的增长点的同时，更加重视保护自然生态环境，逐步实现旅游业与人口、资源、环境相适应的可持续发展。

我国旅游业发展现状决定了我们只能选择可持续发展战略。长期以来，人们把旅游业的发展视为一种经济活动，偏重追求经济效益，从而相对忽略了旅游对环境的影响。旅游这样的人类活动对环境尤其是对自然环境造成的严重破坏，必然会阻碍旅游业本身的发展，同时也会带来相关的负效益。如旅游风景区环境污染严重使当地水和空气的质量下降并使噪声增加；旅游区超规模接待游客，人口密度增大，使得交通堵塞，造成当地居民的生活空间相对缩小；旅游资源的盲目开发、利用的不合理，使历史文化遗产遭到不同程度的破坏；传统文化简单、粗糙的舞台化、商品化，导致其文化内涵消失和艺术形式退化；直接或间接导致旅游接待地社会道德水平下降等。因此，我们必须选择可持续的发展模式，才能使旅游业长久持续发展下去。

相关链接 搜索

关于可持续发展战略

一、历史进程

1972年，联合国在斯德哥尔摩通过了《联合国人类环境会议的宣言》，第一次提出了环境与发展的主题。

1982年，联合国大会成立了三个高级专家委员会，之后，分别发表了《我们共同的危机》《我们共同的安全》和《我们共同的未来》三个纲领性文件。提出为了保障安全、克服危机和创造未来都必须实施可持续发展战略。

1992年，联合国又召开了环境与发展会议，形成了《关于环境与发展的里约热内卢宣言》和《21世纪议程》等一系列文件。可持续发展战略成为会议的中心议题和文件的主导思想。

目前，可持续发展问题已经成为世界性的和世纪性的话题，引起了世界各国政府和人民的广泛关注和普遍重视。中国政府对此做出了积极的反应和努力。在世界环境与发展会议上，中国政府做出了履行《21世纪议程》的庄严承诺，并于1994年通过了世界第一部国家级可持续发展战略——《中国21世纪议程》。

二、可持续发展思想概述

可持续发展并不是一个简单的环境保护问题，而是从人类的总体社会生活和长远发展的各个方面提出的，因此可以从自然的、社会的、经济的、技术的各个角度分别阐发，有关的定义近百种。大家普遍比较认可接受的是《我们共同的未来》的主持者于1987年提出的定义，即可持续发展是“既满足当代人的需求，又不对后代人满足其自身需求的能力构成危害的发展”。这个定义有三个要点，一是要达到当代人的需求，即无论富国、穷国、富人、穷人都有生存权和发展权；二是要考虑后代人的满足，即达到代与代之间的公平；三是要考虑环境和资源的承受限度。换句话说，就是要达到天人之间关系的长远协调，而不能“吃祖宗饭，造子孙孽”。

总体来说，可持续发展要达到人口、环境、资源、技术、制度五个方面的协调统一。在经济上，不仅要重视数量增长，更要追求发展质量，提高效益，节约资源。在生态上，要以保护自然为基础，与环境和资源的承受能力相协调。在社会上，要与社会进步相适应，以提高生活质量为目的。现在，不论是发达国家还是发展中国家，都把可持续发展作为国家宏观战略的重要选择。这是人类在付出惨重代价之后痛定思痛的结果，是超越国家、社会制度和意识形态之上的共同选择。只有一个地球，这个脆弱的地球需要人类理性的支撑。因此，可持续发展战略不仅是国策，而且是“球策”。自然，各行各业的发展也都要服从于可持续发展战略。所以，在《21世纪议程》中开篇就提出：“把环境和发展问题综合处理并提高对这些问题的注意将会带来满足基本需要，提高所有人的生活水平，改进对生态系统的保护和管理，创造更安全、更繁荣的未来的结果。没有一个国家能单独实现这个目标，但只要我们共同努力，建立促进可持续发展的全球伙伴关系，这个目标是可以实现的。”

——资料来源：魏小安．中国旅游业的可持续发展战略初探［EB/OL］．http://www.soochina.cn. 2009.3.

第三节　旅游发展模式

一、旅游发展模式的含义和特征

（一）旅游发展模式的含义

旅游经济发展模式指一个国家或地区发展旅游有许多具体的方式和要求，但有一种基本的、有别于其他国家或地区的总体发展方式和要求，这种总体方式和要求可以称为发展模式。

（二）旅游发展模式的特征

旅游发展模式具有概括性、阶段性、相对稳定性和特指性四个方面的基本特征。

概括性。旅游发展模式是对旅游产业发展基本规律的高度概括和理论抽象。一个特定经济体的经济增长受到包括人口、资本、知识和制度等内在因素的影响，也受到国际贸易、国际环境等外在因素的影响。因此，旅游发展模式不是表现为对经济发展的单一因素的影响和单一特征的描述，而是充分反映了旅游产业在一定时期内的整体发展的主导思想和本质特征，体现了旅游产业在一定时期的发展战略要求和发展方向。因此，研究旅游发展模式，有利于把握旅游经济运行活动中的规律。

阶段性。旅游发展模式是一个国家或地区在一定时间内的总体发展方式和要求，其作用是有时间性、阶段性的。时间的长短可依据不同国家或地区的实际情况而定，有的可能长一些，有的可能短一些，但作为整个旅游经济发展历史中的一部分都会以一个阶段来呈现。因此，旅游发展模式概括的是某一特定阶段的发展方式和要求。

相对稳定性。旅游发展模式在内外部环境未发生大的变化前是相对稳定的。它的相对稳定是指在某一阶段内的不会轻易改变，即在特定的阶段内，旅游经济发展模式一旦确立，其旅游产业的发展方式和方向维持不变，以充分发挥该模式的功能，获得相应的旅游经济发展效果。只有当旅游经济发展的内部条件和外部环境发生了较大变化，该模式已不能适应新的发展环境时，才会被新的发展模式所取代。

特指性。旅游发展模式应根据一个国家或地区的社会经济发展情况、历史发展进程和自然环境状况来确定。不同的国家或地区，由于其社会经济发展水平不同，历史发展阶段不同和自然地理环境的差异，其旅游发展模式也不尽相同，每一个国家或地区只适用于一种特定模式。

二、旅游发展模式的类型和影响因素

（一）旅游发展模式的类型

1. 平衡性分类：平衡性模式与非平衡性模式

从旅游产业与国民经济的关系来划分，旅游发展模式的类型有平衡性模式和非平衡性模式。

平衡性模式是指旅游产业发展与国民经济同步或大体一致的发展模式。值得指出的是，旅游产业发展速度与国民经济发展速度是不可能完全同步的。

非平衡性模式是指通过采取一定的政策和措施，使一个国家的旅游发展速度快于或慢于国民经济整体发展速度的发展模式，它包括超前型发展模式和滞后型（自然型）发展模式。超前型发展模式是旅游产业发展超越国民经济发展的阶段，通过发展旅游产业来带动和促进国民经济其他部门的发展的一种发展模式。能选择这种超前型发展模式的国家一般具备以下条件：一是具有丰富的旅游资源；二是有外部旅游需求；三是有外部资本的投入。一般来说，超前型发展模式主要适用于经济不发达急需外汇资金支持的发展中国家。滞后型（自然型）发展模式是指旅游产业发展滞后于国民经济的发展，旅游产业发展是国民经济发展到一定阶段后自然产生的结果的发展模式。这种发展模式的主要特点是旅游产业的成长是由适应本国居民对旅游劳务消费增长的需要而逐步推动的，它是社会经济发展的必然产物和客观规律的要求。

2. 调节机制分类：市场自发型发展模式与政府主导型发展模式

从旅游产业发展的调节机制来划分，旅游发展模式分为市场自发型发展模式和政府主导型发展模式。

市场自发型发展模式是指旅游产业的发展基本依靠市场调节机制来推动的一种模式。市场作为“一只看不见的手”，通过价格、供求关系和竞争等手段自发调节旅游资源配置。它具有以下特点：第一，旅游产业的发展是依靠其内部自我均衡、自我调节来实现的；第二，政府的作用是微弱的，主要是通过市场来进行；第三，产业政策对旅游产业的影响侧重于市场需求方面。

政府主导型发展模式是指主要依靠政府通过制定产业政策和规划来推进旅游产业发展的一种模式。它通过制定旅游规划或是旅游产业政策来规划各个时期旅游发展战略、目标和实现战略、目标的各种对策和措施，从而达到干预旅游产业发展的目的。这种对策和措施也需要借助于市场调节机制的作用。一般来说，适用此种发展模式的国家或地区主要有两种类型：一种类型是具有传统干预和控制经济发展政策的国家或地区；另一种类型是需要在短时期内推进旅游经济快速发展的国家或地区。

3. 顺序分类：延伸型发展模式与推进型发展模式

从国际旅游与国内旅游的先后顺序来划分，旅游发展模式分为延伸型发展模式和推进型发展模式。

延伸型发展模式是指以国内旅游为基础，继而延伸到入境旅游、出境旅游发展的一种模式。这种模式的特点是：第一，入境旅游和出境旅游的发展是国内旅游发展的一种延伸，即旅游产业的发展轨道是由境内扩展到境外的；第二，无论是国内旅游还是入境旅游、出境旅游，它们都是在国家经济发展到一定阶段而自然形成的产物。总之，延伸型发展模式是一种先内后外、先近后远、先低后高的常规型发展模式。与之相反，推进型发展模式是指先着重发展入境旅游，用入境旅游来推进国内旅游、出境旅游发展的一种非常规模式。

从世界旅游经济发展全局上看，我们归纳了上述几种旅游经济发展模式，但由于各个国家或地区的社会、经济、制度等条件的不同，其相同的发展模式也会存在一定差异，因此，在选择不同的旅游产业发展模式时，我们要具体分析实际情况，慎重选择。

（二）旅游发展模式的影响因素

影响旅游发展模式的主要因素有以下三个方面：

社会经济发展水平与阶段。由于不同国家或地区社会经济发展水平和所处的经济发展阶段不同，因此在旅游基础设施等方面的投入也会有所差异，如穷国办旅游与富国办旅游，两者的经济基础不一样，前者国民收入低，投入公共设施的资金少，旅游公共设施落后；相反，后者国民收入高，对公共设施的资金投入多，旅游公共设施发达。因此，决定了两者对旅游发展模式的选择不可能一样。

社会经济发展模式与经济制度。旅游发展模式是社会经济发展模式的一部分。一个国家或地区所选择的社会经济发展模式和经济制度不同，会直接影响其采用什么样的旅游发展模式。如以公有制为主体的社会主义制度和以私有制为基础的资本主义制度，两者由于所有制基础不同，因此决定了其选择旅游发展的模式也不相同。

旅游产业的形成时期与阶段。一个国家或地区的旅游产业根据旅游发展的基础可以分为形成时期、发展时期和成熟时期。如果旅游产业形成得早，旅游发展就有基础；反之，旅游产业形成得晚，旅游发展的基础就会比较薄弱。因而它们所选择的旅游发展模式也会不一样。

三、国外旅游发展模式

一个国家或地区的旅游发展模式受到经济基础的影响，根据国外一些国家的旅游经济发展情况，旅游发展模式大致可以分为以下几种：以美国为代表的经济发达国家模式、以西班牙为代表的旅游发达国家模式、以印度为代表的经济不发达国家模式和以斐济为代表的岛国模式。

（一）经济发达国家模式

经济发达国家模式以美国为代表，属于这种模式的国家的基本特征是：这些国家一般人均国民生产总值在 5000 美元以上；服务业在国民经济中的比重一般占 50% 以上，旅游收入占商品出口总收入的比重在 10% 左右。英国、法国、德国、加拿大、日本等国家都属于这一种模式。它们的主要特点是：

旅游发展历史较长，走的是延伸型发展道路，国内旅游与国际旅游都比较发达。在经济发达国家中，旅游业的发展是从国内旅游开始的，由于社会经济体系较为完善，国内旅游产业在社会经济发展过程中随之形成，并伴随社会经济的发展，国内旅游发展水平不断提高，同时，国际旅游也得到了发展。国内旅游和国际旅游都发展到了成熟阶段，国内旅游是整个旅游业的基础。

旅游管理以半官方的旅游机构为主，旅游行政管理比较松散。由于经济发达国家的旅游发展历史比较悠久，旅游产业发展较为成熟，各方面的政策法规比较健全，因此，相对而言旅游行政管理就较为松散，不直接从事或干预旅游企业经营。

大企业集团在旅游业中占主导地位。在这些经济发达国家中，由于多年的竞争，在旅游业中形成了一些大的旅游公司、跨国公司，在旅游行业经营中占据了主导地位。它们在旅游业发展过程中，完全依据市场需求的变化，通过市场机制，发展或调整旅游企业的规模与结构。

（二）旅游发达国家模式

旅游发达国家模式以西班牙为代表，属于这种模式的国家的基本特征是：这些国家的地理位置比较优越，与主要旅游客源国相毗邻，旅游资源丰富而独特，服务业在国民经济中的比重在 50% 以上。葡萄牙、希腊、意大利、摩洛哥、埃及、突尼斯、墨西哥、泰国和新加坡等国家都属于这一种模式。它们的主要特点是：

旅游业已成为国民经济的支柱产业。这些国家依靠其优越的地理环境和丰富的旅游资源，非常重视旅游产业的发展，旅游业已经成为国民经济的支柱产业，旅游收入相当于国民生产总值的 5%~10%，国际旅游总收入一般占其商品出口收入的 10%。

政府在旅游业发展中发挥着比较大的作用。在这些国家中，由于旅游业是国民经济的支柱产业，因此，政府对发展旅游业高度重视，大力支持，管理机制比较完善，产业政策中发展旅游业成为主导政策之一，政府在旅游业发展中发挥着很大作用。

区域旅游市场一体化逐渐形成。属于旅游发达国家发展模式的大部分国家都是地中海国家，如葡萄牙、西班牙、希腊、意大利、摩洛哥、埃及、突尼斯等。这些国家在旅游资源方面具有相似性，具有共同的吸引力。加之政府行之有效的统一促销，政策向导，加强区域合作，推动了这些区域旅游市场向一体化发展。

（三）经济不发达国家模式

经济不发达国家模式以印度为代表，属于这种模式的国家的基本特征是：经济相对落后，人均国民生产总值在500美元以下，有些经济欠发达国家则不足350美元，农业仍是国民经济的主体，工业与服务业均处于较低水平。如巴基斯坦、斯里兰卡、尼泊尔、孟加拉、肯尼亚、不丹等国家都属于这一种模式。它们的主要特点是：

旅游资源比较丰富，旅游发展走的是推进型发展模式。属于这种模式的国家一般都拥有比较丰富的旅游资源，具有发展旅游业的潜力。但由于国力不足，常常面临资金短缺、设施设备不足和人才缺乏等因素制约，旅游资源的潜力难以充分发挥出来。另外，由于经济基础比较薄弱，因此，国内旅游需求拉动力不足，一般都是依靠发展入境旅游来推进国内旅游、出境旅游，旅游发展走的是推进型发展模式。

旅游管理体制不完善，政府的作用不稳定。这些国家虽设立了不同的旅游管理机构，有的成立独立或混合的部门或其他形式的旅游组织，但由于对旅游业的认识不一致，旅游业的发展往往得不到各有关部门的重视与支持，整个国家的旅游管理体制不完善，政府部门对旅游业发挥不了应有的作用。

（四）岛国模式

岛国模式以斐济为代表。属于这种模式的国家的基本特征是：面积小、经济资源有限，而旅游资源得天独厚，如具有独特的岛国风情、海洋风光、野生动植物和宗教活动等优势。有些国家历史上曾是西方某个国家的殖民地，或处于国际交通的要道，或靠近主要客源国。属于岛国模式的国家除斐济外，还有马尔代夫、马耳他、塞浦路斯等。它们的主要特点是：

国际旅游是国民经济的主体产业和重要支柱。虽然有些岛国早在殖民主义占领时期就已经是旅游胜地，但大部分国家的旅游业是在20世纪70年代大规模发展起来的。现在旅游业在这些岛国中已经成为外汇收入的主要来源、国民经济的最重要的产业部门。旅游收入在这些岛国中，一般都占国家外汇收入的20%以上，旅游业是国家经济的支柱和最大的产业。

旅游管理机构地位高、权限大。由于旅游业对国家经济有至关重要的作用，这些国家中的旅游行政管理机构在政府中的地位一般都比较高，权限比较大，而且多由国家首脑和政府要员直接管辖。

外国公司在旅游业中发挥的作用较大。由于这些岛国地域狭小，人才缺乏，它们在发展旅游业中，利用大批外资，引进了国外的管理。有的国家的旅游业主要靠国外企业开发和经营，特别是旅馆业，外国的旅馆联号、旅馆管理公司或外籍人员起支配作用。

课堂思考

国外旅游发展模式对我国旅游发展有哪些启示？

四、我国旅游发展模式

（一）我国旅游发展模式的内涵和形成原因

1. 我国旅游发展模式的内涵

我国旅游发展模式可以概括为在政府主导下的超前型、推进型的旅游发展模式。

2. 我国旅游发展模式的形成原因

我国是一个发展中国家，经济基础比较薄弱。改革开放后，我国现代化建设急需外汇资金，先发展入境旅游对我国有着极为重要的意义。再加上人民群众生活水平低，先发展国内旅游不切实际。

我国的市场经济不发达，靠市场自发培育旅游市场速度太慢。在世界旅游竞争的格局中，我国的旅游企业并不具备竞争实力，需要依靠政府的主导地位集中财力、物力来发展旅游业。

我国有丰富的旅游资源。我国旅游资源在国际上具有很强的吸引力，快速发展旅游业有着得天独厚的条件。因此，我国旅游业发展适度快于国民经济的发展不仅是必要的，而且也是可能的。

（二）新形势下我国旅游业发展模式的调整

1. 我国旅游业发展的变化

当前，我国旅游业已经进入一个全新的历史发展阶段，旅游业发生了一系列变化。

在产业定位上，旅游业从第三产业发展重点上升到国民经济的战略性支柱产业。改革开放以来，我国旅游业的定位经历了外事接待型、事业型和经济产业型的发展历程。1992 年，《中共中央、国务院关于加快发展第三产业的决定》提出，要把旅游业作为第三产业的发展重点；1998 年，中央经济工作会议明确提出将旅游业作为国民经济新的增长点；2001 年国务院《关于进一步加快旅游业发展的通知》明确提出：要“进一步发挥旅游业作为国民经济新的增长点的作用”；2003 年，原国务院总理温家宝在世界旅游组织第十五次大会致辞中提出：“要把旅游业培育成为中国国民经济的重要产业。”2007 年，原国务院副总理吴仪再次强调：努力把旅游业培育成国民经济的重要产业，为促进中国经济社会又好又快发展做出新的更大的贡献。2009 年 12 月，国务院在《关于加快发展旅游业的意见》（以下简称《意见》）中明确提出“把旅游业培育成为国民经济的战略性支柱产业和人民群众更加满意的现代服务业”，赋予了旅游业前所未有的重要地位。

在发展目标上，从旅游资源大国发展到世界旅游大国，并开始向世界旅游强国迈进。20 世纪末到 21 世纪初，我国实现了由旅游资源大国到世界旅游大国的历史性跨越，提出了建设世界旅游强国的宏伟目标。《意见》进一步明确提出：“旅游服务质量明显提高，市场秩序明显好转，可持续发展能力明显增强，力争到 2020 年我国旅游产业规模、质量、效益基本达到世界旅游强国水平。”

在发展重点上，从大力发展入境旅游转变到以发展国内旅游为重点。中国旅游业是伴随着改革开放不断成长和发展起来的。在起步阶段，旅游的主要功能是外事接待和创汇，旅游发展以入境旅游为导向，大力发展入境旅游成为我们的主导方针和主要任务。随着人民生活水平的持续不断提高，国民旅游消费兴起并迅猛增长，国内旅游和出境旅游从无到有、从小到大。国务院在《意见》中明确提出："坚持以国内旅游为重点，积极发展入境旅游，有序发展出境旅游。"

在发展动力上，从需求拉动转变为供给与需求双轮驱动。改革开放以来，我国旅游业持续快速发展，接待人数和旅游收入年均增长普遍高于国民经济增长速度。20 世纪末，旅游业发展主要是因为旅游需求爆发性增长，供求关系中供给数量不能满足消费需求是主要矛盾，全国总体上和绝大多数地区的旅游发展模式都是需求拉动型，旅游行业的主要任务是围绕国内外旅游消费需要解决供给不足问题。进入 21 世纪以来，随着旅游业持续快速发展，我国的旅游供求关系发生变化，供给数量不足基本缓解，总体上从卖方市场转变为买方市场，供给状况特别是其质量状况成为旅游业发展的重要推动力量，与此同时，新的旅游需求仍在不断产生，我国旅游业发展模式进入供给与需求双轮驱动的发展阶段。

在发展方式上，从数量规模型转变为质量效益型。改革开放以后的 20 年，我国旅游业发展方式基本是数量扩张型，从旅游资源大国发展成为世界旅游大国是主要表现，各地提出建设旅游大省、旅游大市、旅游大县也是重要表现形式。这种发展模式的特点，集中表现为高度重视和突出招徕接待游客数量、产业和收入规模，对我国旅游业发展发挥了历史性的作用。它不仅使得我国旅游业的产业规模在短时间内迅速壮大，而且还使得旅游业的产业地位明显提升，社会影响和国际影响迅速扩大，对经济社会和世界旅游业的作用显著增强。进入 21 世纪后，适应国际国内经济社会发展的客观需要，国家提出要将经济发展方式从数量规模型转变为质量效益型，从外延扩张式转变为内涵集约式，要建设资源节约型社会和环境友好型社会。《意见》贯彻落实国家转变经济发展方式的战略部署，根据我国旅游业发展的客观需要，明确提出旅游要"走内涵式发展道路，实现速度、结构、质量、效益相统一"。发展方式从数量规模型转变到质量效益型，是提升发展质量的基础，是培育国民经济战略性支柱产业的必然要求。

在发展业态上，以传统业态为基础逐步扩展到跨界生产和经营的新业态。进入 21 世纪，旅游业与国民经济的相关产业或行业出现了不断渗透和融合的趋势，产生了一大批新的产品形态和经营形态。如邮轮旅游、低空旅游、农业旅游、工业旅游、医疗旅游、智慧旅游、旅游房地产、旅游综合体等。这些新业态的出现不仅极大地提高了旅游业的产业规模、扩大了旅游业的市场边界，而且还带动了其他产业的发展。《意见》在促进产业融合、鼓励旅游新业态的形成过程中明确指出，要“培育新的旅游消费热点，大力推进旅游与文化、体育、农业、工业、林业、商业、水利、地质、海洋、环保、气象等相关产业和行业的融合发展。支持有条件的地区发展生态旅游、森林旅游、商务旅游、体育旅游、工业旅游、医疗健康旅游、邮轮游艇旅游……”。

在旅游开发和建设上，从注重景区景点、酒店宾馆的产品实体开发和建设转变为注重旅游目的地“全域旅游”的开发和建设。全域旅游是一种新的旅游开发和建设模式，指在一定旅游目的地区域内，以旅游业为优势产业，充分利用目的地全部的吸引物要素，为前来旅游的游客提供全过程、全时空的体验产品，从而全面地满足游客的全方位体验需求。在全域旅游中，各行业积极融入其中，各部门齐抓共管，全体居民共同参与，通过对区域内经济社会资源尤其是旅游资源的有效整合，对相关产业、生态环境、公共服务、体制机制、政策法规、文明素质等的优化提升，实现区域内经济社会的协调发展。在全域旅游中，旅游业对经济社会发展的带动和促进作用将得到更大限度的彰显。

2. 我国旅游发展模式的调整

旅游业发展的变化，必然影响到我国旅游发展模式。要把旅游业培育成国民经济的战略性支柱产业和人民群众更加满意的现代服务业，这意味着我国长期坚持的“在政府主导下的超前型、推进型的旅游发展模式”的内涵将发生一些新的调整。这些调整主要有以下几点：其一，在入境旅游与国内旅游的关系上，由过去先入境旅游，后国内旅游调整为两者并举，以国内旅游为重点。其二，在政府与市场的关系上，由过去强调政府主导调整为强调政府的职能转变，强调发挥市场配置资源的决定性作用，放宽旅游市场准入，发挥企业、行业协会和中介组织的作用。其三，在旅游发展与国民经济发展的关系上，由过去强调适度超前调整为强调发挥旅游业在保增长、扩内需、调结构等方面的积极作用，大力推进旅游与国民经济相关产业和行业的融合发展。

复习与思考

一、名词解释

旅游经济发展　旅游乘数　旅游发展战略　旅游经济发展模式　全域旅游

二、填空题

1. 旅游经济的科学发展包含__________；速度和效益、数量和质量的统筹发展；科技应用的内涵发展；__________。

2. 旅游乘数效应的发生阶段分为__________、间接效应阶段、__________。

3. 旅游发展战略的主要内容是__________；战略重点和布局；__________。

4. 我国实行的旅游发展战略包括__________、__________、旅游强国战略、__________。

5. 旅游发展模式的特征有：概括性、__________、__________、特指性。

三、选择题

1. 假设边际消费倾向为80%，边际进口倾向为0，则100万元的外来旅游消费可以带来______。

A. 50万元的国民经济产出　　B. 500万元的国民经济产出

C. 800万元的国民经济产出　　D. 5000万元的国民经济产出

2. 一般来说，______具有质量、数量、时间和空间四个方面的规定性。

A. 旅游产业发展战略重点　　B. 旅游产业发展战略目标

C. 旅游产业发展战略布局　　D. 旅游产业发展战略措施

3. 从旅游产业发展的调节机制来划分旅游发展模式的类型，可分为______。

A. 平衡性模式与非平衡性模式

B. 市场自发型发展模式与政府主导型发展模式

C. 延伸型发展模式与推进型发展模式

D. 上升型发展模式与螺旋形发展模式

4. 在推进型旅游发展模式下，旅游发展的先后顺序是______。

A. 国内旅游、入境旅游、出境旅游　　B. 出境旅游、国内旅游、入境旅游

C. 国内旅游、出境旅游、入境旅游　　D. 入境旅游、国内旅游、出境旅游

四、判断题

1. 旅游经济发展是指一个国家或地区旅游经济规模的扩大。(　　)

2. 我国旅游业实行适度超前的发展战略，要求旅游发展速度在任何时候都要快于国民经济的发展速度。(　　)

3. 以美国为代表的经济发达国家的旅游发展模式的特征是旅游业已成为国民经济的支柱产业。(　　)

4. 我国长期以来实行的旅游发展模式可以概括为“在政府主导下的超前型、推进型的旅游发展模式”。(　　)

五、简答题

1. 旅游经济的科学发展体现在哪些方面？

2. 旅游发展战略制定的依据是什么？要贯彻哪些原则？

3. 影响旅游发展模式形成的主要因素是什么？

六、案例分析

旅游与可持续发展的关系

旅游与可持续发展有着一种天然的耦合关系，在可持续发展战略中占有重要的地位。在世界环发会议的纲领性文件《21 世纪议程》中共有 7 处直接提到了旅游业，按章名、节名和具体内容分列如下：

一、第 8 章：将环境与发展问题纳入决策进程；C 节：有效使用经济手段与市场和其他鼓励措施；内容：与能源、运输、农业和林业、水、废物、健康、旅游和服务有关的问题。

二、第 11 章：制止砍伐森林；C 节：促进有效率的利用和评价，以收回森林、林地和林区所提供的产品和服务的充分价值；内容：可以通过如生态旅游之类的“非破坏性”使用和有管理地提供遗传物质来提高森林的价值。

三、第 13 章：管理脆弱的生态系统：可持续的山区发展；A 节：创造和加强有

关山区生态系统的生态学可持续发展的知识；内容：使山区经济多样化，特别是按照山区的综合管理，创造和加强旅游业。

四、第 14 章：促进可持续农业和农村发展；C 节：通过农业与非农业就业的多样化和基础设施发展改善农业生产和农作系统；内容：以村为基础的轻型制造业、农产商品加工、农产综合经营、娱乐和旅游等。

2008年3月，联合国世界旅游组织、教科文组织联合设立了“世界遗产地旅游可持续发展（黄山）观测站”

资料来源：http://geoparkhuangshan.gov.cn.

五、第 17 章：保护大洋和各种海洋，并保护合理利用和开发其生物资源；A 节：沿海和海洋区包括专属经济区的综合管理和可持续发展行动；内容：统筹制定影响到沿海区的人类居住区、农业、旅游业、渔业、港口和工业的可持续发展的部门方案。

六、第 17 章：D 节：可持续利用和养护国家管辖范围内的海洋生物资源；内容：往往具有重要的生态功能，提供海岸保护，也是食物、能源、旅游和经济发展的重要资源。

七、第 36 章：促进教育、公众认识和培训；B 节：加强公众认识；内容：各国应根据《海牙旅游宣言》（1989 年）及世界旅游组织和环境规划署现行方案，酌情提倡无害环境的休闲和旅游活动，妥善利用博物馆、历史古迹、动物园、植物园、国家公园和其他受保护区。

旅游业在可持续发展中的作用：一是积极促进各个方面的可持续发展，二是要有统筹地规划管理和协调。

——资料来源：魏小安．中国旅游业的可持续发展战略初探［EB/OL］．http://www.soochina.cn，2009.3.

根据以上案例回答如下问题：

1. 如何理解旅游与可持续发展的关系？

2. 如何运用可持续发展战略促进我国旅游业的发展？

推荐阅读

1. 国务院. 中国21世纪议程——中国21世纪人口、环境与发展白皮书(国发〔1994〕37号).
2. 国务院. 关于加快发展旅游业的意见(国发〔2009〕41号).
3. 田里. 旅游经济学(第十二章 旅游经济发展战略)[M]. 北京:高等教育出版社,2002.
4. 叶全良. 旅游经济学(第五章 旅游经济发展模式)[M]. 北京:旅游教育出版社,2002.

参考文献

[1] 谢彦君. 基础旅游学 [M] .北京：中国旅游出版社，1999.

[2] 陶汉军，林南枝. 旅游经济学：第三版 [M] . 天津：天津人民出版社，2001.

[3] 林南枝，陶汉军. 旅游经济学：修订版 [M] . 天津：南开大学出版社，2001.

[4] 李卉妍，王浩. 旅游经济学 [M] . 北京：电子工业出版社，2009.

[5] 厉新建，张辉. 旅游经济学 [M] . 北京：中国人民大学出版社，2006.

[6] 田里. 旅游经济学 [M] . 北京：高等教育出版社，2002.

[7] 叶全良. 旅游经济学 [M] . 北京：旅游教育出版社，2002.

[8] 申葆嘉. 论旅游是市场经济发展产物 [J] .旅游学刊，2008（8）.

[9] 马勇，周霄等. 旅游的产生发展、本质属性与社会价值 [J] .湖北大学成人教育学院学报，2003（4）.

[10] 郑向敏，付业勤. 旅游相关概念之辨析 [J] .前沿，2011（21）.

[11] 汪宇明. 关于旅游科学体系建构与人才培养机制创新的思考 [J] . 桂林旅游高等专科学校学报，2008（1）.

[12] 陈愉秉. 从西方经济史看旅游起源若干问题 [J] .旅游学刊，2000（1）.

[13] 曹国新，宋修建. 旅游的发生、发展及其本质——一种基于发生学的考察 [J] .华东师范大学学报：哲学社会科学版，2004（3）.

[14] 曹诗图，郑宇飞，孙天胜. 旅游概念新思辨 [J] .桂林旅游高等专科学校学报，2006（4）.

[15] 武光，韩渝辉. 再论旅游产品概念及特征 [J] . 哈尔滨商业大学学报：社会科学版，2006（5）.

[16] 韩春鲜，马耀峰. 旅游业、旅游业产品及旅游产品的概念阐释 [J] .旅游论坛，2008（1）.

[17] 张剑，孔令娜. 近年中国低碳旅游发展模式研究综述 [J] .经济研究导刊，2011（24）.

[18] 吴楚材等. 生态旅游定义辨析 [J] .中南林业科技大学学报，2009（5）.

[19] 吕君，刘丽梅. 旅游产品组合的内涵分析与启示 [J] . 前沿，2004（10）.

[20] 吴文智，庄志民. 体验经济时代下旅游产品的设计与创新——以古村落旅游产品体验化开发

为例［J］. 旅游学刊，2003（6）.
［21］皮平凡. 体验经济时代的旅游产品开发探索［J］. 学术交流，2005（2）.
［22］游可兴. 新时期我国旅游价格的新思考［J］. 价格与市场，2009（6）.
［23］陈婷婷. 基于特殊生命周期的旅游产品价格组合策略［J］. 合作经济与科技，2011（6）.
［24］郭卫娜，甘巧林. 从“零负团费”到“品质游”——旅行社诚信经营探析［J］. 旅游研究，2010（1）.
［25］黄吕波. 关于旅行社低价格竞争之原因的综述［J］. 桂林旅游高等专科学校学报，2006（4）.
［26］戴雪锋.《旅游法》实施促进旅游团费理性回归问题的思考［J］. 价格理论与实践，2013（9）.
［27］厉新建. 旅游供求理论再认识［J］. 北京第二外国语学院学报，2000（1）.
［28］牛亚菲. 旅游供给与需求的空间关系研究［J］. 地理学报，1996（1）.
［29］朱俭，何海群. 黑色旅游的旅游动机浅析［J］. 湖南医科大学学报：社会科学版，2008（1）.
［30］张姝. 境外旅游动机研究述评［J］. 武汉商业服务学院学报，2013（4）.
［31］曲常军. 试论我国女性旅游市场的开发［J］.中华女子学院山东分院学报，2009（4）.
［32］卢冲，张晓慧. 我国乡村旅游市场发展现状分析［J］. 安徽农业科学，2008（16）.
［33］王颖. 旅游市场运行机制分析［J］. 合作经济与科技，2008（4）.
［34］朱沁夫，胡晓伟.中国的旅游供给特征：1993—2007［J］. 学理论，2009（13）.
［35］刘雯，盛红.信息不对称情况下的供求均衡——以旅游市场为例［J］. 经济研究导刊，2008（7）.
［36］祝顺保. 冷思考. 旅游是产业吗?——对旅游是不是产业问题的研究回顾［J］. 北京第二外国语学院学报，2004（5）.
［37］李江帆，李冠霖，江波. 旅游业的产业关联和产业波及分析［J］. 旅游学刊，2001（3）.
［38］李江帆. 旅游产业与旅游增加值的测算［J］.旅游学刊，1999（5）.
［39］许冬梅. 浅析中外旅行社业发展趋势［J］.中国高新技术企业，2010（7）.
［40］程锦等. 旅游产业融合研究进展及启示［J］. 旅游学刊，2011（4）.
［41］高丽敏等. 旅游新业态的产生发展规律研究［J］.中国商贸，2012（12）.
［42］石莹等. 国内旅游产业研究文献的分析与综述［J］.大连民族大学学报，2012（7）.
［43］王晞，汪宇明. 竞争与整合：中国区域旅游发展与合作态势分析［J］.桂林旅游高等专科学校学报，2005（1）.
［44］席建超. 旅游者旅游消费结构及潜力分析——以入境旅游者旅游消费为例［J］. 桂林旅游高等专科学校学报，2003（2）.
［45］李一玮，夏林根. 国内城镇居民旅游消费结构分析［J］. 旅游科学，2004（2）.
［46］黄璜. “消费城市”兴起对城市旅游发展的影响［N］. 经济问题探索，2010（1）.
［47］向云波. 中国大陆省级行政区国际旅游收入的时空差异分析［J］. 旅游论坛，2009（1）.
［48］李仕柯. 对国内旅游收入影响的实证分析［J］. 江西农业学报，2009（6）.
［49］赵琪，冯学钢. 社会旅游发展模式研究：欧洲经验和中国模式［J］. 现代经济信息，2013（21）.

[50] 袁铁象. 从桂林旅游业看旅游宏观经济效益 [J]. 桂林旅游高等专科学校学报，2000（4）.
[51] 刘立秋，赵黎明，段二丽. 我国旅游上市公司经济效益评价 [J]. 旅游学刊，2007（4）.
[52] 丁缘媛，李源. 生态旅游及其经济效益初探 [J].理论与当代，2007（5）.
[53] 刘静肖. 循环型旅游经济发展的新思路 [J]. 东方企业文化，2013（22）.
[54] 黄得意. 打造中国旅游经济升级版的思考 [N]. 中国旅游报，2013-10-09
[55] 魏小安. 新时期中国旅游发展战略研究 [M]. 北京：中国旅游出版社，2010.
[56] 吴必虎.旅游研究与旅游发展 [M]. 天津：南开大学出版社，2009.

策划编辑： 段向民
责任编辑： 段向民　张芸艳
责任印制： 谢　雨
封面设计： 何　杰

图书在版编目（CIP）数据

旅游经济学 / 黄国良主编. -- 北京 : 中国旅游出版社, 2017.7（2020.1 重印）
“十二五”职业教育国家规划教材
ISBN 978-7-5032-5712-4

Ⅰ. ①旅… Ⅱ. ①黄… Ⅲ. ①旅游经济学—高等职业教育—教材 Ⅳ. ① F590

中国版本图书馆 CIP 数据核字（2016）第 278342 号

书　　名： 旅游经济学

作　　者： 黄国良主编
出版发行： 中国旅游出版社
（北京建国门内大街甲9号　邮编：100005）
http://www.cttp.net.cn　E-mail:cttp@mct.gov.cn
营销中心电话：010-85166536
排　　版： 北京旅教文化传播有限公司
经　　销： 全国各地新华书店
印　　刷： 北京明恒达印务有限公司
版　　次： 2017年7月第1版　2020年1月第2次印刷
开　　本： 787毫米×1092毫米　1/16
印　　张： 20
字　　数： 329千
定　　价： 39.80元
I S B N　978-7-5032-5712-4
